王振忠 著

徽学研究十讲

复旦大学
出版社

目录

自　序　1

明清文献中"徽商"一词的初步考察　1

清代两淮盐务"首总"制度研究　15

明清淮安河下徽州盐商研究　27

　　一、徽商的迁徙、占籍和定居　29

　　二、徽商社会生活勾稽　34

　　三、淮安河下徽商的衰落　45

　　四、结语　50

《复初集》所见明代徽商与徽州社会　57

　　一、方承训的家世背景及《复初集》之叙事模式　59

　　二、《复初集》所见明代中后期歙县的生活环境　64

　　三、《复初集》所见徽商在南北各地的活动　75

　　四、《复初集》所见徽商对明代社会的影响　103

　　五、结语　128

《绩溪庙子山王氏谱》的社会文化解读　141

 一、社会变迁背景下的民间风俗画面　144

 二、《绩溪庙子山王氏谱》：族谱与乡土志的混合体　157

徽州分家文书与小农家庭的生活状况　163

 一、徽州分家文书的形成、收藏及其价值　165

 二、《天字号阄书》所见徽州小农家庭的社会生活　178

 三、结语　187

从民间文献看晚清的两淮盐政史　191

 一、徽州盐商程希辕的商业活动　195

 二、程希辕、程桓生父子与曾国藩的交往　205

 三、余论　224

两地书：从敦煌到徽州　229

瞻彼淇奥　253

传统时代徽州村落的朝夕日暮　271

自　序

去年上半年，复旦大学出版社拟续编"名家专题精讲"丛书，邀我编选一部《徽学研究十讲》，笔者因缘附骥，颇感荣幸！

"徽学"是20世纪80年代以后逐渐形成的一门学问，主要研究徽州区域社会、徽商以及徽商在各地活动引发的相关问题，其核心则关涉明清以来中国的社会经济史。

我对"徽学"的关注，始于明清两淮盐业的研究。1986年，我由复旦大学历史系本科毕业，同年考入本校的中国历史地理研究所。在攻读硕士学位阶段，最早的设想是做北朝政区研究，后来改做历史经济地理，博士学位论文则聚焦于明清两淮盐业与苏北区域社会之变迁。因论文所涉史料相关，遂对"徽学"产生了浓厚的兴趣。

当时，有关徽商与两淮盐业的研究出现了一些新的材料。例如，中国第一历史档案馆主办的《历史档案》杂志上陆续披露了一些清宫档案，其中，有不少令人兴味盎然的生动史料。据此，我撰写了《清代两淮盐务首总制度研究》一文，在前人习知的两淮盐务总商的基础上，首度提出了"首总"的问题，并对此作了具体的勾勒。此外，扬州、淮安等地的民间文献，亦引起了我的极大兴趣。特别是当时尚未公开出版的乡镇志、笔记、文集和竹枝词等，对于拓展两淮盐业的研究具有重要的学术价值。有鉴于此，20世纪90年代，我曾有目的地数度前往苏北各地考察，先后赴扬州、淮安、淮阴、连云港、盐城和南通等地，考索于志乘碑版，咨询于故老通人，颇有所获。特别是在淮安图书馆复印到庋藏于该馆的《淮安河下志》全帙，并对之作了较为详细的系统性研究，这就是呈现在本书中的《明清淮安河下徽州盐商研究》一文。

1996年，我所撰写的《明清徽商与淮扬社会变迁》一书，被收入"三联·哈佛燕京学术丛书"第三辑，由生活·读书·新知三联书店正式出版。该书从制度分析入手，探讨了明清盐政制度的嬗变，徽商之土著化进程，以及徽商对东南城镇、文化的影响。上揭有关"首总"制度和淮安河下徽商之研究，就作为重要的篇什收入该书之中。

在上揭学术专著出版前后，"徽学"研究在国内极为活跃，每年都有数度的各类研讨会举办。在此背景下，我遂将相当多的精力转向徽州区域社会史的研究。其时，《四库全书存目丛书》等大型的资料集陆续出版，这为明清史研究提供了极为丰富的重要史料。特别是以前深藏于许多公藏机构的善本、珍本，一下子变得唾手可及。在这种背景下，我花了不少时间，广泛浏览各类文集、笔记。收入本书的《〈复初集〉所见明代徽商与徽州社会》一文，就是我翻阅文集首度发掘的历史文献。在我看来，这部尚未受到学界重视的明人文集，其重要性并不亚于日本学者藤井宏撰著《新安商人的研究》一文时所根据的《太函集》。

众所周知，徽州是个文献之邦，除了《太函集》《复初集》这样的文集之外，该处亦遗存有众多的谱牒文献。据目前所知，现存年代较早的善本谱牒，绝大多数都来自徽州地区。而就数量来看，上海图书馆珍藏的一万多种族谱中，也以绍兴和徽州地区为数最多。这些谱牒资料具有多方面的学术价值。其中，《绩溪庙子山王氏谱》是一部相当别致的族谱——它是民国时期族谱与乡土志的混合体，是一部以平民史观关注乡土社会实态的族谱。它以皖南僻远山乡的一个村落为视点，勾勒出晚清、民国时期民间社会的风俗画面。此类文献是我们从事社会文化史研究的绝佳史料。

1998年，我在皖南民间意外发现大批徽州文书，从那以后，收集、整理和研究徽州文书，便成了个人学术生活中最为重要的组成部分。2002年，拙著《徽州社会文化史探微——新发现的16—20世纪民间档案文书研究》出版，该书是"徽学"研究领域第一部从社会文化史角度，利用新发现的第一手文书史料研究徽州社会文化的学术专著。此书在一定程度上拓展了徽州文书研究的学术视野，将文书研究从以往狭义文书（即契约）之研究转向全方位民间文献之探讨。

《徽州社会文化史探微》一书的出版，除了引起学界的一些关注之外，也让我在各种场合获读到更多的珍稀文献。徽商章回体自传《我之小史》抄稿本二种之偶然发现，便是因该书出版之后虽无心插柳却意外生成的一片柳荫。此后，我的不少研究成果都是利用个人手头积聚的文书资料撰写而成。譬如，收入本书的《徽州分家文书与小农家庭的生活状况》一文，通过对《天字号阄书》的考察指出：在徽州民间，兄弟之间的分家可谓锱铢必较，即使是很小的财物,其产权都需要明确的界定,一旦发生转让,皆须以契约的形式加以确认,这显然与徽州社会作为商贾之乡浓厚的契约意识有关。日常生活中这种浓厚的契约意识,使得徽州农村社会的人际关系,主要以"契约和理性"为其支撑点。由此看来,徽州成为中国著名的商贾之乡,绝非偶然的巧合。

在我看来,以徽州文书为基本史料的研究,绝非仅仅着眼于徽州地方史,而是为了透过徽州研究,深入了解明清以来的中国社会。换言之,"徽学"研究的意义在于——立足于徽州民间提供的"无微不至"的丰富史料,深化对整体中国的认识,进而更好地解释中国的大历史。有鉴于此,我在最近的研究中,也利用新近所见的民间文献,希望对晚清时代中国制度史之嬗变做出新的探讨。譬如,《从民间文献看晚清的两淮盐政史》一文,就利用田野考察所获的徽商书信、账册等资料,聚焦于两淮盐运使程桓生家族的盐业经营,以及该家族与晚清盐政制度设计者、两江总督曾国藩之密切关系,探讨了徽州盐商对于19世纪中后期盐政制度的影响,希望藉此诠释晚清盐政制度中"寓纲于票"这一核心思想形成的原因所在,同时也揭示出明代以来中国政商关系的新变化。

与同时代不少其他的区域略有不同,南宋以来(特别是明清时期),徽州与外界持续的交流与互动,以及民间频繁的社会流动,再加上徽人之"贾而好儒",徽州文化不仅具有极强的文化辐射能力,而且其自身亦呈现出通俗文化与精英文化同生共荣的奇特景观。这些也决定了徽州民间文献的丰富性和多样性,这是迄今发现的其他任何区域文书所无法比拟的。在众多的徽州民间文献中,书信、诉讼案卷、日记等皆是重要的史料。《两地书：从敦煌到徽州》就探讨了不绝如缕的书仪一脉。而《瞻彼淇奥》一文，则主要利用诉讼案卷，探微索隐，分析历史地名变迁的社会地理背景。此外，2011年前后，我与劳格文教授合作主编有"徽州传统社会丛书"，前后历时数载，共计出版了五种六册。除了婺源的一种二册之外，其他四种我都写了"历史学导言"，集中反映了我对传世文献与田野调查关系的认识。本书收录的《传统时代徽州村落的朝夕日暮》一文，与前述二文皆发表于我在《读书》月刊上开设的"日出而作"专栏。这些文章，在写法上与一般的学术论文稍有不同，但可能也因此而更具可读性。

最后还应当提到，1999年11月，上海人民出版社和迪志文化出版有限公司合作出版了"文渊阁四库全书"电子版，这是国内较早、可供全文检索的传统文献数据库。据此，我对明清社会经济史上的关键词"徽商"，作了比较细致的考索，并以此为基础提出了一点新的看法。此一研究，是国内较早利用数据库资料所作的探讨，原文发表于《历史研究》2006年第1期。由于徽商是"徽学"研究领域最为重要的核心问题之一，此文对以往的陈说提出质疑与修正，故将其冠诸全书卷首。

上述十篇文章，有多篇皆是从更为广阔的历史文献学视野中关注各类徽州文书，反映了近二十多年来我在"徽学"研究方面的一些思考和探索。现将之结集出版，诚盼学界高明有以教我。

明清文献中"徽商"
一词的初步考察

徽商是明清时代的商界巨擘,这早已是众所周知的事实了①。但"徽商"一词在史籍中最早始于何时,因传世文献浩繁无数,或许是个谁也无从断言的问题。不过,以往有学者认为:"早在成化年间,徽商一词就已在松江一带流行了。"其主要根据就是明人笔记《云间杂识》卷1中的一段记载(这一段史料也为明清史研究者反复征引):

> 成化末,有显宦满载归者,一老人踵门拜不已,官骇问故,对曰:"松民之财,多被**徽商**搬去,今赖君返之,敢不称谢。"宦惭不能答。②

有鉴于此,他们认为:"松江是徽商早年最活跃的地方,徽商一词首先在这里流行是合乎情理的。"③这个论断的前半部分当然没有什么问题,因为在明代,松江是江南棉布业的中心,是徽商尤其是徽州布商活动最为活跃的地方,这一点应当是毫无疑问的。

---

① 有关徽商研究的成果相当之多,目前所见最为全面的,首推张海鹏、王廷元先生主编的《徽商研究》(安徽人民出版社1995年版)。此书为笔者案头常备之书,于此获益良多。

② 李绍文:《云间杂识》卷1,第9页下,上海黄氏家藏旧本,民国二十四年(1935年)冬上海瑞华印务局印行。

③ 张海鹏、王廷元主编:《徽商研究》,第7页。

但"徽商"一词是否最先在松江一带流行，则是可以讨论的。至少，《云间杂识》这段记载徽商活动的史料在时间上存在着很大的问题。

近读《淞故述》，发现《云间杂识》上述的记载实际上有着不同的版本：

> 成化末，有显宦满载归者，一老人踵门拜不已，宦骇问故，对曰："松民之财，多被**官府**搬去，今赖君返之，敢不称谢。"宦愧不能答。①

《淞故述》为明人杨枢所撰。杨枢字运之，自称细林山人，江南华亭人，明嘉靖戊子科（嘉靖七年，1528年）举人，官江西临江府同知。"是书乃所述松江一郡遗闻轶事，以补志乘之阙略者"。②显然，这部书是反映松江府社会生活的笔记。据万历乙未（二十三年，1595年）八月周绍节的跋称，该书于嘉靖庚寅（九年，1530年）五月，由周禩（字维敬，号一山）"手录而辑订之，存诸笥中，为家藏书"③，直到万历年间方才付梓。由此可见，《淞故述》的成书年代当在嘉靖九年五月之前。华亭当时就属于松江府，即使假定《淞故述》的完成时间就在嘉靖九年，其时离成化末年也不过四十余年，杨枢以华亭人写松江当地事，他笔下的这段轶事应具有较高的史料价值。事实上，从《淞故述》后附录的

---

① 《续修四库全书》第730册，《艺海珠尘·淞故述》，上海古籍出版社2002年版，第819页。

② 《四库全书总目提要》上册，卷77"史部·地理类存目六"，中华书局1983年版，第671页。

③ 《续修四库全书》第730册，第829页。

《修志备览》之艺文、墓、志铭及灾异诸条来看，该书应是比较严肃的著作。

再回头看以往学者引述的《云间杂识》，其作者李绍文也是华亭人，他曾作《艺林累百》八卷①。据《四库全书总目提要》称："绍文，字节之，华亭人。是编成于天启癸亥，因《小学绀珠》而变其体例，摭拾故实……"②他还另作有《明世说新语》，"是书全仿宋刘义庆《世说新语》，其三十六门亦仍其旧，所载明一代佚事琐语，迄于嘉、隆，盖万历中作也"③。换言之，《明世说新语》一书完全是模仿南朝刘义庆之《世说新语》，记述有明一代的遗闻佚事。我们知道，《世说新语》是南朝时的一种"志人"小说，与"志怪"小说相对而言，其内容主要是记述东汉至东晋文人名士的言行，所记事情以反映人物的性格、精神风貌为主，作为史实来看，绝大多数是无关紧要的④。从这一点上看，李绍文的一些著作也并非严格的史料，在他笔下，不少故事均刻意赋予了一定的社会内涵和文化意义。以《云间杂识》为例，该书《凡例》称："是编遍考郡中百年来事迹，或传父老，或垂简编，或忆庭训，不拘巨琐雅俗，足令人回心易虑者，辄用采撷，倘无关世道，弃去弗录。"并说："近来风俗最为可异者，曰奢靡，曰浮薄，编中谆谆言之，亦冀挽回

---

① 据《云间杂识》民国二十四年（1935 年）六月黄艺锡跋，李绍文另作有《云间人物志》。
② 《四库全书总目提要》下册，卷 138 "子部·类书类存目二"，第 1174 页。
③ 《四库全书总目提要》下册，卷 143 "子部·小说家类存目一"，第 1224 页。
④ 章培恒、骆玉明主编：《中国文学史》，复旦大学出版社 1996 年版，第 457 页。

于万一耳。"由此可知,李绍文采撷条目的标准,主要是考虑是否能针砭时弊、有裨教化。具体到《云间杂识》本书而言,上述那则故事显然是一个讽刺性的寓言,直接讽刺的是这位官僚的贪污受贿,将搜括来的民脂民膏满载而归。另外也透露了一个信息——那就是松江一带的财富多被徽商盘剥而去,如此生动的细节倘若属实,那当然是反映徽商在松江一带活动盛况的绝佳史料。遗憾的是,该故事的原型实际上来自《淞故述》。今查《云间杂识》卷1,发现此前学者的引文并未引全,前述记载之后关键的"见《淞故述》"①四个字都被删去,以至于人们无从确知其渊源所自。因此,说成化年间在松江已出现"徽商"一词,事实上值得进一步推敲。

　　前面说过,杨枢和李绍文都是松江华亭人,后者将"官府"改成了"徽商",显然是意味深长。上述两段史料的核心,是将搬走"松民之财"(也就是松江百姓财富)的主角由"官府"换成了"徽商"。其实,这与明代前中期江南社会经济的发展息息相关。

　　众所周知,松江府是江南的核心地带,明初的洪武二十六年(1393年),苏、松、常、镇、湖、嘉六府土田仅占全国总数的4%,而田赋却占全国总数的22%②。当时有"江南赋税甲天下,

---

① 《云间杂识》卷1载:"杨细林枢为临江贰守,摄郡篆,午餎偶以银鱼作羹,忽跃出十三尾于几上,杨悉取食之。须臾,报越狱大盗逸去者十三人,杨曰:不须错愕,当悉成擒,银鱼示异,我已尽食之矣。明日俱捕至。"(第14页下)可见,李绍文对于杨枢的事迹颇为熟悉。

② 唐文基:《明代赋役制度史》,中国社会科学出版社1991年版,第87页。

苏松赋税甲江南"的俗谚,所以松江老人有"松民之财,多被官府搬去"的说法,显然并不令人诧异。不过,也正是在这种畸重的赋税结构下,发展了江南多样化的商品经济。对此,明人谢肇淛指出:"三吴赋税之重甲于天下,一县可敌江北一大郡,破家亡身者往往有之,而闾阎不困者何也? 盖其山海之利所入不赀,而人之射利无微不析,真所谓弥天大网,竟野之罘,兽尽于山,鱼穷于泽者矣。"①显然,尽管苏南赋税之重甲于天下,但多样化的生产经营方式为当地创造了飞跃发展的良机。而商品经济的发展离不开外地商人及资本的注入,其中,徽商是极为重要的一支力量。

嘉靖时人何良俊指出:"余谓正德以前,百姓十一在官,十九在田。盖因四民各有定业,百姓安于农亩,无有他志。……自四五十年来,赋税日增,徭役日重,民命不堪,遂皆迁业。……昔日逐末之人尚少,今去农而游手趁食,又十之二三矣。大抵以十分百姓言之,已六七分去家矣。"②正德年间相当于16世纪初期的明代中叶,在此之后,迁业逐末之人骤增。何良俊的观察虽然是一般性的概述,但这种反映大致趋势的结论,也可以从各地的方志记载中得到验证。譬如,万历《歙志·风土》就曾指出,正德末年至嘉靖初年,徽州弃农经商之人日渐增多,方志形容当时

―――――

① 《五杂俎》卷3《地部一》,台北:伟文图书出版社出版公司印行,1977年版,第65页。

② 何良俊:《四友斋丛说》卷13,"元明史料笔记丛刊",中华书局,1959年版,第111—112页。

的社会状况相当于一年四季中的春分之后、夏至以前,气候渐趋炎热,亦即社会的转型时期。在徽州,官府的赋税措施也对徽州人之经商有着重要的政策导向,据明人吴子玉的《大鄣山人集》记载,嘉靖十七年(1538年),官府对于商贾之乡歙、休二县的课赋,比徽州府的其他四县要重①。在这种背景下,明代的徽州歙县和休宁,经商风气蔚然成风:"徽郡歙休商山高,逐末江湖□浪涛。辞家万里轻其远,云贵蜀广日策蹇。"②其中,江南的松江府一带,是歙、休等县徽商重点经营的地区③。

前文述及,《淞故述》成书于嘉靖九年五月之前,而《云间杂识》成书的时间则在万历以后,从两位作者生活的年代来看,我们有理由相信,明代嘉靖、隆庆、万历年间,徽商在松江府的活动有了重要的发展。李绍文《云间杂识》曾指出:"吾郡三十年前,从无卖苏扇、歙砚、洒线、镶履、黄杨梳、紫檀器及犀玉等物,惟宗师按临,摊摆逐利,试毕即撤[撤],今大街小巷俱设铺矣。至于细木家伙店不下数十,民安得不贫!"《云间杂识》一书中的条目有万历乙卯(即万历四十三年,1615年)条,因此,大致可以断定该书最终成书于万历晚期以后,而李绍文所说的"三十

---

① 《大鄣山人集》卷31《志略部·丁口略》,《四库全书存目丛书》集部第141册别集类,齐鲁书社1997年版,第606页。
② 方承训:《新安歌三首》,《复初集》卷9,《四库全书存目丛书》集部第187册别集类,第660页。
③ 有关徽商在这一带的活动,零星资料不少,较系统的则可参见《紫堤小志》和《紫堤村志》等。

年前",则应在万历初年。因史料不足征,虽然我无法判断记载中贩卖歙砚者是否是徽商(这种可能性当然不小),但前述的"细木家伙店"主,则应来自徽州无疑。何以见得? 稍早于李绍文的范濂在其《云间据目钞》中指出:"细木家伙如书棹、禅椅之类……隆、万以来,虽奴隶快甲之家皆用细器,而徽之小木匠,争列肆于郡治中,即嫁妆什器,俱属之矣。"①《云间据目钞》也是成书于万历以后,作者慨叹嘉隆以来"风俗自淳而趋于薄也,犹江河之走下而不可返也"。对照李绍文所说的"至于细木家伙店不下数十,民安得不贫"的感慨,《云间杂识》将搬走松江人财富之主角从"官府"改成"徽商",应是他的有感而发。只是李绍文为了劝化世俗,篡改了杨枢《淞故述》的记载,因此,《云间杂识》的这条史料实际上只是后人对徽商活动既存事实的追记,不能将该书中有关成化年间"徽商"的记载,作为确切的历史事实加以引证。

至于"徽商"一词在社会上何时成为约定俗成的称呼,显然可以进一步探究。由于明清时代的文献可谓汗牛充栋,欲作全面之考索显然不太可能。此处姑以手头的《四库全书》电子版,对此问题作一局部的透视。检索显示,徽商在《四库全书》中的"出场",主要有以下14例:

---

① 《云间据目钞》卷2《记风俗》,第5页上。民国十七年(1928年)奉贤诸氏重刊本,复旦大学图书馆藏。范濂生于嘉靖庚子(1540年),《云间据目钞》计五卷,序于万历癸巳(二十一年,1593年)。

编号	内　容	资料来源	年　代	备　注
1	兴国民灵荣杀徽商张姓者，焚尸藏陶穴中，君廉得其状，久未成狱，竟致于法	明邵宝撰《容春堂集》后集卷4《明故太平府同知进阶朝列大夫屠君暨配陆宜人墓志铭》	屠氏卒于正德甲戌二月一日	邵宝为成化庚辰进士
2	有指挥某者，与徽商友善，指挥富而无子，有三女；一嫁武臣，一嫁镇江，一嫁徽商某。指挥既卒，甚至妻其产，婿指挥之妻于江。既事渐彰闻，指挥并欲夺其产，沉指挥之妻于江。既事渐彰闻，指挥女在以真者讼之，刑曹平谳受赂，竟右商人而诎指挥之。徘徊都市，商杀之，血污女衣，以石沉之井。指挥妻有侍儿，为商所夺，心伤故主，有怨言，商又杀之。有一奴欲讼冤，七年无敢问。……反考国史狱牍，然畏冒情，则所谓指挥者南京水军右指挥佥事贾福，其姻戚徽商与争官职者陈扶也	明王世贞《弇山堂别集》卷23		亦见黄宗羲编《明文海》卷344
3	尝闻河埠估人云：有徽商每一二年驾巨舶一至，货尽即去	明顾顾琳《息园存稿文》卷6《谢孝子传》		《息园存稿文》刻于嘉靖戊戌。亦见《明文海》卷412
4	……高收在即，岁为徽商所贩，以给土民者不十五，更可禁也。禁之则米价可平，低收益裕，以储常平，且有余米……	明刘宗周《刘蕺山集》卷6《与张太符太守（名鲁唯）》		

续表

编号	内　容	资料来源	年　代	备　注
5	……微闻徽商健讼，动以人命相诬，剖决稍迟，或遭骚挠，此语未审真否？偶有便羽，不敢不以相闻	明魏学洢撰《茅檐集》卷8《答唐宜之（又寄）》		
6	曹七善，南陵诸生，尝于姑苏旅邸表徽商所遗八百金……	清赵宏恩等监修《江南通志》卷161		
7	王枝，天长人，父辛，母以年饥，鬻枝于徽商	《江南通志》卷162		
8	朱大启，字君舆，秀水人，万历进士，授南昌推官。郡方缺守，即委署之，有徽商杀人，法当抵，以要路请托，抚军发县审释，大启立覆，竟置之法	清谢旻等监修《江西通志》卷59		
9	万程桥《嘉兴县志》：在县东白马堰镇。明嘉靖庚申，义商曹旸求建桥于南津，乃倡捐鸿工，三年未成，曹耻之，遂抱石沉水，众惊葬之，徽商程沂、韩应鲤等感激于义，各捐助，不一年落成	清嵇曾筠等监修《浙江通志》卷34		
10	是年（乾隆二十四年），英吉利夷商洪任辉妄轻粤海关晒弊，讯有徽商汪圣仪父子与任辉交结，擅领其国大班银一万三百八十两，按交结外国互相买卖借贷财物例治罪	清《皇朝文献通考》卷298		
11	徽商夏月过饮烧酒溺血	清魏之琇撰《续名医类案》卷16		

续表

编号	内　容	资料来源	年　代	备　注
12	万密斋治徽商吴严妻……	《续名医类案》卷33		
13	江南岁漕五百万石……其法莫若洪、永开中法，凡籴辅之地及山东西、九边各塞，或募徽商，或召土著，或遭谪贪污官吏……	清陆世仪撰《思辨录辑要》卷16		
14	……吴俗好赛五方神，岁必演剧月余，男女杂沓，无赖子多乘之以导淫贾利。公出见之，杖其首，投神像于太湖。久之，奸宄屏迹，捕役无以为饵，乃引龙游大盗潜入城，窜甯商质库，计挫其威胁人城，盗贼亦远劫商质库，勒限三日全获，否则死。公夜半闻之，立系诸捕妻孥，验质库簿，归所失物，在簿外者赏诸捕而有兴，果如朔获之嘉……	清朱鹤龄《愚斋小集》卷15《富顺刘公传》		反映的事迹发生于万历年间，作者为清人

上述的14例中，第二个例子虽然发生在权阉当道的英宗正统年间，不过，记载此一事例的王世贞是嘉靖、隆庆、万历时人，当时，"徽商"一词的使用已日趋普遍，而他有可能是用后来约定俗成的名词"徽商"来概括先前之事实，所以据此不能确定"徽商"一词已出现在正统年间（15世纪中叶）。比较早的是发生在正德年间的第一个例子，因此，就目前所见，以《四库全书》收录文献的情况来看，"徽商"一词在文献中出现的时间，较早的是在明代正德年间（16世纪初），比以往所认为的15世纪后期的成化末年要晚几十年。综合其他史料分析，至万历年间，"徽商"一词在社会上的使用已极为普遍①。《云间杂识》也正是在这个时代，用当时约定俗成的"徽

---

① 管见所及，《明实录》中出现"徽商"一词较早的，见于《明神宗实录》卷434万历三十五年（1607年）六月乙未条："……今徽商开当，遍于江北，赀数千金，课无十两，见在河南者，计汪充等二百十三家。"此后，《明熹宗实录》卷46天启四年（1624年）九月徐宪卿奏："……万历庚申（1620年）苏州因遏籴米腾，一二饥民强借徽商之米，有司稍绳以法，而遂有人屯聚府门，毁牌殴役，几致大变。"而地方志中对"徽商"的记载，也大批出现于万历年间，如万历《杭州府志》卷19《风俗》："（杭州）南北二山，风气盘结，实城廓之护龙，百万居民坟墓之所在也。往时徽商无在此图葬者，迩来冒籍占产，巧生盗心。"万历《嘉定县志》卷1《市镇》：南翔镇"往多徽商侨寓，百货填集，甲于诸镇"，罗店镇"今徽商凑集，贸易之盛，几埒南翔矣"。此外，笔记中也有不少记载，万历时人谢肇淛《五杂俎》亦指出："山东临清，十九皆徽商占籍。"沈德符《万历野获编》卷6《内监•陈增之死》："是时山东益都知县吴宗尧，疏劾陈增贪横，当撤回。守训乃讦宗尧多赃巨万，潜寄徽商吴朝俸家。上如所奏严追，宗尧徽人，与朝俸同宗也，自是徽商皆指为宗尧寄赃之家，必重赂始释。"（中华书局1997年版，第175页）明佚名所著《云间杂志》卷下："万历己酉六月，上海徽商家烹一鳖，内有胎，胎中一小儿，长二寸，眉目毕具。时顾无怀在潘同江家，同江则徽商之居停人也，无怀亲往观之。"（《丛书集成初编》第3157册，中华书局1991年版，第31页）此外，明万历时休宁人吴子玉所编《茗洲吴氏家记》卷10《社会记》嘉靖三十一年（1552年）二月条："讹言徽商私通夷货，致边患，朝廷不时来屠灭，以故邑子逃窜，椎埋之徒乘机剽剥，久之而后息。"

商"一词置换了《淞故述》所叙故事中的关键词。

从前揭的各种明清文献来看,徽商出场的情况颇为复杂。既有徽商乐善好施的例子(如第九例),又有徽商作奸犯科的故事(如第二例、第八例和第十例)。徽商时常成为各类案件中被杀害、打劫的对象(如第一例、第十四例)。另外,徽商还给世人留下了健讼(好打官司)的印象(如第五例)。这些都与我们在明清其他各类文献中所看到的徽商形象基本吻合。

顺便说一句,在明清社会经济史(尤其是商帮)研究中,以往学界习惯征引的笔记史料有不少均应审慎对待。譬如说晋商研究中今人时常征引的所谓明人沈思孝之《晋录》,其实便是一部伪书,该书实际上是清初书贩将明人王士性《广志绎》卷3中的山西部分割裂出来,单独命名而成[1]。今人据此为第一手资料征引,实属失察。

(原载《历史研究》2006年第1期)

---

[1] 参见拙文《〈秦录〉、〈晋录〉非沈思孝作》,载《文献》1995年第1期。

2

清代两淮盐务"首总"
制度研究

乾嘉以还两淮盐政日渐窳坏,原因很多,盐务总商之把持摊派和侵蚀需索,是其中的一个重要因素,这在以往学者的论著中多有涉及。然而,盐务总商中的"首总",却从来没有人注意到。这主要是由于有关"首总"制度的史料过于零散,勾稽实属不易。《历史档案》1991年第1期刊登了《道光初年楚岸盐船封轮散卖史料》(以下简称《档案》),为这项研究提供了可能。本文拟以此为基础,结合其他文献史料,对清代乾隆、嘉庆和道光三朝的两淮盐务"首总"作一番粗浅的考察,以就正于海内外的方家学者。

一

关于"首总"制度,《档案》所载道光二年(1822年)军机大臣曹振镛奏折曾指出:"两淮公事甚紧,向于总商之中推老成谙练一人为首,并不奏咨,其承办公事、支销银两,仍与各商会齐商议,公司列名。"①

---

① 《军机大臣曹振镛等为遵旨议复两淮盐在楚省运销事宜奏折(道光二年七月初二日)》,见《档案》。

嘉庆十一年(1806年)规定"以三年一换"①。至于"首总"制度究竟源于何时,殊难确指。不过,它的出现至迟不晚于乾隆三十三年(1768年),则是可以肯定的。根据阮元《淮海英灵集·戊集》卷4"江春"条记载,这一年"两淮提引案"发,淮南盐务总商被逮至京师。其中,"首总黄源德老疾不能言,余皆自危于斧锧"。黄源德曾在乾隆二十三年(1758年)率领两淮盐商报效政府银两多达一百万②,上述这条记载是目前所见有关"首总"的最早的一条史料。根据《档案》及其他文献史料来看,乾、嘉、道三朝盐务"首总"主要有黄源德(乾隆三十三年在位)、江广达、洪箴远、鲍有恒(嘉庆十一年至十三年在任)、邹同裕和黄潆泰数家,以下就选择其中重要的几家略作考证。

"江广达"是盐务牌号(也就是鹾商行盐的旗号③,以上所列"首总"名均同此例),主人江春,安徽歙县人,是乾隆中、后期的盐务总商,"身系两淮盛衰者垂五十年"④。据袁枚的《小仓山房续文集》卷31《诰封光禄大夫奉宸苑卿布政使江公墓志铭》记载:

(当时),鹾务寖削,商中耆旧凋谢,恭遇国家大典礼、大徭役,大府无可咨询,惟公是赖。公阅历既久,神解独超,辅志弊谋,动中款要。每发一言,定一计,群商张目拱手画诺而已。四

---

① 《军机大臣曹振镛等为遵旨议复两淮盐在楚省运销事宜奏折(道光二年七月初二日)》,见《档案》。
② 嘉庆《两淮盐法志》卷42《捐输》。
③ 袁枚:《小仓山房续文集》卷31《诰封光禄大夫奉宸苑卿布政使江公墓志铭》。参见《批本随园诗话》批语。
④ 嘉庆《两淮盐法志》卷44《人物二·才略》。

十年来，凡供张南巡者六，祝太后万寿者三，迎驾山左、天津者一而再。最后赴千叟宴，公年已六十余，每跪道旁，上望见辄喜，召前慰劳，所赐上方珍玩，加级纪录之恩，莫可纪算。

所谓"商中耆旧凋削"，当指如"首总黄源德老疾不能言"之类所造成的权力真空。江春"每发一言，定一计，群商张目拱手画诺而已"，则显示了作为"首总"的赫赫权威。江春"为总商四十年，国家有大典礼及工程灾赈、兵河饷捐，上官有所筹画，春皆指顾集事"①。由于捐输报效频繁，财力日渐消乏。乾隆三十六年（1771年），弘历曾"赏借帑三十万以资营运"②。在乾隆皇帝的扶植下，江广达仍以"首总"的面目出现。所谓"康山傍宅与为邻，口岸新佥怒忽嗔，明白安详江广达，散商依旧总商人"③。当时，"群商之趋下风受指麾者，或相嚄媢，退有微词"④，但也无可奈何。不过，江氏的没落仍在所不免。到江春去世时，家产荡然，嗣子江振鸿生计艰窘，名园康山草堂荒废，本家无力修葺，乾隆皇帝念其以往功劳，下令由众商出银五万两，承买该园作为公产，银两则用以接济江振鸿营运⑤。到道光中叶陶澍改革、籍没江春后裔江镛家产时，"得银不及四万，而所亏之课乃过四十万"⑥。

---

① 同治《续纂扬州府志》卷15《人物志七·流寓》"江春"条。
②④ 袁枚：《小仓山房续文集》卷31《诰封光禄大夫奉宸苑卿布政使江公墓志铭》。
③ 林苏门：《维扬竹枝词》，见《扬州风土词萃》（扬州师范学院图书馆特藏部藏本）。
⑤ 嘉庆《江都县续志》卷首。
⑥ 平步青：《霞外捃屑》卷1《盐商捐输多虚伪》。

继江广达之后，洪箴远为两淮盐务总商。洪氏祖籍也出自徽州，据吴炽昌《客窗闲话》卷3《淮南宴游记》记载："鹾商洪姓者，淮南之巨擘也。曾助饷百万，赐头衔二品，其起居服食者，王侯不逮。"从乾隆五十七年（1792年）起至嘉庆九年（1804年）止，先后十一次领衔捐输，报效政府银两多达一千余万①。有一首《维扬竹枝词》这样写道："洪家首总派为之，丕振从前充实时，箴远领班公议事，争先恐后肖呆痴。"②由"争先恐后肖呆痴"一语，便可知"首总"洪氏说话之举足轻重——在他面前，其他小总商和散商自然也就只有拱手画诺了。

鲍有恒（其主人为鲍志道和鲍漱芳父子）是嘉庆年间的盐务"首总"，每年行盐多达二十万引③。鲍志道担任淮南总商二十年，去世后，其子鲍漱芳于嘉庆六年（1801年）接任总商。嘉庆八年（1803年）又兼理淮北盐务④，嘉庆十一年（1806年），由盐政额勒布佥令充当"首总"⑤。当时，大多数盐商已日渐贫乏，运商大多借资营运，因此，两淮盐商中专门出现了一种"賀商"，所谓"賀商"亦即放高利贷的商人，"两淮以物质银，加利归还，曰'贺头'"。而鲍有恒就是

---

① 嘉庆《两淮盐法志》卷42《捐输》。
② 林苏门：《维扬竹枝词》，见《扬州风土词萃》。
③ 林苏门《维扬竹枝词》："殷实商家岂曰无，门前仆立女提壶。有恒屏绝浮华态，廿万纲盐口岸沽。"
④ 董玉书：《芜城怀旧录》卷2；参见刘淼：《徽商鲍志道及其家世考述》，《江淮论坛》1983年第3期。
⑤ 《军机大臣曹振镛等为遵旨议复两淮盐在楚省运销事宜奏折（道光二年七月初二日）》，见《档案》。

出贺最多的三家贺商之一①。他与上述的洪氏"首总",都在道光中叶的盐务改革中最终破产。

黄漦泰主人为黄至筠,字个园,即扬州名园——个园的主人。据梅曾亮记载,他是扬州甘泉人,出身于官宦家庭,"十四岁孤,人没其产。年十九,策驴入都,得父友书,见两淮盐政某公,与语,奇其材,以为两淮商总"②。时值嘉庆朝军兴孔亟,两河决口,户部空虚,捉襟见肘,大力鼓励富民出钱报效国家;作为回报,政府则赏予虚衔。当时黄漦泰领衔率两淮盐商捐输40万两以助高堰工用③,因此受到嘉奖,"由府道加盐运使司衔,入都祝嘏,圆明园听戏,赐克什,长子、次子皆郎中。当是时,上至盐政,下至商,一视君为动静,贩夫走卒,妇孺乞丐,扬人相与语,指首屈必及君"。《柏枧山房诗文集》卷9《黄个园家传》中的这段描述,与《档案》所载略有不同。《档案》载"首总"黄漦泰"本系报部斥革总商,夤缘前任运司刘澐为姻戚,朦混复充"④。三年期满后又经盐政延丰附奏留办,但军机大臣曹振镛奏称:"该商黄漦泰遂事事专擅,各总商渐俱推诿不前。……散商控告黄漦泰于额领银七十万两,加捐银二十万两之外,浮领银七十余万两。今查现有乏商复控该商于浮领银七十余万之后,又借银六十余万两。"⑤要求革去黄漦泰"首总"

---

① 林苏门:《邗江三百吟》卷1《播扬事迹·贺头》。
② 梅曾亮:《柏枧山房诗文集》卷9《黄个园家传》。
③ 嘉庆《两淮盐法志》卷42《捐输》。
④ 《军机处发下有关两淮盐务御史陈条陈(道光二年闰三月二十日)》,见《档案》。
⑤ 《军机大臣曹振镛等为遵旨议复两淮盐在楚省运销事宜奏折(道光二年七月初二日)》,见《档案》。

之职,"严行究办"其浮领滥借银两一事。不过,从《黄个园家传》来看,黄至筠并未得到什么处置,权力仍然很大。"首总"名目是否被革除也是个疑问。直到道光中叶盐政改革,"淮北改票盐而商总权绌,人得见运使,人自言事,利各私己,而仍委重于君,而商总始困"①。也就是说,黄潆泰直到此时方才失去了先前的赫赫权势。道光中叶,黄潆泰家实有根窝数十万引,他在陶澍改革之前已预先得到消息,于是暗中卖掉根窝,逃过了一般富商所遭遇到的破产厄运②。此后,淮扬盐商虽已穷困,但黄氏还有梨园全部,演员二三百人,"其戏箱已值二三十万,四季裘葛递易,如吴主采莲、蔡状元赏荷,则满场皆纱縠也"。日常起居服食,仍然是僭拟王侯③。黄至筠于道光十八年(1838年)去世。到道光晚期,其后裔如盐运使姚莹在《上陶制府(建瀛)九江卡务情形禀》中指出:"黄潆泰原办数旗,竭力奉公,实多客本,及其亡也,亦即倒歇,数旗惟存溥生一旗,勉强支拄,虽门面尚存,时为债主追呼。"④从中可见其衰落的命运。

二

从明清盐政史的角度来看,两淮盐商的组织形态日趋严密。早

---

① 梅曾亮:《柏枧山房诗文集》卷9《黄个园家传》。
② 金安清:《水窗春呓》卷下《盐务五则》。
③ 金安清:《水窗春呓》卷下《河厅奢侈》。
④ 光绪《两淮盐法志》卷157《杂纪门·艺文六》。

在明成化年间，两淮盐政中就设有"客纲""客纪"，嘉靖时又设立了"客长"，"择殷硕者以联引各商，听盐事于司"①，也就是选择财力充裕的盐商作为代表，负责与盐运司打交道。当时，其他商人与客纲、客纪或客长之间并无隶属关系，所谓"非令管摄也"②。但到了清代，盐商有总、散之分：散商是些认引办运较少的盐商，行盐须由总商作保，才能获得贩盐的资格；而总商则是由盐政衙门签派，依据"两淮旧例：于商人之中择其家道殷实者，点为三十总商，每年于开征之前，将一年应征钱粮数目核明，凡散商分隶三十总商名下，令三十总商承管催追，名为'滚总'"③。后来，总商又分为大总商和小总商等名目④。所谓大总商，也简称为"大总"。据雍正二年（1724年）户部侍郎李周望等奏称："两淮历年于三十总商之内，盐院择其办事明白者或二三人、四五人点为大总，一切匪费由其摊派，烦杂事务亦归办理。"⑤及至乾隆中叶前后，却出现了权力空前的所谓"首总"。从此，两淮盐商组织中实际上形成了这样的格局，即：首总—大总商—小总商—散商。

从《档案》及其他文献史料来看，"首总"都是由与皇室、官僚关系最为密切的总商充当。清康熙、乾隆二帝数度南巡，其经费主

---

①② 嘉靖《淮扬志》卷9《盐政志》。
③⑤ 嘉庆《两淮盐法志》卷25《课程九·经费上》。
④ 王赠芳：《谨陈补救淮盐积弊疏》（见盛康辑《皇朝经世文编续编》卷51《户政二十三·盐课二》）："两淮有四大总商、十二小总商之目。"民国《歙县志》卷1《舆地志·风土》又有"两淮八大总商"之说。

要取给于盐务。两淮盐商时常要出钱上贡和筹备南巡开销，当时有一个特殊的名目叫"办贡办公"①，指的就是这种花销。而专门领衔主持该项事务的总商代表，自然是近水楼台，与皇帝的关系最为接近，也就最容易成为"首总"。如江春，于乾隆十六年（1751年）乾隆帝南巡时，在"扬州迎驾典礼，距圣祖时已远，无故牍可稽，公创立章程，营缮供张，纤细毕举"②。乾隆二十二年（1757年），因"办治净香园称旨，赏给奉宸苑卿"③。江春在扬州新城东南构筑有康山草堂，"叠石穿池，请驾临幸。上喜平山之外小憩，两幸其园，赋诗以赐。公抱七岁儿迎驾，上抱至膝上，摩其顶，亲解紫荷囊赐之，恩幸之隆，古未有也"④。显然，两者的关系相当融洽。正因为江春与皇室的这层交情，所以乾隆皇帝才会特意关照出京盐运使："江广达人老成，可与咨商！"⑤而盐运使得此面谕，又怎敢不对江春毕恭毕敬呢？这正是两淮盐务委之一人——"首总"由以存在的重要原因。明了这一点，就不难理解乾嘉年间领衔捐输、报效的总商大多就是当时的盐务"首总"了。

此外，嘉庆年间的总商黄潆泰则以父执的推荐而当上"首总"，并因与盐运使的联姻得以连任。值得注意的是，《档案》指出，黄潆泰连任"首总"也是当时的情势所迫。所谓"自当首总以来，于运务毫无所益，只知把持垄断，专利自肥，一切库项出入支

---

① 《军机大臣曹振镛等为遵旨议复两淮盐在楚省运销事宜奏折（道光二年七月初二日）》，见《档案》。
② 阮元：《淮海英灵集·戊集》卷4"江春"条。
③④⑤ 袁枚：《小仓山房续文集》卷31《诰封光禄大夫奉宸苑卿布政使江公墓志铭》。

销,皆归其手,串通奸胥,上下蒙蔽,又有叠次犯案劣商丁恒兴等与相附和,盐政运司无从得其要领,转因凑饷所挟制,不得不续请留总,苟图敷衍,又托为辞退,暗串散商保留,以掩恋充之迹"①。这里牵涉到一个盐务制度上的问题。原先,两淮官、商在财务上各自独立,并不混淆。盐运司有运库,鹾商有务本堂。"务本堂为淮商办公之所,一切费用皆聚于此,有堂商司其事。"②后来,因报效、捐输频繁,两淮盐政和运司两衙门,"因库贮空虚,不得不向商人挪借"③。这给盐务"首总"控制运库提供了可乘之机。由于捐输、报效和备南巡是盐官与"首总"共同关心的事,而盐官又因库帑亏空过多,干脆"附堂于库",改堂商为库商。从此,运司成了官、商共管之地,"而官帑遂隐为商握矣"④。对此,嘉道年间的理财专家包世臣指出:

> 当时,院司不能洁己,授意库商具禀,以公事应办,而商力拮据,恳恩借给库款、下纲纳还为词,司详院批,具领出库,官商朋分,其所办何公,则绝无报销文案。官受商贿,有挟而求。于是巧立名目,任意取携,名为噬散,实则噬库。……库项支绌,于此始基。驯至部拨则无项可解,商领则有款可指,而司库几成商柜矣。⑤

"司库几成商柜"指的就是《档案》所说的因"首总"串通劣

---

① 《军机处发下有关两淮盐务御史条陈(道光二年闰三月二十日)》,见《档案》。
②④ 谢元淮:《养默山房诗录·鹾言》。
③ 贺长龄:《驳长芦盐价改用银桩疏》,见葛士濬:《皇朝经世文续编》卷42。
⑤ 包世臣:《安吴四种》卷5《中衢一勺·小倦游阁杂说二》。

商作弊、"盐政运司无从得其要领"的事实。骑虎难下之际,只好"续请留总"。显然,"首总"的存在,与两淮盐政制度之窳坏,也是密不可分的。

至于说"首总"对两淮盐务所造成的危害,以往学者在论述总商的作用时已多有论及。此处仅引用《档案》所载,便可窥其一斑。道光二年(1822年)闰三月二十日军机处发下两淮盐务御史条陈称:"查淮南办运之商向有百余家,近年只存四十余家,推原其故,固由运本加增滞销致亏,亦由首总鱼肉勒派逐渐消乏。"首总把持公事、凌躏众商的危害于此可见。

(原载《历史档案》1993年第4期)

明清淮安河下徽州盐商研究

徽商研究是明清社会经济史研究中的一个重要课题，一直受到海内外史学界的高度重视。尤其是近年来大陆史学界的成果与日俱增，这端赖于新史料（如徽州乡土文献）的系统整理与利用。众所周知，在明清时期，"徽之富民尽家于仪、扬、苏、松、淮安、芜湖、杭、湖诸郡，以及江西之南昌，湖广之汉口，远如北京，亦复挈其家属而去"[①]。不过，以往对于上述各大都会中侨寓徽商的研究，除了个别城市（如扬州）已有相当详尽的研究成果之外，不少城镇还是语焉不详，甚或仍属空白（如淮安），这同样有赖于新史料的搜集和利用。近年来，笔者两度前往淮安考察，搜集到一批未刊乡土文献，其中就包含有丰富的徽商史料，这些资料使我们能够比较清晰地了解淮安河下徽商的组织形态、生活方式和盛衰变迁。

一、徽商的迁徙、占籍和定居

河下位于今江苏省淮安市西北三里之遥的古运河畔，是当年大批徽州盐商聚居之地，迄今仍然保持着明清时期的小镇风貌。据清人王觐宸《淮安河下志》卷1《疆域》记载："明初运道仍由北闸，

---

① 康熙《徽州府志》卷2《风俗》。

继运道改由城西，河下遂居黄（河）、运（河）之间，沙河五坝为民、商转搬之所，而船厂抽分复萃于是，钉、铁、绳、篷，百货骈集；及草湾改道，河下无黄河工程；而明中叶司农叶公奏改开中之法，盐策富商挟资而来，家于河下，河下乃称极盛。"所谓"明中叶司农叶公奏改开中之法"，是指明代弘治年间户部尚书叶淇正式公布纳银中盐的办法——运司纳银制度，亦即召商开中引盐，纳银运司，类解户部太仓以备应用。从此以后，商人只需在运司所在的地方纳银即可中盐，因此，不但两淮赴边屯垦的商人退归南方，而且在全国最重要的西北垦区之土商也纷纷迁至两淮①。由于河下地处淮安城关厢，又为淮北盐斤必经之地，所以大批富商大贾卜居于此。

较早迁居河下的徽商有黄氏，据清人黄钧宰《金壶浪墨》卷2《世德录》记载："黄氏之先为皖南著姓，聚族于黄山。当明中叶，分支迁苏州，再徙淮阴，累世读书，科名相望，七传而至荆玉公，为明季诸生。"从这段《世德录》中还看不出黄氏是否为淮北盐商。当时，淮北盐运分司驻安东（今江苏涟水县），大批徽商主要集中在那里。诚如明人文震孟在《安东县创筑城垣记》一文中所指出的那样："……安东为河、淮入海之路，淮北锁钥，百万盐策辐辏于此"②，所谓"煎盐贵擅其利"③，其中，就有不少徽州盐商④。

---

① 《明史》卷77《屯田》："迨弘治中叶淇变法……诸淮商悉撤业归，西北商亦多徙家于淮。"
② 光绪《重修安东县志》卷3《建置》。
③ 吴从道：《安东》诗，见丁晏、王锡祺编：《山阳诗征》卷7。
④ 如歙人程必忠，明季始迁安东；程易，"世居歙之岑山渡，后迁淮，治盐业，遂占籍安东"；程增，"父自歙迁淮之涟邑（即安东）"。俱见王觐宸：《淮安河下志》卷13《流寓》，淮安市图书馆古籍部据抄本复印。

由于明代中叶以后黄河全流夺淮入海，苏北水患日趋频仍，安东等地时常受到洪水的威胁。如淮北批验所本在安东县南六十里的支家河，"淮北诸场盐必榷于此，始货之庐、凤、河南"，批验所旧基在淮河南岸，"当河流之冲"①，弘治、正德年间曾多次圮毁，后来虽移至淮河北岸，但洪水的困扰仍未减轻。据乾隆《淮安府志》卷11《公署》记载，安东为"盐艘孔道，土沃物丰，生齿蕃庶，上知学而畏法，近罹河患，丰歉不常"。在这种形势下，盐运分司改驻淮安河下，而淮北批验盐引所改驻河下大绳巷，淮北巡检也移驻乌沙河。随着盐务机构的迁移，更多的淮北运商卜居淮安河下②，但因祖先产业所在，仍然占籍安东③。这一点很像淮南盐商多占籍仪征，而又"太半居郡城（扬州）"④。

与此同时，还有的一些徽商从扬州迁居淮安河下。其中，最为著名的首推程量越一支。据《淮安河下志》卷5《第宅·程莲渡先生宅》记载：

> 吾宗自岑山渡叔信公分支，传至第九世慎吾公，是为余六世

---

① 嘉庆《两淮盐法志》卷37《职官六·廨署》引嘉靖《盐法志》。
② 光绪《重修山阳县志》卷4《盐课》："国初淮北分司暨监掣并驻河下，群商亦萃居于此。"
③ 光绪《重修安东县志》卷1《疆域》："国初时盐法尤盛行，富商来邑占籍，著姓相望。"卷12《人物四·流寓》："初，程氏以国初来邑占籍，代有令闻。"王觐宸《淮安河下志》卷13《流寓》："程朝宣，字辑侯，歙人也。父以信，故有业在安东，召朝宣代之，弗善也，去而业盐，与淮北诸商共事，不数年推为祭酒焉。"程朝宣因出资助塞卯良口决口，安东人"感其义弗衰，为请占籍。程氏之占安东籍，自朝宣始也"。此后，淮安史志中出现的程氏多为安东籍。程鉴"先世歙人，业盐，家于淮，后入安东籍，实住山阳河下也"。
④ 光绪《续修甘泉县志》"凡例"。

祖，由歙迁家于扬。子五人：长上慎公，次蝶庵公，次青来公，次阿平公，次莲渡公。莲渡公即余五世祖也。莲渡公诸兄皆居扬，公一支来淮为淮北商，居河下。

"莲渡公"叫程量越(1626—1687)，字自远，是淮南盐务总商程量入的弟弟，"生子九人，俱成立，孙、曾蕃衍，旧宅渐不能容，分居各处，亦尚有一、两房仍居老宅"①。

除了程量越一支外，歙县程氏还有不少人迁居河下。清末李元庚曾指出："程氏，徽之旺族也，由歙迁，凡数支，名功、亘、大、仁、武、鹤是也。国初（按：指清初）时业禺策者十三家"②，"皆极豪富"③，当时有"诸程争以盐策富"④的说法。

河下徽商程氏行盐各有旗号，大多依族谱中的名号取名。据《讷庵杂著·五字店基址记》记载："当时族人业盐居淮，有所谓公（功）字店、亘字店、大字店者，皆就主人名字中略取其偏旁用之，如亘字店则用朝宣公'宣'字之半，吾家五字店，盖用慎吾公'吾'字之半也。"⑤慎吾公是程量越的父亲，所以程量越"所居之宅，曰五字店，五字乃其旗号也"⑥。此外，还有俭德店，"俭德，旗名店者"，为盐务总商程易的宅名⑦。程世桂与其兄程云松"均习

---

①⑥ 王觐宸：《淮安河下志》卷5《第宅》。
② 李元庚：《梓里待征录·奇闻记·淮北商人同姓十三家》。《梓里特征录》为淮安市图书馆古籍部抄本，封面题作"淮壖隅史"。
③⑤ 王觐宸：《淮安河下志》卷6《杂缀》。
④ 王觐宸《淮安河下志》卷13《流寓》。
⑦ 李元庚：《梓里待征录·逸事记·俭德店相》。

禹策,分行盐务,旗名观裕"①。这一点也与扬州非常相似。据乾嘉时人林苏门记载:"扬州运盐之家,虽土著百年,而厮仆皆呼其旗名,曰'某某店'。故高门大屋,非店而亦曰'店'也。"②淮安河下地名中有五字店巷、仁字店巷、文字店巷和亘字巷等,大多是"徽商顿盐之所,巷因此得名"③。

除了程氏以外,汪氏自"尧仙公"由徽迁淮,二世至"隐园公",卜居于相家湾路南④。所谓尧仙公,是清代著名官僚汪廷珍的曾祖父,"治家勤俭,赀产遂丰"⑤,成为以盐业起家的鹾商大户⑥。吴氏"先世分运食盐,以金家桥为马头"⑦,也是河下的淮北盐商。此外,徽商曹氏在当地亦有相当大的势力,河下曹家山就是该家族的产业⑧。

由于徽商的鳞集骈至,至康熙年间,河下一带徽商的人数已相当之多。康熙三十年(1691年)编审,因山阳历年水患,百姓逃亡,故缺丁14 913丁,缺丁银6 417两。县令"以土著无丁可增,乃将淮城北寄居贸易人户及山西与徽州寄寓之人,编为附

---

① 李元庚:《山阳河下园亭记》(刊本,淮安市图书馆古籍部藏)"高咏轩"条。
② 林苏门:《邗江三百吟》卷3《俗尚通行·运盐之家称店》,《邗江三百吟》为扬州市图书馆特藏部藏本。
③ 王觐宸:《淮安河下志》卷2《巷陌》。
④ 李元庚:《山阳河下园亭记》"道宁堂"条。
⑤ 汪继光:《山阳汪文瑞公年谱》,淮安市图书馆古籍部手抄本。
⑥ 王觐宸:《淮安河下志》卷12《列女》汪士堂妻条:汪家"故业盐,号巨商"。另,范一煦:《淮壖小记》(扬州师范学院图书馆特藏部藏本)卷4,汪廷珍"家世本业禺策,食指百余人"。
⑦ 李元庚:《山阳河下园亭记》"梅花书屋"条。
⑧ 李元庚:《山阳河下园亭记》"止园""梅花书屋"条。

安仁一图"①。其中的"徽州寄寓之人",既有占籍安东或山阳的②,还有的则仍占籍故土徽州③。

二、徽商社会生活勾稽

(一)徽商之间呼朋引类,紧密结合,最具有地域商人集团的色彩。明人金声曾指出:"夫两邑(休、歙)人以业贾故,挈其亲戚知交而与共事,以故一家得业,不独一家得食焉而已,其大者能活千家、百家,下亦至数十家、数家。"④歙人程朝聘,迁淮北安东,其子程增"移家山阳,使二弟学儒,而身懋迁,家遂饶。父族四,母族三,死而无归者毕葬焉,余皆定其居,使有常业。设义田、义学,以养疏族人而聚教之。乡人叩门告请,未尝有难色,或急难,以千金脱之"⑤。这种乐善好施的义行,不仅仅囿于宗族内部。如盐务巨商程鉴,"振恤寒困,赴人之急如不及。山阳曹师圣官彭泽令,逋公帑数千,且得罪,鉴予金偿之。师圣卒,复为营葬事,周其遗孤"⑥。此种济急周乏的乡党之谊,反映了徽商的群体意识。关于这一点,从淮安会馆的设置过程中亦可窥其一斑。据

---

① 阮葵生:《茶余客话》卷22《京田时田》。
② 嘉庆《两淮盐法志》卷48《人物七·科第表下》,顺治八年辛卯科举人程治,歙人,山阳籍;康熙二十三年甲子科举人吴宁谥,歙人,山阳籍。
③ 嘉庆《江都县续志》卷12《杂记下》:"歙之程、汪、方、吴诸大姓,累世居扬而终贯本籍者,尤不可胜数。"淮安情形与此相类似,如程晋芳就是歙县籍,"世居山阳"。(丁晏、王锡祺:《山阳诗征》卷18)
④ 《金太史集》卷3《与歙令君》。
⑤⑥ 王觐宸:《淮安河下志》卷13《流寓》。

《梓里待征录·建置记》载:"会馆之设,京师最盛,吾淮初未之闻也。当乾隆、嘉庆间生意鼎盛,而官、幕在淮者十居八九,无一人创此事。后有新安人在质库贸易,借灵王库馆地启房为新安义所","每当春日聚饮其中,以联乡谊"①。此后,才有各地商人踵起仿效。

徽商之间相互通婚,如汪氏侨寓清江浦数百年,家富百万,列典肆,"有质库在所居之南,曰字号萱,其息本乃太夫人钗钏之余,故曰萱字号,太夫人误呼之,遂有是名"②。广厦千间,俗呼为"汪家大门"。主人汪已山好宾客,座上常满,广结名流,筑观复斋,"四方英彦毕至,投缟赠纻无虚日",与扬州的小玲珑山馆、康山草堂、天津的水西庄"后相辉映"③。汪氏擅长书法,能作方丈字,"得率更笔意",性喜好客。"吴门午节后,名优皆歇夏,汪则重资迓来,留至八月始归。此数十日之午后,辄布氍毹于广厦中,疏帘清簟,茶瓜四列,座皆不速之客。歌声绕梁,竹簧迭奏,不啻神仙境也。"④道光中叶,汪氏家中落,萱字号已闭歇,"其簿籍犹有以万金购之者"⑤。因此,在其极盛时期,夸奢斗富的程度绝不亚于淮、扬盐商。例如,他家的鳌山灯号称天下之冠,直到晚清时期当地人犹能津津乐道⑥。汪氏与本地人不通婚姻,只跟淮安河下盐商程氏互为陈朱⑦。其中,有一支迁往淮安河下。据《梓里待征录·奇闻记·五世同堂》记载:"清河汪氏丁极盛,有一支名汲(字葵

---

① 王觐宸:《淮安河下志》卷6《杂缀》。
②③⑤⑥ 方濬颐:《二知轩文存》卷22《今雨楼图记》。
④⑦ 徐珂:《清稗类钞》第24册《豪侈类》。

田,号曙泉),迁居河下铁钉巷。"五世元孙汪衍祥"请于官,为奏明圣旨,准旌其闾,钦赐七叶衍祥,给予'五世同堂'匾"。

通过程、汪二姓的婚姻,盐、典二业就紧密地结合在一起了,这与扬州的情形也很相似,正像一首《望江南百调》所描述的那样:"扬州好,侨寓半官场,购买园亭宾亦主,经营盐、典仕而商,富贵不归乡。"①汪垂裕在河下杨天爵巷开质库②,徽商程氏也有从事质库的③。

(二)徽商很注意交结官府要人,无论是在京缙绅、过往名士,还是现任大小官僚,无不与之过从。不少徽商都成了权贵们的入幕之宾,如袁枚在《随园诗话》卷7中曾记录下这样一件趣事:

> 程鱼门多须纳妾,尹公子璞斋戏贺云:"莺转一声红袖近,长髯三尺老奴来。"文端公笑曰:"阿三该打!"

"程鱼门"即徽商程晋芳,"文端公"是指当时的两江总督尹继善。这段谐谑的插曲表明,两者之间的关系已十分融洽。除了程晋芳以外,被称为"禺策中之铮铮者"的盐商程易,也与漕运总督铁氏、南河总督徐氏和淮关监督某公过从甚密。他曾与王勋辉、王绳武、徐临清、薛怀等为"五老会",宴集于淮安荻庄,备极一时之胜。这次耆绅雅集由漕运总督铁氏作序,刻石以纪④,远近传为佳话。

---

① 见陈垣和:《扬州丛刻》(民国刊本)。
② 李元庚:《山阳河下园亭记》"九狮园"条。
③ 王琛:《清河王氏族谱·先世述略》,同治七年刻本,淮安市图书馆古籍部藏本。
④ 李元庚:《山阳河下园亭记》"寓园"条。

徽商殚思竭虑靠拢官僚，主要是为了提高自己的地位，并保护其专卖权益；而官僚则通过这种交往获得许多经济上的实惠①。徽商资本中就有一些来自官僚，日本学者藤井宏先生将之归纳为"官僚资本"②。据《清实录》乾隆十一年(1746年)七月乙酉条谕，河道总督白钟山"巧宦欺公，暗饱私囊"，"与盐商交结往来，以资财托其营运"，也就是将宦资都寄存在淮北盐商处。据调查，淮北盐商程致中，收存白钟山银二万两；程氏女婿、清江浦典商汪绍衣，收存白钟山银四万两；另外，商人程容德和程迁益，各收存白钟山银二万两，"代为营运"。

除了交结官僚外，徽商还与清朝皇室保持着良好的关系。康熙、乾隆数度南巡，淮北盐商极尽献媚邀宠之能事。如康熙皇帝第五次南巡过淮安时，"百姓列大鼎焚香迎驾，数里不绝"③。这些活动，就是由鹾商组织和策划的。当玄烨行至乌纱河，"有淮安绅衿百姓备万民宴，又盐场彩亭七座迎接"。随后康熙在淮安寻欢作乐，"进宴演戏，其一切事宜，皆系商总程维高料理"④。有一次，在淮安漕运总督衙门行宫演戏十一出，"系择选程乡绅家小戏子六名，演唱甚好，上大悦"⑤。上述的程维高，就是盐务总商程增。他

---

① 杨钟羲《意园文略·两淮盐法要序》："官以商之富而朘之，商以官之可以护己而豢之，在京之缙绅，过往之名士，无不结纳，甚至联姻阁臣，排抑言路，占取鼎甲。凡力之能致此者，皆以贿取之。"

② [日] 藤井宏：《新安商人的研究》，傅衣凌等译，译文见《江淮论坛》编辑部编：《徽商研究论文集》，安徽人民出版社1985年版，第131—269页。

③ 宋荦：《西陂类稿》卷17《迎鸾三集·康熙乙酉扈从恭纪七首》注。

④⑤ 佚名：《圣祖五幸江南全录》，见汪康年：《振绮堂丛书初集》，宣统庚戌(1910年)刊本。

曾三次接驾，因供奉宸赏不遗余力，康熙御书"旌劳"二字赐之①。又如，乾隆四十九年(1784年)春，弘历南巡过淮安，"盐宪谕诸商人自伏龙洞至南门外起造十里园亭，以荻庄建行宫，开御宴"。据估计，这一工程需银三万，"因盐宪经纪稍后，诸商筹款未充，而为时甚促，遂寝其事"。但仍在"运河两岸周鹅黄步障包荒，中间错落点缀亭台殿阁，间以林木花草。时在春末夏初，林花、萱草、牡丹、芍药、绣毯一一争妍，由西门至于府前，家家舒锦悬灯，户户焚香燃烛"②。为此，淮北众商纷纷得到嘉奖。总商程易在嘉庆元年(1796年)应诏入朝，参与"千叟宴"，赏赐内府珍奇宝物，享受四品京官的待遇③。其以布衣上交天子，成为远近歆羡的商界奇闻。

（三）作为出自"东南邹鲁"的阙里人家，徽商与文人学士的交游也相当引人注目。据黄钧宰的记载：山阳"西北五里曰'河下'，为淮北商人所萃，高堂曲榭，第宅连云，墙壁垒石为基，煮米屑磁为汁，以为子孙百世业也。城外水木清华，故多寺观，诸商筑石路数百丈，遍凿莲花。出则仆从如烟，骏马飞舆，互相矜尚。其黠者颇与文人相结纳，藉以假借声誉，居然为风雅中人。一时宾客之豪，管弦之盛，谈者目为'小扬州'"④。由于晚明至清代数百年淮北盐商的不断经营，淮安河下园林名胜鳞次栉比，"南始伏龙洞，北

---

①③　王觐宸：《淮安河下志》卷13《流寓》。
②　　王觐宸：《淮安河下志》卷8《园林》。
④　　黄钧宰：《金壶浪墨》卷1《纲盐改票》。

抵钵池山，东绕盐河一带约十数里，皆淮之胜境地"①，笙歌画舫，游人骈集。

据山阳文人李元庚《山阳河下园亭记》记载，自明嘉靖间迄至清代乾嘉时期，河下构筑的园亭共有 65 例。其中主要是盐商构筑的，尤其是程氏盐商为数最多，占三分之一强（计 24 例）。另一位山阳人范一煦在《淮壖小记》卷 3 中指出：

> 吾邑程氏多园林。风衣之柳衣园、菰蒲曲、籍慎堂、二杞堂也，瀣亭之曲江楼、云起阁、白华溪曲、涵清轩也，莼江之晚甘园也，亨诞人（名云龙，字亨衢）之不夜亭也，圣则之斯美堂、箓竹山房、可以园、紫来书屋也，研民之竹石山房也，溶泉之旭经堂也，蔼人之盟砚斋、茶话山房、咏歌吾庐也，曲江楼中有珠湖无尽意山房、三离晶舍、廓其有容之堂。

从园林规模上看，程退翁隐居石塘之中桥，买废田万亩，掘渠四千余丈，"灌溉其中，遂成沃壤，植牡丹、芍药以环其居，号曰'谁庄'"，极尽流连觞咏之事②；程嗣立的"菰浦一曲"，园有来鹤轩、晚翠山房、林芳山馆、籍胜堂诸胜；程墊的"且园"，则有芙蓉堂、俯淮楼、十字亭、藤花书屋、古香阁、接叶亭、春雨楼、云山楼、方轩、亦舫计二十二所③，假山曲折，林木幽秀，类似于此的园林佳构不胜枚举④。其中盐商程氏所有的曲江楼、菰浦一曲和获庄诸胜，尤负盛名。

---

① ③ 范一煦：《淮壖小记》卷 4。
② 李元庚：《山阳河下园亭记》"晚甘园"条。
④ 参见李元庚：《山阳河下园亭记》各条。

曲江楼原是当地乡绅张新标依绿园中的一处胜景，张氏"尝大会海内名宿于此，萧山毛大可(奇龄)预其胜，赋《明月河》篇，一夕传钞殆遍"①。其后，该园为徽商程用昌所得，易名"柳衣园"，中有曲江楼、云起阁、娱轩、水西亭、半亩方塘和万斛香诸胜。乾隆年间，盐商程垲、程嗣立"聚大江南北耆宿之士会文其中"，他们互相切磋，"磨砻浸润，文日益上"。其中以程氏为首的"曲江十子"所著之《曲江楼稿》风行海内，"四方学者争购其文"②。

菰蒲曲在伏龙洞，主人是盐商程嗣立。据《水南老人诗注》云："癸亥正月，霭后招集园中，看演《双簪记》传奇。晚晴月出，张灯树杪，丝竹竞奏，雪月交映，最为胜集。"③类似于此花晨月夕、酒楂聚谈的文人雅集，不胜枚举。

荻庄是盐商程鉴的别业，园在萧湖中，有补烟亭、廓其有容之堂、平安馆、带湖草堂、绿云红雨山居、绘声阁、虚游、华溪渔隐、松下清斋、小山丛桂和留人诸胜。其子程沆致仕后，"于此宴集江南北名流，拈题刻灯，一时称胜"④。园中的胜景，令过往文人留连忘返。对此，性灵派巨匠袁枚题诗曰："名花美女有来时，明月清风没逃处。"而赵翼则题云："是村仍近郭，有水可无山。"⑤这些都画龙点睛地描绘出河下园林之概貌和盐商们的生活追求。嘉庆年间，南河熊司马设宴于此，作荻庄群花会，备极一时之胜⑥。

---

① 李元庚：《山阳河下园亭记》"依绿园""柳衣园"条。
② 乾隆《淮安府志》卷22《艺文》。
③ 李元庚：《山阳河下园亭记》"菰蒲曲"条。
④⑤ 李元庚：《山阳河下园亭记》"荻庄"条。
⑥ 金安清：《水窗春呓》卷下《荻庄群花会》。

当时，曲江楼、菰蒲曲和荻庄，与扬州马氏的小玲珑山馆、郑氏休园和程氏篠园等南北呼应，成为江淮间著名的园林名胜，吸引着来自全国各地的文人学士。他们与当地的盐商相互览胜访古，文酒聚会，质疑访学，搜藏古籍，刊刻著述等。

（四）通过盐商与文人间的宾朋酬唱，提风倡雅，徽商的素质有了很大的提高，一时也文人辈出。徽州是个文风极盛的地区，新安商人素有"贾而好儒"的文化传统。这种乡土背景，在侨寓徽商身上也表现得极其明显。河下姜桥、中街等处，均有文昌楼、二帝阁，内供有文、武二帝，中有魁星。另外，康熙年间徽商还集资在河下竹巷建有魁星楼，"虔祀魁星于其上，文光四射"，希望冥冥苍天福佑徽商子弟"弦诵鼓歌、科第骈集"①。河下徽商的确也不负众望。据载，从明末到清代，"河下科第极盛者莫如刘氏"②。不过，与刘氏相较，侨寓徽商程氏也毫不逊色。明清两代科甲蝉联，文人辈出（见下表）。

程、刘二氏科目比较表

科目 \ 姓氏	程 氏	刘 氏
进士	6	7
举人	12	12
贡生	11	4
武举	1	0

资料来源：《淮安河下志·科目》

---

① 胡从中：《重建魁星楼记》，《淮安河下志》卷4《祠宇》魁星楼条。
② 李元庚：《梓里待征录·奇闻记·茶桥刘氏五代巍科》。

清代诗人袁枚曾经指出:"淮南程氏虽业禺策甚富,而前后有四诗人:一风衣,名嗣立;二蘷州,名崟;一午桥,名梦星;一鱼门,名晋芳。"这四人是淮、扬一带提风倡雅最负盛名的人物。

程嗣立字风衣,号篁村,人称"水南先生"。原为安东诸生,廪贡生,乾隆初举博学鸿词。平素"善书法,好作画。或求其书,则以画应;求画,则以书应。求书画时,则与之坐讲《毛诗》、《庄子》数则"①,一副文人名士的派头。上文提及的"柳衣园",就是他所构筑的园林。程氏在此"集郡中诸文士讲学楼中,延桐城方舟、金坛王汝骧、长洲沈德潜诸耆宿为之师,极一时切磨之盛"②。当时,他以"风流俊望"倾倒一时,过从交游者遍于天下,"凡文人逸士道出淮阴,必下榻斋中,流连觞咏,历旬月不少倦"③。程崟字蘷周(州),先世歙人,侨寓于扬州,"少即从方望溪(方苞)游,制义外,古文尤有家法。登癸巳进士,为部郎有声,寻告归"。他的哥哥程銮曾当过两淮总商,"家门鼎盛,筑别业真州,选订明代及本朝(清朝)古文,次第付梓。嗜音律,顾曲之精,为吴中老乐工所不及,凡经指受者,皆出擅重名,遂为法部之冠"④。征歌度曲是当时富商大贾慕悦风雅的一种文化表达方式,程崟就是以精谙工尺闻名遐迩的盐商巨擘之一。

---

① 袁枚:《随园诗话》卷12。王觐宸《淮安河下志》卷13《流寓》:"先是爽林(程垲)、风衣(程嗣立)起淮上,开曲江坛坫;邗上则午桥(程梦星)集南北名流,缟纻交满天下。其后风流将歇,鱼门(程晋芳)复起而振其绪。"程垲是程嗣立的哥哥,即曲江楼主人,原本是安东诸生,后于康熙四十三年中举,亦好读书,工诗文,善草隶。
② 徐珂:《清稗类钞》第九册《艺术类·程水南先生善书画》。
③④ 王觐宸:《淮安河下志》卷13《流寓》。

程梦星，字午桥，工部主事。康熙壬辰（1712年）进士，"入词馆，有著作才，中岁假归"①。当时，歙县"程氏之在扬者最盛，梦星以清华之望负时名，江淮冠盖之冲，往来投赠，殆无虚日。筑篠园于湖上，诗酒敦槃，风流宴会，辈行既高，后进望若龙门"②。据载，程梦星虽然占籍仪征，但时常居住在山阳③。举手投足，对淮安河下文风的兴盛，亦起了表率的作用。

程晋芳，字鱼门，蕺园是他的自号。歙人，业鹾于淮。据载，"乾隆初，两淮殷富，程尤豪侈，多畜声色狗马，君独惜惜好学，罄其货购书五万卷，招致方闻缀学之士与共讨论，海内之略识字能握笔者，俱走下风，如龙鱼之趋大壑"④。后来御赐举人，授中书，不久又进士及第，授吏部主事，四库馆纂修。著有《周易知旨编》三十余卷、《尚书今文释义》四十卷、《尚书古文解略》六卷、《诗毛郑异同考》十卷、《春秋左传翼疏》三十二卷、《礼记集释》若干卷、《诸经答问》十二卷、《群书题跋》六卷、《桂宦书目》若干卷。另外还有不少诗文传世，可谓著作等身。此外，盐商程增、程均、程坤、程崟、程钟、程鉴等"辈高文懿，行四世，凡十余人，皆为时所推"⑤。

---

① 嘉庆《江都县续志》卷6《人物》。参见李斗：《扬州画舫录》卷15《冈西录》。

②③ 嘉庆《江都县续志》卷6《人物》。

④ 丁晏、王锡祺编：《山阳诗征续编》卷4。

⑤ 袁枚：《小仓山房文续集》卷26《翰林院编修程君鱼门墓志铭》；李元庚：《山阳河下园亭记》"菰蒲曲"条。王觐宸《淮安河下志》卷13《流寓》："程氏自必忠至鏊凡四世十余人，皆为时所重云"；程易"自宦游归，总领淮北盐策，四方宾客献缣投纻无虚日，而易坐镇雅俗，昂昂如野鹤之立鸡群也"。

程氏之外，吴氏"门第清华"，为山阳望族。自明代至清"凡十一世"，"为茂才、掇巍科、登华朊、领封圻者，多有传人"①。盐商吴宁谔为邑庠生，与从兄宁谧"皆以文章名噪曲江楼"。他们还与"三吴名宿分题角艺于梅花书屋，慎公先生（宁谔）称巨擘焉"。其子吴玉镕"承籍家学，淹贯群书"，孜孜好学，终成进士。侄子吴玉搢、吴玉揖、吴玉孙以及从孙吴初枚、吴次枚等，"皆以科第文章显名于世"。其中，特别是吴玉搢，"尤究心于六书，博通书籍"，著有《山阳志遗·金石存》，当代金石专家翁方纲、朱筠等，"皆就山夫（玉搢）相质证"。秦蕙田所著《五礼通考》，也多出自他的手订②。此外，徽商汪氏、曹氏等也代出闻人③。

综上所述，淮安河下盐商社区表现出了与扬州河下相似的文化内涵，所谓"园亭之美，后先相望，又多名公巨卿、耆儒硕彦，主持风雅，虽仅附郭一大聚落，而湖山之盛播闻海内，四方知名士载酒问奇，流连觞咏"④。

---

①② 王觐宸：《淮安河下志》卷5《第宅》。

③ 李元庚《山阳河下园亭记》"一卷一勺"条载：汪汲"生平撰述，有《事物原会》、《竹林消夏录》、《日知录集释》诸书，尤邃于经学，兼通壬遁术"。其孙光大，"著书亦富，藏书十余万卷"。所居"一卷一勺"，园中有楼，即藏书楼。王觐宸《淮安河下志》卷11《人物》载，汪廷珍"攻苦力学，志趣高简"，乾隆己酉会试，以一甲第二人及第，授编修。嘉庆初，"擢侍讲，迁祭酒……积官左都御史、上书房总师傅、礼部尚书。四年，《仁宗实录》告成，锡予有加。五年，授协办大学士。……廷珍于书无所不窥，尤深于经术，十三经义疏皆能暗诵，居平讲学不祖汉、宋，一本义理为折衷，其他民情、政治之大，下及舆地、名物、算数、方伎，无不曲究其蕴……门生故吏遍满中外"。李斗《扬州画舫录》卷10《虹桥录上》："曹文埴，字竹虚，徽州人，官户部尚书。……（子）振镛，官翰林侍读，族子云衢，官员外。"

④ 李元庚：《山阳河下园亭记》序。

三、淮安河下徽商的衰落

淮北引岸除乾隆中期盐斤短暂畅销以外,历来为积疲地区,"各商虽有认岸之名,终年无盐到岸,小民无官盐可食,反仰给于私枭,私盐愈充,则岸商益行裹足"①。于是,"自正阳关以西,皆占于芦私(长芦私盐),以东皆占于场私(盐场私盐),北商十有一二,岁运仅数万引,其滞岸则皆弃店罢市,逃避一空,十年无课"②。当时,淮北有"牵商"制度,就反映了盐商间相互推诿的情形。据清人王琛《清河王氏族谱·先世述》记载:

> 嘉庆初,淮北鹾务有牵商之举,富户概不能免,商总司其事,堂叔祖经五公(按:系山西商人)名在册。公见鹾商豪侈为子孙累,亟避去,转匿邗上。官檄雨至,本籍行查,以久无音耗,遂止。有质库在郡城,道光元年迁居城内南门大街。先祖廷选公亦被牵商,度急切不获辞,投身自认口岸,试行两载,以亲老告退。

由于淮北盐务的衰落,许多商人都日趋式微。徽商程量越一支"越数传,事业凌替,宅舍圮毁"③。到乾隆五十一年(1786年)以后,五字店后宅已圮,"惟大门及前厅等处尚存"。康熙年间由漕运总督书写的"乐善不倦"匾额,竟因"宅小不能置"④,而不得不送到城内报恩寺中托僧人代管。其他的中小盐商也有类似

---

① 陶澍:《陶文毅公全集》卷12《会同钦差拟定盐务章程折子》。
② 童濂:《淮北票盐纪略》。
③④ 王觐宸:《淮安河下志》卷5《第宅》。

的境遇①。

揆诸实际,淮北盐务之衰敝,主要是由于不合理的"湖运旧章"所致。原来,淮北盐斤在产地价格甚为低廉,但因场盐运到各口岸,中间须经淮安西北掣验改捆。"各项工人赖此衣食,工价日增,浮费与之俱增,成本因之较重。"②每引成本多达十余项,至淮北岸埠"价不偿本,故官(盐)不敌私(盐)"。有鉴于此,淮北大使林树保密谋改道以节省靡费,不料预先走漏了风声,酿成了一起不小的骚乱。据《梓里待征录·灾异记·淮北工人烧淮所》记载:

> 工人恐失所,谋罢市。一日午后,妇女以千百成群,由程公桥过河,先至花、茶巷,不准铺面开门。众妇都皆手持香火,赶赴淮所求赏饭。大使林不面,众妇女率众至大厅,厅为柏木,众将香弃置厅内,一时火起,烟焰迷天,而香闻数里。又欲扑工房,林携印逃行,被众妇女攒殴,不知官印何时失散。城中闻之,协镇海德坤带兵弹压,两手出袖箭,众惧其勇,一哄而散。林次日……通详火烧衙署,失落官印,酿成巨案。大宪檄府拿人。河北拟數人出应,王朝举时病垂危,愿承认,此后凡走盐,咸提费赡其家,当即被逮,一鞠而得。

从上述记载可以看出,这场骚乱显然是有组织的,很可能就是

---

① 王觐宸《淮安河下志》卷5《第宅》"程眷谷先生可继轩"条:"眷谷先生(大川)刱可继轩,有深意存焉。卒以鹾务累,致遗业废坠。"卷13《流寓》:程固安"无何,家道中落。先生素不善治生产,坐是大困。……插架书连屋,窥其盎无升斗粟。……同时鱼门(程晋芳)亦因惫,逋负山积"。

② 李元庚:《梓里待征录·灾异记·淮北工人烧淮所》。

由徽商怂恿而成的。因为改革首先关系到醝商的切身利益，他们绝不希望盐运改道。如盐务总商程易"比盐务有改道之议，副使（按：程易曾为候补两浙盐运副使）力持不可，所活亿万人"①。从史料上看，徽商在多次盐务变革之前就都曾预先获得过消息。如道光年间淮南盐务首总黄潆泰在纲盐改票前夕就预先得到通报，于是暗中卖掉根窝，逃过了一般商人所遭遇的破产厄运②。仪征传闻盐课改归场灶，不再经由当地掣捆，于是"街市呼号，不约而会者千数人，奔赴县堂，齐声乞命，因而市井惊慌，铺面闭歇，日用货物不得流通"，"抢夺公行，民难安堵"③。由陶澍的奏折中可以看出，这些都是由盐商和乡绅鼓动而造成的动乱④。

嘉庆年间的这场动乱虽然不了了之，但却"伏下票盐一节"，成为道光中叶淮北纲盐改票的先声。道光十二年（1832年），淮北盐务疲弊已极，陶澍上疏改行票盐。在酝酿变革的过程中，出自淮北盐商的三朝元老曹振镛起了一定的作用。曹家原在淮北有许多根窝，而陶澍又是他的门生，推行票法颇有投鼠忌器的担心。后者曾派人试探曹氏心曲，曹振镛很痛快地说："焉有饿死之宰相家。"⑤表示支持陶澍改革。当时，因两淮应交广储司银两无法交割，而由粤海关每年拨解盈余30万两充"广储司公用银"，为此，道光皇帝大为

① 李元庚：《山阳河下园亭记》"寓园"条。
② 金安清：《水窗春呓》卷下《盐务五则》。
③ 道光《重修仪征县志》卷15《食货志·盐法》。
④ 陶澍：《陶文毅公全集》卷12《复奏仪征绅士信称捆盐夫役因闻课归场灶之议纠众赴县哀求折子》。
⑤ 《清史稿》卷363《曹振镛传》。

震怒,取消了两淮盐政一职,并下令改革两淮盐法。因此,两淮盐务变革如箭在弦,不得不发。曹氏是官场上老官僚,一向以善于揣摩帝王心理著称,他这种"大义灭亲"的举动,当然也是事出无奈。

道光年间的纲盐改票,对淮北盐商的打击相当之大。原先,河下一带号称"小扬州",早在明代成化、弘治年间,丘濬《过山阳县》诗就这样写道:"十里朱旗两岸舟,夜深歌舞几时休,扬州千载繁华景,移在西湖嘴上头。"西湖嘴在运河东岸,即指河下。及至清代,当地甲第连云,冠盖云集,所谓"生涯盐策富连廛,甲第潭潭二百年"①。改票后不及十年,"高台倾,曲池平,(盐商)子孙流落,有不忍言者,旧日繁华,剩有寒菜一畦,垂杨几树而已"②。例如,著名的荻庄柳衣园,是淮北总商程氏的私家园亭,盐务极盛时,"招南北知名之士宴集其中,文酒竹歌,殆无虚日"③。道光中期北礁改道西坝,盐商失业,售拆此园,夷为平地。转眼之间,只剩老屋三椽,紫藤一树,令人叹息不已。类似的例子比比皆是。据山阳人黄钧宰描述:"自程氏败而诸商无一存者,城北井里萧条矣。"④于是,"里之华堂广厦,不转瞬间化为瓦砾之场;巷陌重经,溪径几不可辨"⑤,

---

① 李元庚:《山阳河下园亭记》徐嘉题跋。
② 黄钧宰:《金壶浪墨》卷1《纲盐改票》。
③⑤ 黄钧宰:《金壶浪墨》卷3《萧湖》。
④ 黄钧宰:《金壶浪墨》卷3《萧湖》。李元庚《山阳河下园亭记》"退一步轩"条载:盐商黄灿"自禺策变后,家业荡然,赀田以养"。"南藤书屋"条:"盐务改道,司马(程昌龄)郁郁而卒,园售他氏"。徽商殷氏原是盐业大户,至今在河下估衣街西段北侧的市河南岸,还留有一处该家族为运盐建造的"殷家码头"。后因纲盐改票,殷家近百口人东奔西散,外出谋生,饥寒穷困,交相煎迫。(参见王汉义、殷大章:《晚清水利专家殷自芳》,载《淮安文史资料》第8辑)。

聚落景观与畴昔迥异,整个河下触目皆是圮墙、破寺和废圃。盐商既已困窘不堪,淮安河下夸奢斗富之习,大有力不从心之感。以元夕观灯视之,"淮、扬灯节最盛,鱼龙狮象禽鸟螺蛤而外,凡农家渔樵百工技艺,各以新意象形为之,颇称精巧"。道光中叶以后,虽然"火树银花,人影衣香,犹见升平景象",但却因"盐务改票以来,商讦式微,(而)不及从前繁丽"①。

由于盐商衰落,河下的商业也骤然萧条了下来。淮安河下原本是"万商之渊","富有无堤,甲于诸镇"②,由于富商大贾的纷至沓来,成了当时的一个金融中心。嘉庆二十五年(1820年)以后,"河下钱铺约有三四十家,大者三万、五万,本小者亦三五千不等。上自清江、板闸以及淮城并各乡镇,每日银价俱到河下定,钱行人鼎盛,甲于他处。加以河工、关务、漕务生意特输(殊),有利可图",因此十分繁荣。起初河下银价每两仅900余文,道光初年略有上涨,但也不过1100—1200余文。纲盐改票后,因淮北实行场下"挂号验赀"之法,"板浦每年挂号银堆积如山,约有七八百万,存分司库,故(淮安河下)银陡贵至二千二百零。咸丰八、九年价或落,乱后更贱至一千四百余文,而河下钱铺日见萧(条)淡泊"③。

随着盐商的衰落,淮安河下的文风也骤然衰歇。王觐宸在《淮安河下志》卷6《园林》中指出:"河下繁盛,旧媲维扬。园亭池沼相望林立,先哲名流提倡风雅,他乡贤士翕然景从,诗社文坛,盖

---

① 黄钧宰:《金壶浪墨》卷4《元夕观灯》。
② 王锡祺:《还京日记》,见《小方壶舆地丛钞》第5帙。
③ 李元庚:《梓里待征录·奇闻记·钱铺》。

极一时之盛。"纲盐改票以后,淮上诗社文坛黯然失色。文人朱玉汝在《吊程氏柳衣、荻庄二废园》诗中吟咏道:"盐鹾事业尽尘沙,文酒芳名挂齿牙。"显而易见,乾嘉年间扶助风雅、宾朋酬唱的文人雅集,早已成了过眼烟云。

道光中叶的盐政变革,不仅使"富商巨室,均归销歇,甚者至无立锥地"①。而且,对于其他阶层也有极大的影响。据王觐宸描述,"河下自盐务改票,贫民失业,生无以养,死无以葬"②,"游手骄民逃亡殆尽……即不事盐策耕且读者,亦强半支绌,苟且图存。求如曩日繁富之万一,邈然不可"③。

四、结语

(一)明弘治年间,运司纳银制度确立以后,大批山、陕富民内徙淮、浙。在当时的淮、扬一带,西北贾客的势力相当之大。嘉靖三十七年(1558年)前后,在扬州的西北盐商及其后裔多达五百余人④。而在淮安,早期河下盐商中也以山西商人势力最为雄厚。据《淮雨丛谈·考证类》记载:"郡城著姓,自山西、河南、新安来业鹾者",有杜、阎、何、李、程、周等⑤。其中的杜、阎、何、李诸

---

①③ 王觐宸:《淮安河下志》卷1《疆域》。
② 王觐宸《淮安河下志》卷3《义举》。
④ 郑晓:《端简郑公文集》卷10《擒剿倭寇疏》。
⑤ 《淮雨丛谈》为淮安市图书馆古籍部藏手抄本,该书《考证类》曰:"山西之阎、李,多名士经生。"其中,李氏,"俗名绳巷李,系由山西迁淮,以禺策起家。"(李元庚:《梓里待征录·绳巷李氏兄弟三科甲》)阎氏原籍太原,为耕读世家。阎居闾(号"西渠")业盐策,自正德初迁淮,定居于河下竹巷状元里,此后"世称素封,皆代有隐德"(张穆编:《阎潜邱先生年谱》卷1引《左汾近稿》)。

姓,都是山、陕商人。但到万历前,徽商在两淮的势力逐渐增强,与山、陕富民比肩称雄,甚至超过了后者①。及至清代前期,在两淮和两浙,西北商贾的势力已完全无法与徽商相提并论。以雍正、乾隆、嘉庆年间领衔捐输的两淮盐务总商来看,清一色的都是徽商②。那么,为什么会形成这样一种格局? 是什么促使晋商步步后退,而徽商则得寸进尺呢?

从淮安河下徽商的研究中,我们首先看到,徽商的家族形态和商业组织使它具有潜力扩大自己的势力范围。以程氏为例,它的家族支脉遍及浙、淮、扬三地,且以早期获得"商籍"的杭州为基地,逐渐向北面的扬州和淮安发展③。从淮、扬两地来看,许多人都是先从扬州发迹,然后才到淮安从事盐业经营。如淮北盐商程蛰,"相传少年未遇时,流寓扬州,于委巷遇一妇,诘以所苦,告之。妇出白金二百,属以挂窝必获利。次日携银挂引,获利三倍,由是致富。再访此妇,门径俱荒,疑遇仙,为筑林下堂志其德"④。这一故事虽然带有强烈的神秘色彩,但却折射出淮、扬两地盐商间千丝万缕的联系。揆诸史实,程量入是康熙年间扬州最为著名的盐务大总商,淮北盐务就由他的弟弟程量越接掌。另一徽商鲍志道,是乾嘉年间的盐商巨

---

① 万历《歙志·货殖》:"今之所谓大贾者,莫有甚于吾邑,虽秦、晋间有来贾淮、扬者,亦苦朋比而无多。"
② 参见景本白:《票本问题·两淮引商报效一览表》,见林振翰:《淮盐纪要》。
③ 嘉庆《两淮盐法志》卷44《人物二·才略》:"程浚字葛人,歙人,浙江商籍贡生。父新元,有知人之鉴,尝识孩子量入于总角。"另,"程量入,字士慎,歙人,总角时为叔父新元所赏,曰:是儿宅心忠恕,他日必能任家国事。及长,综理盐策,有功两淮"。
④ 李元庚:《山阳河下园亭记》"且园"条。

贾,每年行盐多达二十万引①,先后担任淮南总商长达二十年。他去世后,其子溂芳于嘉庆六年(1801年)继任总商,八年(1803年)又兼理淮北盐务②。在扬州,两淮盐务官署中设有淮北商人会馆③。徽商家庭出身的大官僚曹文埴,子鎮,字六畬,业盐居扬州,"淮北人多赖之"④;程梦星、程晋芳诸人,在扬州、淮安两地都筑有园林或别墅,时常往返于两地,以联络宗乡戚友间的感情,促进专卖权益的发展。类似于此的徽商家族相当普遍⑤,而西商则并不多见。其次,从程氏占籍安东等地来看,我们似乎可以认为,徽商植根于广大的农村,形成了产、运、销一体的盐商组织。与此相比,山陕盐商则主要株守在各大城市⑥,这使得他们在与徽商的竞争中居于劣势。

---

① 林苏门:《维扬竹枝词》,见《扬州风土词萃》(扬州师院图书馆特藏部藏本)。
② 董玉书:《芜城怀旧录》卷2;参见刘淼:《徽商鲍志道及其家世考述》,《江淮论坛》1983年第3期。
③ 嘉庆《两淮盐法志》卷37《职官六·廨署》。
④ 李斗:《扬州画舫录》卷10《虹桥录上》。
⑤ 李元庚:《山阳河下园亭记》"补萝山房"条,曹岂麟"徽人文正公(曹振镛)之族也。文正公祖锡侯来淮,主其家。文正公过淮,亦通款焉"。"潜天坞"条:陈丙"业禺筴,流寓扬州,中落后依舅氏曹,来淮"。
⑥ 安东在明代万历末叶以前尚为濒淮荒陬之地,还未曾修建城池。关于这一点,吴从道《安东》诗曰:"涟水昔称军,乃不营百雉。"虽然缺乏安全感,但还是有大批徽商占籍于此,这反映了新安商人无远弗届的开拓精神。相反,西商类似的例子迄今未见。除了安东以外,沿着淮北运盐通道——盐河沿线,也有大批徽商聚居。如新安镇(今江苏灌南县地)就是地濒盐河的一大重镇。徽歙商民、庠生程鹏等以重金买下该地,"立街立市,取名新安镇",鱼盐之业相当繁荣。(见乾隆《新安镇志》(灌南县档案馆藏打印本)此外,在两淮盐场,徽商的势力也明显地超过西贾。据嘉庆《东台县志》卷30《流寓》记载,侨寓当地的徽州人在明代有4名,清代达17名,而陕西人仅止1名,山西人则一个也没有。

（二）从程氏宗族的研究中可以看出，从明代后期直到清代前期，徽商程氏分支持续不断地迁入淮安河下一带。他们人数众多、财力雄厚且具备良好的文化素养。因此，对于徽州乡土习俗在当地的传播起了相当大的作用。对此，《淮安河下志》卷1《疆域》记载：

> 方盐策盛时，诸商声华煊赫，几如金、张、崇、恺，下至舆台厮养，莫不璧衣锦绮，食厌珍错；阛阓之间，肩摩毂击，袂帷汗雨，园亭花石之胜，斗巧炫奇，比于洛下。每当元旦元夕，社节花朝，端午中元，中秋蜡腊，街衢巷陌之间以及东湖之滨，锦绣幕天，竹歌聒耳，游赏几无虚日。而其间风雅之士倡文社，执牛耳，招集四方知名之士，联吟谈艺，坛坫之盛，甲于大江南北。好行其德者，又复振贫济弱，日以任恤赒济为怀。远近之挟寸长、求嘘植及茕独之夫，望风而趋，若龙鱼之走大壑，迹其繁盛，不啻如《东京梦华录》《武林旧事》之所叙述，猗欤盛哉！

乾隆时人阮葵生曾指出："吾淮缙绅之家，皆守礼法，无背情逆理之举，后因山右、新安贾人担策至淮，占籍牟利，未与士大夫之列，往往行其乡俗。"①所谓"担策至淮，占籍牟利"，即指从事盐业、卜居城厢的徽商西贾。由于他们人数众多，在一个短时期内（明代中叶迄至清代前期）持续不断地迁入湖嘴河下一带，形成了特别的社区。其乡土习俗首先经过当地屠酤儿的"尤而效之"②，很快便成了淮安一带的时髦风尚。

---

①② 阮葵生：《茶余客话》卷22《生日祝嘏》。

歙县"乡俗尚淫祀,每酷暑,奉所谓都天神者,奔走骇汗,烦费无度"①。晚明清初,随着歙县程氏盐商大批徙居河下,该民俗经过某种变异也被移植到当地。据《淮安风俗志》记载:"赛会之风,随地都有,然未有如淮安之甚者。"②一年之中,赛会次数不下十余次。其中,最重要的有都天会及东岳会。都天会又分为小都天和大都天(小都天庙在河下,大都天庙在河北)。都天会赛期在每年四月中下旬,东岳会则必在五月初一,"与会者尽系商家,分米、钱、绸布各业,共有二十余业之多。每业皆各有执事全副,区别其业,则以某安胜会辨之"。如钱业曰文安,绸业曰普安等等,"一次所费,约数千金"③。

徽州风俗,婚礼专要闹房"炒新郎",凡亲戚相识的,在住处所在闻知娶亲,就携了酒榼前来称庆,说话之间,名为祝颂,实半带笑耍,把新郎灌得烂醉方以为乐④。在以血缘、地缘为纽带的河下盐商社区,闹房风俗在乡里宗亲间盛行不衰。乾隆《淮安府志》的作者将此形容为"闹房喧谑,恶俗不堪"⑤。

不仅婚俗如此,其他的丧葬寿诞,也无不带有强烈的徽州乡土色彩。"淮俗祝寿吊丧最为劳攘,生辰虽非大庆,犹且仆仆往来,至丧事则讣者贸然而投,吊者亦率然而应"⑥。作为外来移民,徽州盐商为了扩大自己的社交圈,每逢生日"辄多招宾客,以为门庭光

---

① 许承尧:《歙事闲谭》第3册《程古雪奇行》。
②③ 胡朴安:《中华全国风俗志》下篇《江苏淮安风俗志·迷信之恶俗》。
④ 凌濛初:《二刻拍案惊奇》第15卷。
⑤⑥ 乾隆《淮安府志》卷15《风俗》。

宠"①。甚至有十龄童,即开筵演戏,"有降伯氏、舅氏之尊,而伛偻磬折其庭者,群饮谐谑,尤而效之。一日之间团于酒食,士农工商,废时失业"②。尤其特殊的是,"新安人子于父母已故,犹作冥寿,明灯彩筵,藉口祝嘏"③。这种情形让淮安正统的乡绅甚感骇异。

由于河下一带五方杂处,豪商巨贾相互矜炫,奢侈之习蔚然成风,衣食住行,靡费日盛。明代中叶以前,"淮俗俭朴,士大夫夏一葛,冬裘,徒而行"。此后出现两人乘舆。到明末"通乘四轿,夏则轻纱为帷,冬则细绒作幔,一轿之费,半中人之产"。乾隆《山阳县志》卷4接着断言:"淮俗从来俭朴,近则奢侈之习,不在荐绅,而在商贾。"显然,挟资千万的盐商富贾也是习俗嬗变的关键因素。

(原载《江淮论坛》1994年第5期)

---

① ③ 阮葵生:《茶余客话》卷22《生日祝嘏》。
② 戴晟:《楚州二俗》,见《淮安艺文志》卷6。

4

《复初集》所见明代徽商
与徽州社会

20世纪四五十年代,日本学者藤井宏在撰写徽商研究的奠基之作——《新安商人的研究》时,主要利用的是明人汪道昆《太函集》中丰富的徽商史料。其实,在明代,类似于《太函集》这样的明人文集并非绝无仅有。譬如,北京图书馆收藏的明代万历刻本《方郯邺复初集》36卷(存31卷)①,便包含有诸多徽商及有关歙县民情风俗方面的记载,具有极高的史料价值。我以为,这部尚未受到学界重视的明人文集②,其重要性或许并不亚于《太函集》。本文拟以该书为基本史料,结合实地考察及收集到的相关文书,从社会文化史的角度,对明代徽商的活动及歙县城乡社会生活作较为细致的探讨。

一、方承训的家世背景及《复初集》之叙事模式

《复初集》题作"新安方承训"撰。关于歙县方氏宗族,唐力

---

① 《四库全书存目丛书》集部第187册、188册,齐鲁书社1997年版。
② 管见所及,刘祥光《中国近世地方教育的发展——徽州文人、塾师与初级教育(1100—1800)》(载台湾中研院《近代史研究所集刊》第28期,1997年12月,第1—45页)及常建华《明代宗族祠庙祭祖的发展——以明代地方志资料和徽州地区为中心》(见张国刚主编:《中国社会历史评论》第2卷)等文引用过《复初集》中的部分史料。

行、方光禄、陈智超、赵灿鹏及韩国学者朴元熇等均有专文或曾涉及。①根据《新安大族志》的记载,歙县大族方氏共有结林、罗田、瀹坑、黄墩和潜口诸派。其中的瀹坑派条下曰:

> 郡南二十里,玄英先生后曰承威者避黄巢乱迁此。自瀹迁居者,八世曰子华,迁瀹潭;曰贞献,迁潜口;九世曰安忠,迁沙溪。

笔者收藏的徽州文书抄本《真应庙祀产》②附录十二派,记载有与方承训有关的二派:

> 瀹坑派:迁瀹潭、沙溪、潜口。
> 　　　　居本里,外上门,外中门,外下门,里上门,里下门。
> 瀹潭派:铺前门,里中外门,大园门,中山门,坑上门。

瀹坑派和瀹潭派均是歙县柳山方氏在明万历三十六年(1608年)缔结的"十派合同"中的成员③。

关于瀹潭方氏之迁徙及定居,方承训在《江湛》一诗中指出:

---

① 唐力行:《徽州方氏与社会变迁——兼论地域社会与传统中国》,《历史研究》1995年第1期;方光禄:《淳歙方氏宗法组织上层结构浅论》,《徽州社会科学》1999年第3期;陈智超:《新发掘出的徽州文书——方元素信件介绍》,载周绍泉、赵华富主编:《'98国际徽学学术讨论会论文集》,安徽大学出版社2000年版;陈智超:《〈美国哈佛大学燕京图书馆藏明代徽州方氏亲友手札七百通考释〉导言》,《中国史研究》2000年第3期;赵灿鹏:《美国所藏明代尺牍旧主方用彬家世表微》,载上海图书馆编:《中华谱牒研究》,上海科学技术文献出版社2000年版;朴元熇:《从柳山方氏看徽州宗族组织的扩大》,《历史研究》1997年第1期;《明清时代徽州真应庙之统宗祠转化与宗族组织——以歙县柳山方氏为中心》,《中国史研究》1998年第3期;《明清时代徽州商人与宗族组织——以歙县柳山方氏为中心》,《安徽师范大学学报》1999年第4期。

② 徽州文书抄本,1册。

③ 见《明清时代徽州真应庙之统宗祠转化与宗族组织——以歙县柳山方氏为中心》,唯"瀹"字作"洢"。据歙县人告知,如今"瀹"俗仍作"洢"。

"余始祖子华公,自歙瀹源逾桐岭,卜筑瀹江之潭家焉,迄今五百载矣。"根据其他资料的记载,方子华卜居瀹潭,时间是在两宋之际①。子华迁居瀹潭之后,即开始了开发活动②。随着人口的繁衍,瀹潭方氏一族分为数门,方承训属于其中的"清白门"③。对于自己的家世,方承训在《先君状》中描述道:高曾祖父方谦童、曾祖父方社员和祖父方聪,"三世踵袭,隐什一,兢兢守业业"。"什一"是指农业,看来,方氏祖辈三代均以务农为业。其中,方谦童"虽受什一,蓄富饶,仓粟至红腐不可胜食,财缯盈箧笥,即善贾者不及公赀远甚"。这句话的意思是说——方谦童虽是个以田产经营致富的地主,但其富裕的程度却远远超过那些通过从商获益者。不过,明代中叶以还徽州"以服贾代畜畚"的风气愈趋盛行,到了方太乙(方承训之父)时,"矜矜微具资斧,偕伯祖廷珂公贾汴上,起家数千金。阖门诸昆弟子姓竞偕受贾,贾子钱,间加公数十倍"④。这里的"伯祖廷珂公"是方承训的从伯祖方廷珂,他是瀹潭方氏一族中首

---

① 《寿从叔景宜翁七十序》:"余族自宋徽宗时,靖康构乱,海内骚动,始祖子华公自瀹川井坞徙居瀹潭北涯,历世久远,树祠牌坊……"(《复初集》卷22,第96页)

② 《复初集》卷1《古诗·江湛》:"莫高匪山,植之封之。其封伊何,杞梓漆松。爰艺黍菽,爰食爰供。豺虎斯遁,猿狄靡踪。维禾维木,或彧蓉蓉。肇基自祖,百世其宗……"(第568页)

③ 《复初集》卷24《重新清白堂记》:"高皇帝定鼎金陵,以统一海内。余徽属三辅迤地,群邑乡落丛居,民众者一族星列为数门,鲜少者仅集一门,门必有正堂,叙伦且接宾也。余族散六门,余门之堂,自始祖大使公以清白垂名……"(第110页)

④ 《复初集》卷28《先君状》,第143页。《迎兄柩至武林祭文》也指出:"余先君……起家数千金。"(《复初集》卷36,第234页)

位前往开封经商并致富的家族成员(详见下文)。文中的"公",则是指方太乙。也就是说,到方太乙及其下一代方承训一辈时①,方家的资产已达数万金,成为"大饶"之家。

除了父系一支外,方承训的外祖父家也是歙南的大财主——汪显出于星源(即婺源)大坂,祖父时徙居瀹岭之麓。"始甚昌阜盛大,田产甲南乡,世受什一不贾,迄公世愈益饶盈。"②"南乡"也就是瀹潭所在的歙县南乡。

方承训本人也是商贾中人,他曾自称:"余以子钱故,出游淮。"③"子钱"是贷与他人取息之钱,指的可能是从事放贷。方承训本人有"远游十载客,岁月一何长"的自述④,可见其人从商的生涯似乎并不太短。另外,《复初集》卷7有《述愤三十五首》,主要是作者对个人生平抒发的诸多感慨。其中的第二十三首曰:

> 薄田原已隘,所藉有市行。
>
> 少年朋不戒,故业苍反黄。
>
> 长江臭厥载,市门空其房。
>
> 昔以忝温饱,今以忧稻粱[梁]。
>
> 离离供什一,言之断中肠。⑤

---

① 据《复初集》卷2《燕京歌》描述:方承训的兄长也"商梁园而儒燕京",可见最早也是在开封一带经商。(第572页)

② 《复初集》卷31《外祖汪公传》,第184页。《复初集》卷28《先母状》:"余外大父世居瀹岭之麓,派出星源大坂,家世受什一,田腴饶裕⋯⋯"(第150页)

③ 《复初集》卷25《二殇记》,第129页。

④ 《复初集》卷6《远游篇》,第615页。

⑤ 《复初集》卷7,第629页。

这是说瀹潭一带地狭人稠,方氏倚赖商业为活。"臭厥载"一词见《尚书·盘庚篇》:"若乘舟,汝勿济,臭厥载。"这一词汇在《复初集》中曾多次出现,以意度之,一般是指长途贩运失败的意思。从诗中透露出的讯息来看,到方承训时,他家的商业似有中衰之势,故而其人颇有"大化每不齐,我生当其艰,缅怀畴昔历,追感泪潺湲"之感慨①。

此外,方承训的亲族兄弟辈,也以从商者居多(详后"附表1")。

综上所述,方承训出身于徽商家庭,本人亦曾从事过商业活动。对此,《四库全书总目提要》也这样描述:

《复初集》三十六卷,明方承训撰。承训号郯邲,徽州人。是集乃承训所自编,前有万历癸未自序,称家世役什一,不趋仕进,盖贾人子。又称间以玉献,即被摈斥弗用,盖终于不遇之士也。②

方承训为商人后裔,已为前述的记载所证实。至于方承训终身未第,则见诸其人的自述③。

《复初集》的卷22《序》,卷23《碑》和卷24、卷25《记》,卷27《墓志》,卷28、卷29、卷30《状》,卷31、卷32、卷33《传》,卷35《书》和卷36《祭文》,保存有许多方氏亲族等徽商的传记,非常翔实地记录了徽商的商业贸易、行为方式、价值取向以及文化追求等诸多方面的内容。从其中的徽商传记来看,方承训的写作有

---

① 《复初集》卷7《述愤三十五首》之三十五,第630页。
② 《复初集》卷9,第237页。
③ 参见《复初集》卷3《琴操·思亲操》(第573页),卷7《述愤三十五首》之八、十五(第628页),卷9《自述歌》(第658页)和卷36《释业告先考文》(第232页)等。

着比较固定的叙事模式。他特别宣扬那些"以义获利"①"用义贾利"②的"儒商",虽然不能排除字里行间洋溢着的"为亲者讳,为尊者讳"之可能,但由于方承训具有很强的商业头脑,他笔下的徽商事迹(特别是对开封徽商、苏北新安镇鱼商、杭州酒商和南京徽商之经营方式等方面的记载)颇为生动,有不少为以往史籍所未见。因此,其学术价值也就格外引人瞩目。

二、《复初集》所见明代中后期歙县的生活环境

1. 经商风气之蔓延

歙南地处山区,在明代,这里的山林经济相当发达。方承训有《欲上邑大夫丈山未果书》,对当地的山林经济有着详细的描述③。《复初集》卷31就记载了一位曹富翁,"缗钱巨万金,尤饶山木,木子钱冠邑以南"④。歙南下濂人程涓"善治生业,不凿智,不苟取,

---

① 《复初集》卷29《洪次公状》,第168页。另,"长君(张廷芳)贾汴上,创法经始,专壹以义取利,不锱铢计"(《复初集》卷22《张次君六十寿序》,第103页)。

② 《复初集》卷22《李处士六十寿序》:李德桂"善用义贾利……庄乡古称淳里,俗趋渐薄,日骎骎且满矣。……其乡世受什一,曾未远贩贾,翁以力田作起家,而济以贾。始挟徽资斧游梁,不急操锱铢……今老白首,缗蓄不能胜其算,粟红不能胜其盛,则义之为也。游道交矜已诺,每每知委重,即授之千金不问,其出入诚天授,非苟然而已也。"(第102页)

③ 《复初集》卷33:"夫山利取给薪木为子钱,大率山一亩,经四寒暑雨露,樵薪始能支刀任爨,价值缗钱壹两之七,或壹两之五,无能当树艺产。二载子钱,一岁较之,不能当赋什之二,或什之三,或什之四,混渷莫酌,概以丈地式丈,等一齐赋,民何堪焉!"(第229页)

④ 《复初集》卷31《吴茂才传》,第188页。

而利日盈饶。里中山林多,絜原隰高下栽田,度林圃广旷丰夷,栽植树艺,茶漆梌栗榉梨之利,岁致数十金,子钱积千余金矣"①。显然,这些人利用地利从事木植贸易获利甚巨。木商是当时的商贾巨子,"非千金以往不克胜",其资金规模相当可观②。

从《复初集》提供的史料来看,在明代中后期仍有一些人主要依靠力田,所入甚丰,亦颇感怡然自得③。但更多的记载则表明,不少人单纯以农耕为活,只能维持着较低的生活水准④。对此,《复初集》卷9有《新安歌三首》,对于徽州的生活环境有着极为生动的状摹。其一曰:

> 土隘民丛谷不支,辟山垦堑苦何悲。
>
> 风雨夜行山坞道,秋成不丰犹餐草。
>
> 猛虎毒蛇日与伍,东方未明早辟户。
>
> 一岁茹米十仅三,麦稷杂粮苦作甘。
>
> 深山峻岭茅屋潜,竟年罕食浙海盐。⑤

这是说徽州地瘠人稠,粮食严重不足,每年能食用稻米的日子很少,主要是靠麦稷杂粮充饥。住的是简陋的茅屋,有时终年都难

---

① 《复初集》卷32《程处士传》,第202页。

② 《复初集》卷29《曹居士状》,第159页。

③ 《复初集》卷31《姚茂成公传》:姚茂成,"歙南查川人也,自东越余姚徙居查川。舍面川倚山,川环其舍,川流里之半入大江。相传川之南,宋有查姓者居,国初徙居吴,今在吴为著姓,以故川犹然以查名。……公里居不盈五十人,皆从公约束,敦孝弟,力田服贾,靡外慕,然受什一者什八,业皆温润盈饶,皆习公德不忘。……今子孙犹业什一,仍饶盈靡替"(第185页)。

④ 如《复初集》卷28《从叔景迁公状》:"配孺人王氏,王世受什一,家乏欷。"(第158—159页)

⑤ 《复初集》卷9,第660页。

得吃上昂贵的浙盐——该诗是对一种普遍情形的描摹。至于具体的例子，《复初集》即曾描述一位经商不利、务农为生的农民之窘境：

> 公姓吴氏讳员，父世居薛岸，受什一不贾，贾即不利，每每摧折。时携母钱出贾，绝无子钱，或并母钱沦没，公帖帖安心愉如也。力其耕，耕所入足糊口，然仅仅可食五人。耕暇，入山樵采以佐耕。佐犹不给，复事渔以佐。犹不给，缆舟以佐。泊如也，坚决不事称贷，间称贷，月必以母钱三分之一供所贷者，不足供不已也……①

"薛岸"可能也就是现在的薛口岸，位于瀹潭下游。从上述的记载可见，薛岸人吴员，力耕所得仅足糊口，为了谋生，还需以樵采、捕渔以及操舟等补贴家用，有时甚至还要向人告贷。显然，类似于此的农民实际上是挣扎在贫困线上。对此，方承训有一首《嗟饥歌》，曰："稼兮穑兮，植无敛兮。黍兮稷兮，饥不餍兮。"②——这应是对农耕生活无可奈何的一种嗟叹。

脆弱的小农经济使得下层民众经不起频繁发生的灾荒之冲击。《邑侯陈公感霖传》曾记载16世纪后期徽州发生的一次旱灾：

> 万历十有一载（1583年）季夏，徽郡六邑咸苦亢旱，歊愈益甚：溪谷涸流，田畴日骎骎燥，而旱魃愈益煽其虐，炎焰灼灼，气勃勃如焚，且也竟宵不润露泽者几二旬，黍稷就槁，若亡其生。饥民嗷嗷，奔走道路，失所夭矣。…邑内方神群公靡不遍祷，犹

---

① 《复初集》卷29《吴处士状》，第172页。
② 《复初集》卷2，第572页。

然不雨……①

旱灾导致的作物歉收，使得原本粮食供求便已极度紧张的徽州更是雪上加霜。由此引发的饥荒，更是下层民众生存中必须时常应对的严酷现实。饥荒年份，农民只得依靠挖掘蕨葛等聊以果腹。有时连蕨葛都被挖掘净尽，那就只能坐以待毙了②。譬如，《散谷传》就记载，明代隆庆二年(1568年)夏五月，歙县发生大饥荒，特别是南乡的饥荒程度更为严重。当时，一向安分守己的方姓居民为了糊口，在将蕨葛挖掘殆尽之后，偃仆沟壑者竟达数十家之多③。对此，方承训后来追述说："昔在隆庆戊辰，岁大饥，居民嗷嗷，几不存活。"④

与此同时，明代中后期徽州的土地关系，也呈现出一种动态的变化与发展："产无定主，业靡常沿。迩者朝夕易，稍远者二三载易，远者终其身易，又远者延子易，尤远者传孙易。患生弗测，食不糊口，朝金业而暮属之人矣。……高皇帝时清册，迄今二百余年尔，克守墓址者百一，遐守土田而世其业万无一。"⑤ "高皇帝"指的是明太祖朱元璋。这段话的意思是说：从明初到方承训生活的万

---

① 《复初集》卷32，第204—205页。对于此次旱灾，《复初集》卷20有《邑侯陈公感霖赋》(第83页)。另，《复初集》卷1《古诗·彼苍》曰："悠悠彼苍，板板厥常。旱魃为虐，下民其狂。山川涤涤，焚炽且昌。焦我田畴，槁我稻粱……"(第568页)

② 歙县当地有谚曰："岁丰粉偏盈，歉翻寡。"一首《蕨粉》诗云："采山蕨可美，濯水粉随良。跋白饥毗饱，苗丹脆更香。凶年惊实少，大有庆餐强。民窑曾锄试，苍苍意渺茫。"(见《复初集》卷12，第714页)民国《歙县志》卷3《食货志·物产》："蕨粉产于邑南及黄山源。"(《中国地方志集成·安徽府县志辑》第51册，江苏古籍出版社1998年版，第108页)

③ 《复初集》卷33《散谷传》，第212页。

④ 《复初集》卷29《从嫂鏖孀人状》，第169页。

⑤ 《复初集》卷26《金业说》，第134页。

历年间,为时不过200多年,但能守住先人产业的却已是寥寥无几。这一点,恰好印证了当地的一句俗谚——"产历千岁,徙主八百"①。在这样一种地瘠人稠且财产关系变动不居的生活环境中,不少原先固守着土地的人们,愈来愈感到缺乏一种安全感。于是,越来越多的人只能是选择外出经商一途。对此,嘉靖《徽州府志》描述道:

> 徽之山,大抵居十之五,民鲜田畴,以货殖为恒产。春月持余赀出贸十二之利,为一岁计,冬月怀归。有数岁一归者。上贾之所入,当上家之产;中贾之所入,当中家之产;小贾之所入,当下家之产。善识低昂,时取予,以故贾之所入,视旁郡倍厚。②

从现存的方志来看,嘉靖《徽州府志》对风俗的描述,较弘治《徽州府志》之记载发生了重要的变化。弘治《徽州府志》的风俗部分,主要是引用前代方志、文集中的相关词藻,对徽州风俗仅作只言片语式的勾勒。如有关商业风俗,弘治《徽州府志》就引"旧志"中的"间事商贾"一词一笔带过③。而嘉靖《徽州府志》则对徽州人之经商习俗作全景式的描摹。考虑到方志对民俗的记载,可能稍微滞后于实际发生的时间,那么,明代中叶,确实是徽商崛起的

---

① 《复初集》卷28《从叔太礼公状》,第154页。
② 嘉靖《徽州府志》卷2《风俗》,"中国方志丛书"华中地方第718号,台北:成文出版社1985年版,第256—257页。按:上述的记载实际上出自吴子玉之手,后者作有《风俗志》,仅开首作"民故不能齐事田畴,要以货殖为恒产……"以下文字略同。(参见〔明〕吴子玉:《大鄣山人集》卷31《志略部》,《四库全书存目丛书》集部第141册别集类,齐鲁书社1997年版,第608页)
③ 弘治《徽州府志》卷1《地理一·风俗》,《天一阁藏明代方志选刊》第21册,上海古籍出版社1982年版,第10页下。

重要时期。

徽商崛起于明代中叶,以往论著颇多涉及。其实,有一点此前学者似乎都还没有注意到——当时官府的赋役制度对于徽州人的经商活动,如果不是重要的政策导向,那至少也起着推波助澜的作用。嘉靖时期生活于休宁一个僻远山乡的吴子玉,在《丁口略》一文中指出:

> 徽役夫丁则,丁口算秋米灌输。丁五口算米一石,出口赋钱,傲役故令甲也。嘉靖十七年,休宁县知县傅灿,从巡抚都御史欧阳钵会计。傅建白,以休、歙二县民多贩贾,减丁二,以三丁折米石,而婺、祁、黟、绩四县,五丁折如故。

嘉庆十七年即1538年。虽然休宁和歙县百姓对此苦不堪言,一些地方人士也疾声力呼,要求取消这种不平等的重赋,但均没有结果。①类似于此不公平的赋役负担,在明代并非绝无仅有②。《复初集》卷11《嗟户岐散》曰:

> 征利殊过猛,羡产苦盈差。
> 岐户繁蜂蚁,潜名避虎豺。
> 政苛民慑蕫,室敝爨怜骸。
> 噩噩无怀远,纷纷国事乖。③

---

① 《大鄣山人集》卷31《志略部·丁口略》,第606页。
② 从隆庆至万历初年,徽州府发生的"丝绢分担纷争",即围绕着作为税粮项目之一的丝绢8 700余匹(折银6 000两)应当如何负担的问题而产生的纷争,也是以歙县负担最为繁重。参见日本学者夫马进《试论明末徽州府的丝绢分担纷争》一文(载周绍泉、赵华富主编:《'98国际徽学学术讨论会论文集》)。
③ 《复初集》卷11,第680页。

在这种背景下，与从商相比，歙县和休宁二县民众之农耕，从获益的角度考虑便显得事倍功半——"贾之赢可百倍农，而无把铫椎耨之劳烦苦也"①。因此，经商风气在歙县各地的迅速蔓延，应当与此有着很大的关系。

徽商的大批出现，使歙县风俗也随之发生了重要的变化。万历《歙志》将歙县风俗的嬗变比喻成春夏秋冬四个季节的变化。关于这一点，已为学界所熟知，毋庸赘引。不过，与此差相同时的方承训也指出：

> 凡邑以西，靡然乡风矣。嗟乎！始徙卜居者亦夥矣，趋名忘实。或广室盈业，而赀率匮竭不充，始作祖犹然，旋故庐者什之三；又或勤俭得天，起家盈饶，不能正轨为孙子先，而碌碌疲财，仅足终身者，尤不少也；又不然，徒盈富盛，终没身，无能督过孙子经术儒业，崇礼教之谓，何如彼等者什之九……②

这一段话描述了歙县西乡一带的民风。此外，在歙县的其他地方，风俗亦多有变化。如"庄乡古称淳里，俗趋渐薄，日骎骎且漓矣"③；江德光"世居邑南之磨坞……族姓寡，违邑三里许，犹仍市风，公独治家孝且严，事长恭顺，以淳朴率其族，绝市嚣气习"④。此条史料说明，即使是在当时的歙县乡间，商业气氛也已相当浓厚了。关于这一点，我们还可以举一个例子详细说明。据《庄公

---

① 《大鄣山人集》卷41《吴长君行状》，第718页。
② 《复初集》卷33《黄封君传》，第214页。
③ 《复初集》卷22《李处士六十寿序》，第102页。
④ 《复初集》卷33《江德光传》，第219页。

状》记载:

> 公姓庄氏,讳伯鲸。父世居邑阳源,族甚大巨,有内外族,公族当外族,尤蕃衍,为邑中孤独姓。世世受什一,家业壤坎,无资斧具,不贾,然心窃慕贾,不喜供什一业,旦暮忧思焦劳,莫知所出。于是携缗三钱,忻然出就贾。族中咸非笑之,公独长往不顾。行至薛川,买舟游武林。薛川庙神,素称灵效,靡徇人触望,公祷吁神相示,□谓业且忻忻起,公心自亦怪之……①

"阳源"的具体地望不详。但从上述的记载来看,"薛川"是外出的渡口,应即薛坑口,故而阳源也应在南乡瀹潭的下游一带。这段记载形象地反映出在从商风气的冲击下,世代务农之歙县农民在心理上的躁动。当然,从常理上推断,可能最先出现的一种现象是——亦农亦贾的农民日渐增多。譬如,歙县龙弯人叶豫世代务农,崇尚朴素,偶尔出外经商,"贾不时而耕有常,屡贾泖水,归即治农业,着田间冠裳,笠不释体。往来农、贾不常,农居什六,贾居什四",仍然是以农业为主②。歙南结林人王之臣,"世受什一,有隐德,间服贾"③。从上述的两个例子来看,亦农亦贾者的目的是以贾补农,农业仍是主业,从商只是帮贴经济的辅助手段。但这样做的结果往往是获利不丰,甚至仍然难以摆脱贫困的命运。如叶豫"贾迄老白首,未尝积中人十家之产,得子钱即散之。其为农,

---

① 《复初集》卷29《庄公状》,第173页。
② 《复初集》卷29《叶处士状》,第161—162页。
③ 《复初集》卷32《王主政公传》,第193页。

仅仅克食六人或五人。……时或食衣不给，不以告人，淡如也"①。"中人十家之产"也就是百金的标准，显然，叶豫经商到老而资金积累还颇为有限，务农只能安贫乐道，勉强糊口。

揆情度理，当以农补商无从摆脱贫困时，许多人便理性地选择了弃农经商。如歙县庄乡人李氏世代业农，未曾远行服贾。及至李德桂一辈，才"以力田作起家，而济以贾"。后来挟带微薄的资本前往开封从商，这才发家致富②。方辅"受什一服贾，递相出入，然农多于贾，其本业也。……弱冠即远贾……"③"远贾"亦称遐贾④，是相对于"迩贾"而言的，这是根据距离徽州本土之远近来区分的。歙县城内的坐贾，当然也是"迩贾"的一种。如周世宁，"父世居新城隍侧，历代韬隐，强力田孝弟，不业贾，隐居里族，居市嚣坐贾，而家每盈余。迩出贾者什四，家愈益盈"⑤。"出贾"也就是指"远贾"。大致说来，亦农亦贾者多是"迩贾"，可能多是利用农闲时外出经商，以便于就近往返；而"远贾（遐贾）"则多已是专业的商贾了。

2. 歙南瀹潭的交通与商业

瀹潭村边的小河名瀹源，村前新安江中有一深潭，故名。根据方承训的描述，歙县瀹潭一带的环境是"石山巍巍多（？）苍松，石

---

① 《复初集》卷29《叶处士状》，第161—162页。
② 《复初集》卷22《李处士六十寿序》，第101页。
③ 《复初集》卷27《从叔社辅公墓志铭》，第141页。
④ 《复初集》卷32《王主政公传》载：歙县结林人王之臣，"世受什一，有隐德，间服贾，先封公崛起遐贾，不切切操利权，能起家千金"（第193页）。
⑤ 《复初集》卷33《周隐君传》，第217页。

溪萧萧风动水……山隈茅屋丛千间，江干钓舟依柳倚"①，是典型的依山傍水之山乡社会。当地方氏"潭居子姓千余"②，人口呈逐渐增长之势③。在这种人地关系的紧张压力下，方氏的经商活动便逐渐展开。

2000年6月20日，笔者曾到这一带实地调查。清澈的江水映衬着崭新的徽派建筑，瀹潭村即位于新安江西岸。在历史时期，瀹潭虽然是僻处歙南的一个山村，但它的对外水路交通却颇为发达，明代徽州对外交通最为重要的水路之一——新安江水路就经过这里。《新安谣》曰："新安江行难，三百六十滩。一滩增一丈，徽郡迥天上。石险水迅，一尺万仞。篙师肩倒，柁老足悬。摧舟柝樯，归客仓皇。涨流顺水，瞬息千里。"④这是对自新安江下游溯流而上的描摹。而由徽州沿新安江而下，明末清初西陵憺漪子所编的《天下路程图引》中有"徽州府由严州至杭州水路程"：

> 本府。梁下搭船。十里。浦口。七里至梅口。三里至狼源口。十里至瀹潭。五里至薛坑口。五里庄潭。五里绵潭。五里蓬寨。五里九里潭。五里深渡。……⑤

---

① 《复初集》卷9《题瀹江山水画图》，第653页。同书卷6《江潭》："逍遥江潭水，荡荡驾扁舟。鲸鲤潜渊跃，凫鹭逐浪浮。崖南诸栖雁，江北有咆虓。归樯奏奇瑟，去帆歌别讴。羽觞娱丰膳，耳目快神谋。"（第602—603页）

② 《复初集》卷25《井坞墓记》，第125页。

③ 《复初集》卷24《重新中山书屋记》："今子姓愈益繁多于建舍日十之五。"（第112页）

④ 《复初集》卷5《古乐府》，第578页。《复初集》卷6《江潭》，第602—603页。

⑤ 杨正泰校注：《天下水陆路程、天下路程图引、客商一览醒迷》，山西人民出版社1992年版，第360—361页。

明人黄汴的《天下水陆路程》之"休宁县至杭州府水"也有类似的记载：

……溪南。草市。黄墩。烟村。岑山渡。共六十里。浦口。五里梅口。至府。陆路十里。上昧滩。下昧滩。箬潭。薛坑口。绵潭。共三十里。深渡。……①

此处的"箬潭"当即瀹潭，"薛坑口"也就是薛坑口。对此，笔者收藏的徽州文书抄件《杭州上水路程歌》有更为详细的记载：

篷寨绵潭载酒游，漳潭藏壁[璧？]玉者多。

薛坑口市虽人静，长夜犹闻扣角歌。

篷寨五里　绵潭五里　漳潭五里　薛坑口五里

沫滩清浅忧云多，闷坐舱中唤奈何，

半夜瀹潭星灿烂，晓来洪水水滂沱。

沫滩五里　瀹潭五里

南源梅口水潺潺，宜雨宜晴六月天，

午梦醒来新雨歇，夕阳浦口听鸣哇[蛙？]。

……②

交通的便利与否和社会风气之开通或闭塞有着直接的关系，事实上，在新安江水路途经的（南）溪南、岑山渡、雄村、漳潭和瀹潭等地，都是明清文献中徽商出现次数最多的村落。对于当时的经商风气，方承训的《新安歌三首》之二指出：

---

① 杨正泰校注本，第240—241页。
② 参见王振忠：《新近发现的徽商"路程"原件五种笺证》，《历史地理》第16辑，上海人民出版社2000年版。

> 徽郡歙休商山高,逐末江湖□浪涛。
> 辞家万里轻其远,云贵蜀广日策蹇。
> 多钱善贾暴客惊,无钱单客负担行。
> 黄河冰冻守孤舟,斗米不济窘口谋。
> 江汉乘风舟且覆,侥幸能生十罕六。
> 君不见下塘亿万富家翁,坐获子钱何伟雄!①

"商山"是休宁的一个地名,徽州民间素有"歙县西[两]溪南,抵不上休宁一商山"之谚,说的便是此处商人外出众多、席丰履厚而闻名遐迩②。上述的诗句生动地状摹了徽人外出经商无远弗届的勇气、商海浮沉之艰辛以及致富者的豪放。此外,《复初集》中留存的大批离别诗,抒发了天涯游子与闺中思妇之间的情感,栩栩如生地展示了一个商业社会的民情风俗,更折射出当地经商风气之浓厚③。

三、《复初集》所见徽商在南北各地的活动

有关明代徽商在全国各地活动的情况,以往著述中虽已有不少

---

① 《复初集》卷9,第660页。
② 崔莫愁:《安徽乡土谚语》,黄山书社1991年版,第16页。
③ 如《复初集》卷9《客子行》:"杲杲阳景曀未光,萧萧晨风吹我裳。仰观飞鸟翔云汉,俯视游鱼戏河洋。嗟嗟客子不得宁,行役在天一方。始出杨柳依依茂,今弦白露已凝霜。居人式徽歌未返,游子黍离叹愈伤。顾言王臣同此役,率土无咏北山章。"(第650页)参见《复初集》卷6《离诗三十三首》(第595—599页)、《拟赠妇诗》和《拟妇答》(第609—610页)及卷9《之子行三首》(第650页)等。

论列。但《复初集》提供的史料更为翔实，或填补了区域研究的空白。其中，徽商在开封的活动，即远较此前所知的其他史料更为详尽、生动。

1. 开封①

开封在史籍中亦称"大梁""汴梁""汴上"，是北方的重要城市②。明人张瀚所作的一篇重要的人文地理著作——《商贾纪》即指出：

> 京师以南，河南当天下之中，开封其都会也。北下卫、彰达京圻，东沿汴、泗转江、汉。车马之交达于四方，商贾乐聚。地饶漆、絺、枲、紵、纤、铲、锡、蜡、皮张，昔周建都于此。土地平广，人民富庶，其俗纤俭习事，故东贾齐鲁，南贾梁楚，皆周人也……③

---

① 日本学者藤井宏《新安商人的研究》一文曾对明代徽商的活动范围作过详细的描述，但对北方徽商的活动较少涉及。如关于明代开封的徽商，仅见有下述的几条资料：(1) 汪道昆《太函集》卷41《明故任子鲍子为先生状》，提及大梁（开封）的居贾鲍氏。(2)《太函集》卷67《明赠承德郎南京兵部车驾司署员外郎事主事江公暨安人郑氏合葬墓碑》，提及"北贾青齐梁宋"的歙人江氏。(3)《太函集》卷46《明诰封恭人顾母杨氏墓志铭》，提及杨氏出资，"授族人之善贾者，贾大梁，岁计其赢，取以自给"。(4) 附言注3，引《龙图公案》卷4"石碑"条，记载河南开封城内开布店的徽商汪成的事。(见江淮论坛编辑部编：《徽商研究论文集》，安徽人民出版社1985年版) 国内学者的研究，基本上也与之相似。如张海鹏、王廷元主编的《徽商研究》（安徽人民出版社1995年版）所讨论者就主要集中在徽商在长江流域的经营活动上。

② 关于明代开封的城市经济，傅衣凌作有《明代开封城市性质的解剖——〈如梦录〉读后记》，原载香港《抖擞》第43期，1981年3月，后收入《傅衣凌治史五十年文稿》（中华书局2007年版）；韩大成《明代城市研究》第二章中也有涉及"开封"城市的内容（中国人民大学出版社1991年版，第66—72页），但上述二文均未涉及明代开封的徽商。

③《松窗梦语》卷4，"明清笔记丛书"，上海古籍出版社1986年版，第73页。

开封在明代北中国城市中的重要地位也得到了方承训的证实：

  大梁北方一都会也，巨贾所聚，而山陕东西、大河南北，咸倚办市货财，以故巨贾每雄坐大梁，燕京、四省皆取足焉。①

方氏的说法反映了徽商眼中的明代开封城市。"燕京、四省"当指北直隶、山西、陕西、山东和河南，可见，开封是上述诸省中最为重要的商业枢纽，那里集中了南北各地的豪商巨贾。其中自然也有众多徽商的足迹。

最早前往开封从商的方氏成员是方承训的从伯祖——方廷珂，他出身于务农世家，后来因小本生意获利，开始依靠借贷而远贾他乡：

  ……持单钱小试贾，即能蕃息子钱，于是动心遐贾吴、越、淮、汴矣。苦歉资斧具，乃巨称贷五十金出贾。人或取笑之，曰："五十金，中民五家之产也。即贾不利，奈何胜返母子钱邪？"公坚决往贾，即非笑不顾。以金博货财，济黄河，乃臭厥载归。称贷如初，又复子钱鲜少，不利贾，又复归称贷，辄不利，辄称贷，盖十余载往矣。乃叹曰："巨富恒晚成，良贾不始利，奈何因噎废食邪！"持贾愈益坚。年四十余，复称贷百金往贾，辄贾辄利。不三年，发家数百金。乃归构宇舍，余不仍百金，复称贷百金以济盈，专壹贾汴上不游移。不数年，发家千金。又不数年，饶盈万金。时春秋仅六十九。②

---

① 《复初集》卷28《从伯母鼎孺人状》，第145页。
② 《复初集》卷31《从伯祖廷珂公传》，第179页。

前文述及，所谓遐贾，亦作"远贾"，是指远距离的贸易活动；"臭厥载"，意谓商业未曾获利。从上述的传记中可以看出，方廷珂以借贷 50 金出外经商，屡战屡败，屡败屡战，但却百折不挠，终于发家致富。据载，方廷珂席丰履厚，不仅在歙南一带首屈一指，即使是与歙西平原上那些以盐、典起家的巨腹商贾相比，其富裕的程度也毫不逊色①。

方廷珂的长子早逝，次子方起子承父业，三十余岁即家居歙县，前后 30 年间未曾到开封经理商业，而只是核算从那里汇回的商业利润。"佐贾几二百人，人各尽其能，效其力"②，所谓佐贾，当指协助方起从商的贾客，其人数竟然将近 200 人。正是由于他们的同心协力，方起才得以息隐林下，在徽州过着悠闲的生活。方起之子方镒(方承训从兄)也继承父业，"少年挟赀大梁园"③。对此，方廷珂常说："是不坠余汴业矣。""汴业"也就是方廷珂所开创的开封商业，可见他对方镒的青睐。方镒弱冠游汴上，"不数月，即谙贾事，即老于贾者，皆推让长公。谓长公不苛细，无童心。凡来汴市错货，咸趋长公肆。长公善服人，人以故归之，卒踵珂公迹不异"④。"长公"是明代徽州人对长子的尊称(方镒为方起长子)，从记载所述来看，方镒在开封从事的商业，其兴盛程度并不亚于他的祖、父辈。与方起一样，方镒"年四十，即谢贾所，以子澜足倚办

---

①② 《复初集》卷 31《从伯义士起公传》，第 185—186 页。
③ 《复初集》卷 9《挽镒公诗》，第 652 页。
④ 《复初集》卷 32《从兄镒长公传》，第 194 页。

贾事,每岁稽絜总裁而已"。①

此外,方景仁(方承训从伯)自弱冠起就喜欢经商,跟从叔父方廷珂到开封从商。据说,其人"识大体,不兢锱铢,四方辐辏争趋公所。不数十年间,起家几万金。……与余先君同贾汴上,分财弗纤较。曹偶或不给,公辄出己有佐之。佣值间莫能充赀用,公变以己财足之,伙侪感激,咸不兢。而汴上雄贾肆,称方氏冠诸市矣。逮家居,四方来汴者,必询公何在,即今犹昔,虽老谢汴、越归犹然"②。文中的"余先君",是指方承训的父亲方太乙,他显然是与方景仁合资经商。从上引的史料来看,方氏徽商在开封商界颇有名气,商业经营也很受欢迎。

至于徽商在开封经营的项目,从《复初集》中所见者主要有木棉。如方承训的从叔方太齐,"弱冠同余先君贾汴上,肆莫能与公伯仲。始贾杂行,杂行莫之先;后贾木棉,木棉亦莫之先。贾数年,悉解旭公贷,无锱铢遗矣"③。"旭公"即方太齐的父亲,这段话的意思是说——方太齐先是与方承训的父亲方太乙一起在开封坐贾,商肆颇具规模,为旁人所不及。他最早是从事"杂行"(当指日用百货),后来又经营木棉。因经商致富,遂还清了父亲先前所借的贷款。《复初集》中另有一位徽商的事迹,也是贩卖木棉的例子:

(张茂鲸)年三十,始思出贾花实。公素不谙木棉美恶,游汴

---

① 《复初集》卷32《从兄镃长公传》,第194页。
② 《复初集》卷28《从伯景仁公状》,第144页。
③ 《复初集》卷28《从叔太齐公状》,第151—152页。

道,逢贾侪同贾木棉者,宿贾也,简精美自贾,以恶即杂臭坏,悉贾之同贾什七矣。迄至泖贸布,同贾以恶者归公,拟同贾者不逮什七矣。迄至泖贸布,同贾精者悉先博获子钱什二,忻然归,不公顾。公独坐泖一月,农交日闲,余功属织,织多布且羡。时棉穰甚大匮乏,独公穰存,持布博穰,丛丛每兢趋公所。公独坐受高价,子钱倍母四矣。①

从这一个案可以看出,徽州商人从汴梁购买木棉,而到江南购买棉布。日本学者西嶋定生曾推论,早在明初以来,河南南部的棉花种植业就已发达②。由此看来,明代江南与华北地区棉纺织品市场流通的主要格局是北棉南运和南布北运③,在这一过程中,徽商显然起了重要的作用。

除了棉布外,徽商还从事纻帛买卖④和借贷⑤。从《复初集》的记载来看,在开封的徽商中,既有行商又有坐贾。行商的例子详见下文,而坐贾则如方太华,他"远居汴、固镇所,娶姬不归者几一纪",方氏的姬妾为汴人,方太华年届四十就已去世,"汴上遗孤三人"⑥。固镇在今河北武安市西,"纪"是古代纪年的单位,一般是

---

① 《复初集》卷31《张伯升公(传)》,第187页。
② 见日本学者藤井宏:《新安商人的研究》,注121。
③ 参见张海英:《明清江南商品流通与市场体系》,华东师范大学出版社2002年版。
④ 如方承训的从弟方烨就是在开封的"纻帛贾"(《复初集》卷32《从弟宜川丞烨君传》,第200页)。
⑤ 如方证"贷资斧具,辽贾汴上,息子钱,汴上永希公宿业,□业就圮,弟犹思振之,业蒸蒸就起。"(《复初集》卷32《从弟证君传》,第202页)方证为方启训从弟,从事的是借贷生意。
⑥ 《复初集》卷29《从叔母太华孺人状》,第169—170页。

以12年为一纪,则其人显然是长期定居于开封、固镇一带了。方承训的从叔方景用亦"纳侧室汴邸",倘若不是坐贾,想来也一定时常活跃于开封一带①。

揆诸史实,方氏等徽商以开封为据点,在北方市场占据了重要的一席之地。

当时,从南方前往开封的道路主要有几条,其中之一为"南河道"。关于南河,明黄汴《天下水陆路程》卷5有"淮安由河南[南河]至汴城水",南河也就是淮河:

> 淮安。十里湖口闸。十里移风闸。十五里清江闸。十五里福兴闸。十里新庄闸。十里淮河口。北去徐州。西南五里马头。六十里洪泽驿。三十里石灰窑。三十里龟山。三十里泗州。六十里旧县。十五里龙窝。三十里山冈。三十里双沟。三十里浮山寺。三十里五河县。三十里小溪湾。三十里三岔。三十里青泥湾。十里凤阳府。三十里十里溜。二十里长淮溜。三十里半步溜。三十里怀远县。北往亳州。二里荆山。禹王庙。二十里马头城。三十里断窑。三十里洛河。三十里石头铺。三十里泥岔。三十里下蔡。三十里寿州河口。三十里焦冈。十五里笋椿河。十五里至正阳。西十里八里躲。六十里颖上县。六十里江口驿。四十里钓鱼台。十里张家溜。二十里大溜。五里颖州。河南兵宪驻扎。十五里白庙。十里泗河铺。六十里太和旧县。四十里界沟驿。二十里纸店。三十里王霸溜。十里槐方

---

① 《复初集》卷22《从叔景用翁七十寿序》,第97页。

集。十五里王昌集。二十里富坝口。南至南顿五十里。北十里新站。八里牛家埠。五里颖息坡。南下水四十里至南顿。北二十五里周家店。十五里李方店。三十里西华县。一百二十里李家潭。四十里朱仙镇。起车。四十里至汴城。

原书自注曰:"淮安由南河(即淮河)至汴城,水不甚险而有神溜。……荆山去亳州之上,黄河稍长不时,夏有河走不测,冬有冰轮之忧。舡户谋客,可防。虽有舡伴,亦宜谨慎。溜者,水急之总名,南方曰滩,北方曰溜。北河之溜不一,惟此颍州之溜,如江南之竭,水高而楼,自上而倾下,重舡不能上。……岁时迁徙不定……"①

关于"北河",《天下水陆路程》卷5"淮安府由北河至陕西潼关水路",其中就提及从淮安到开封的路程:

  本府。水。六十里清河县。七十里桃源县。六十里古城驿。六十里宿迁县。六十里直河口。六十里邳州。六十里新安驿。六十里房村驿。七十里徐州。二十里铜山。二十里茶城。十里耿山集。五里进溜沟。二十里张村站。二十里豆腐店。二十里孟新村。五里黄河。三十里旧丰县。二十里赵村。十里小溜沟。二十里双楼儿。四十里单县河口。十里黄冈楼。三十里马家口。十里韩家口。十里郑家口。十里锁口。十里榆林集。二十里土山。十里八里湾。十里杨进口。二十里流通集。三十

---

  ① 黄汴:《天下水陆路程》卷5,杨正泰校注本,第148—149页。这条路程在明西陵憺漪子《天下路程图引》卷2中又作"清江浦由南河至汴梁水路"(第457—458页)。

里孙家湾。二十里纸店。二十里植胜马头。十五里唐家湾。十里谷阳。十里汝庄。三十五里草店。二十里马家口。十里王家楼。陆路。四十里至汴城。

自注曰:"右淮安由徐州至汴城为北河,即黄河,走塞不定。今至黄家楼起车,陆路四百里至河南府……北直隶各府,辽、蓟边客货,皆由漕河而夫,止于临清州、河西务、张家湾起陆。……陕西、河南二省,大同、宁夏等边,苏、杭客货皆由南北二河而上,至汴城、王家楼或孙家湾起车。至陕西者,或自南京大江至汉口换船,由襄阳府淅川县入武关至西安等府……"①

除此之外,还有几条:一是由巢县到汴城,这条是陆路,但当时的路程记载:"自颍州至大名府,响马贼出没不时,难防。"②二是"扬州府至山西平阳府路"经过汴城。这条路"自宿州至汴城,有响马,宜慎"③。三是"徐州西至汴城路",但徐州至马牧,"响马多"④。这说明响马贼是陆路沿途商卖中的顽症。方承训的从弟方良材,就曾让人从开封携带千金同其他商贾一起到杭州买货,中途却被"暴客乘快响马尽夺之",只得向官府报案,几经周折,才将罪犯缉拿归案,并追回赃款⑤。

---

① 黄汴:《天下水陆路程》卷5,杨正泰校注本,第150—151页。
② 黄汴:《天下水陆路程》卷5"巢县由汴城至临清州陆路",杨正泰校注本,第163—164页。按:引文标点略有调整。
③ 黄汴:《天下水陆路程》卷6,杨正泰校注本,第169—170页。
④ 同上书,第179页。
⑤ 《复初集》卷32《从弟良材君传》,第197—198页。

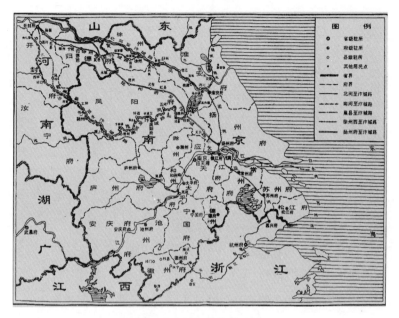

明代南北交通与徽商活动简图

综合分析上述的 5 条道路，3 条陆路虽然有响马，但毕竟是陆路，行路还较为稳妥。而 2 条水路，尽管"由淮安南北二河而去者，有船户谋客、黄河水走之防、过坝之劳"①，但一般说来，在近代交通工具出现之前，大批货物的水运成本最低，且时间最省。当然，就两条水路而言，彼此之间也有很大的差别。对此，方承训认为：

自汴浮江南,河流大都雄二:倚北曰河水,河即神禹所导九

---

① 黄汴：《天下水陆路程》卷 5 "南京由大江至陕西西安府水陆"，杨正泰校注本，第 155 页。

河也;倚南曰淮水,淮即禹所导淮也。淮流汪洋浩瀚,大与河偕,而迤逦夷缓,又甚太殊于河。河流迅疾,奔腾汹涌,自天丕降,险莫能测。然江南贸货,由河达汴,刻期可至。第每每臭厥载,仆当七八。由淮乃延缓,羁二三月,始能溯汴而载,百全无虞。凡卑卑胆弱怯者,终其身货载不敢突冒河险,惟谨驯驯由淮道而已。①

"河水"亦即北河,"淮水"也就是南河。相比之下,由于北河水路危险,甚至容易血本无归,所以一些商贾均望而却步②。然而,不少徽商却在高额利润的驱使下,不惜冒险。其中,有一些人失败了,也有一些人获得成功。如方廷珂曾"以金博货财,济黄河,乃臭厥载归",也就是以失败告终③。而方作为人倜傥,不拘小节。他将南方货物运销开封,总是沿北河逆流而上。即使"有一臭厥载",也毫不畏惧,仍然是沿着北河行进,从来都不经由南河。他常常说:"覆不覆,命也。即曲谨,如命何邪!"④歙南阳川人庄明侃"冲阴驾峻,若履坦夷",他常常"视险如安,蹈危若易",举凡金陵、武林、三吴、维扬、湖阴(即芜湖)和江南各地所买货财,全都经由北河运往开封,"犯雄涛,冲巨浪,出没神迅,百涉百全",以至于"汴邸所蓄金钱不能胜其枚,货错不能胜其贮。凡汴上巨贾称曰饶者,皆不翁过也"⑤。据载,其人"浮飘巨河四五十载,而卒获保完不一败"。上述的几个例子均说明,将南方货物通过北河直

①⑤ 《复初集》卷33《庄长君传》,第210页。
② 到开封经商的方承训之兄长就始终不走北河。(《复初集》卷29《从兄作公状》,第166页)
③ 《复初集》卷31《从伯祖廷珂公传》,第179页。
④ 《复初集》卷29《从兄作公状》,第166页。

接运往开封，往往可以节省时间，及时把握商机，从而获得巨额的利润。当然，这需要从商者足够的勇气和信心。

2. 苏北

清代前期施闰章在《学余堂文集》卷 10 中指出："歙人之游处江淮者，户相比也。"①这可以说是对明代中叶以来歙县人在江淮一带活动盛况的概括性描述。关于这一点，也得到了《复初集》中相关记载的印证。如歙西向杲下市人黄裕"贾淮扬盐策，遂以盐策起家数万金，蕃子姓，椎室宇，以礼严肃闺门，闺门雍穆，遂成巨卿。即邑中雄里，不封君家世过也"②。此人以淮扬盐业起家数万金，是当时的巨富之家。歙东梅墅人黄坤与兄长天与同在淮南活动，他们认为："扬（州）黄氏盐策籍，余族籍也。"于是就试扬州，"籍名郡博士，凡督学使君行县，仲子即居高等一二人，为维扬诸生嚆矢，执经问难丛门墙，大江以北门下士，皆不仲子若也"。"仲子"也就是黄坤。后来，黄坤子侄也随之就业扬州，"戏就试，辄居高等，均籍名博士"。所以方承训认为："黄氏伯仲季寄产于徽，而实奕叶于扬。"③歙县新城人方宜也以淮盐为业，"累世饶盈，公善修息，发家千金"④。歙县新城人黄节，其父世代从事医、贾二业，"医术冠海内，贾称良"。黄节本人也精于医术，喜欢远出经商，出

---

① 《学余堂文集》卷 10《吴母胡孺人七十寿序》，《文渊阁四库全书》第 1313 册集部别集，台湾商务印书馆 1983 年版，第 120 页。
② 《复初集》卷 33《黄封君传》，第 214 页。
③ 《复初集》卷 32《黄氏昆仲传》，第 206—207 页。
④ 《复初集》卷 28《新城方宜公状》，第 156 页。

入徐、淮之间。后来长期居住在徐州一带,从事民间借贷①。另外,方承训的外戚唐汉也在仪真一带经营借贷业务②。

当然,诚如歙县人汪道昆所指出的那样:"吾乡贾者首鱼盐,次布帛,贩缯则中贾耳。"③徽商在苏北主要还是从事鱼盐之业。关于两淮盐业中的徽商活动,一向是此前"徽学"研究中的重点,对此,学界的成果已相当丰硕。相比之下,徽商在苏北渔业经济中的作用,以往则甚少涉及。

在明代,苏北各地有着纵横交错的河流、星罗棋布的湖泊,东面还有烟波浩渺的海洋,其中蕴藏着丰富的渔业资源。以宝应县附近为例,方承训就有《泛宝应湖赋》:

> ……斯水族而丛蓄,大者或吞舟兮,纤者亿万其族,渔艇莫可枚举兮,罾罟实夥于寰区,微商资以糊口兮,巨贾亦受其多福……④

此赋状摹了宝应湖中丰富的渔业资源,以及前来该处经营的小贩巨商之各得其所。从方承训在苏北一带的阅历来看,这些小贩巨商应当主要便指的是徽州鱼商。

在古代的技术条件下,食用鱼之保鲜是个颇为棘手的难题。通常的做法是在鱼产丰收时,使用大量食盐加以腌制。据林正青的

---

① 《复初集》卷30《黄处士状》,第177—178页。
② 《复初集》卷31《唐处士传》,第183页。
③ 《太函集》卷54《明故处士溪阳吴长公墓志铭》,《四库全书存目丛书》集部117册集部别集类,齐鲁书社1997年版,第650页。
④ 《复初集》卷20,第75页。

《小海场新志》卷5《腌切》记载：

> 自夏徂秋，渔汛之期，采捕渔船，需盐腌切，例分司发印票于场，渔船请领官票者，在场验明海关照票，赴团采买。……盐一桶腌鱼八百斤。本团鱼行三户，每年约用二百桶。五月为鰳鱼汛，六月鲻鱼汛，八月则腌鱼止，而海蜇之用盐尤多。①

林正青虽为清代乾隆时人，但他的记载应当可以作为明代两淮鱼、盐二业关系的佐证。为了节约成本，鱼商常常集中在盐场附近，从事食用鱼的加工和运输。因此，在淮北盐场及淮鹾的运输线上，徽州鱼商相当之多。歙县岑山渡程氏就有不少人迁居海州、安东等地②，他们主要从事的便是鱼盐贸易。

关于苏北鱼商的活动，明代徽商所编路程图记中有颇为详细的记载，如黄汴《天下水陆路程》卷5"瓜州至庙湾场水"即曰：

> 小安丰至朦胧五十里，盐徒卖私盐为由，实为强盗，谨慎！装鱼船必由此道，带银客或由淮安府陆路，骡马九十里至马洛，又九十里至庙湾。本场客造船出海取鱼，过小满，大沙鱼浮水上，吞鱼卺即沉下，难网。但贪鱼多，不知水广，非智力所能取，益者少，损者多。客店草篱茅舍，无夜盗之虑，有火延之防，夏疫宜慎。③

---

① 林正青纂：《小海场新志》卷5，"中国地方志集成"乡镇志专辑第17册，上海书店1992年版，第215页。

② 参见徽州文书抄本《岑山渡程氏支谱》之"岑山渡派转迁于外辑略"，私人收藏。

③ 杨正泰校注本，第152页。按：此段史料原书句读似可斟酌，笔者在引用时已作调整。

庙湾和安丰均是明代淮南的盐场，鱼盐之业颇为兴盛。而在淮北滨海地区也活动着不少盐商和鱼客。《天下水陆路程》卷5"海州安东卫飘海至淮安府"记载：

  虚沟营。一百八十里　高公垛。一百二十里　云梯关。一百八十里　六套。六十里　安东县　九十里　至淮安府。

其后注云："云梯关有军防海，鱼客因省船费而由此道。鱼船水手即爬儿手，包撑盐徒也，家住六套、七套。胶州飘海亦由此来。海风不定，遇风虽易亦险，无风难期，客当别路可也。盐徒捉客，许以米赎。夏疫宜避。亦有飘至太仓，收刘家河者，安命之客，此路勿行。"①可见，黄河口的云梯关一带是鱼客出没的地方。另外，《天下水陆路程》卷6"淮安府至海州安东卫路"亦曰：

  本府。渡黄河。九十里安东县。三十里金城。四十里对江口。五十里白头关。四十里张家店。三十里大依山。六十里新坝。五十里海州。新坝。三十里塔儿湾。三十里南城。三十里大村。五十里墟沟营。三十里渡海岛山。有庙。

其下自注："至海州，或自大依山六十里至板浦，渡海五十里至海州。本州六十里至安东卫。属山东。右路晚不可行，盐徒甚恶，夏有热疫，宜慎。墟沟营飘海转尖至淮安……淮北守支盐商，聚于版浦、新坝二场。"②版浦（当即板浦）、新坝二场盐商较多，根据明史的常识，其中也就有不少徽州商人。而这在《复初集》中即有相

---

① 杨正泰校注本，第153页。
② 同上书，第165页。

当详细的记载。其中,特别是有关新安镇徽商的记载,尤其令人瞩目。

新安镇即今江苏省灌南县。明嘉靖中叶以后,由于黄河全流夺泗入淮,苏北不少地方桑田一变而为泽国,此后,湖区面积大为增加。①在新安镇附近,就有面积辽阔的涟湖,其中即盛产鱼类。对此,方承训在《湖兴五首》之五中指出:"涟城鱼窟属天功,浪暖波平水族雄。"②"天功"是指涟湖自然天成,完全是大自然的鬼斧天工所致。万历八年(1580年),方承训跟随宗弟方应前往涟湖。他的《游涟湖记》一文描述道:

> 涟湖跨州邑三方,环围百余里,产诸嘉鱼,饶利无穷,资斧未足给者,籍籍凭恃糊口……③

这是说涟湖面积辽阔,地跨安东、沭阳和海州三州县,鱼类丰富,资本不那么充裕的下层民众也可以藉此谋生。至于涟湖盛产的"嘉鱼"之种类,方承训《涟湖歌送宗弟之安东》诗这样写道:

> 涟湖湖水跨三丘,安东沭阳逮海州。
> 百里空阔汇不流,鲲鳙鲤鲫谁水俦。
> 清风落日帆丛游,月明渔舟漂与谋。

---

① 《复初集》卷14有《涟城河水冲淹,小民获渔利,而巨室土田乃淤尽,则甚病矣,感作》:"大河归海涟增愁,庐舍田场尽泛舟。巨室赋租鱼鳖窟,细民晋网食衣谋。秋风吹水波千顷,春涨盈湖沮几派。两利俱存祈阜足,湖深土见复何忧。"(第42页)

② 《复初集》卷14,第40页。

③ 《复初集》卷25,第119页。另一篇《泛涟湖赋》曰:"设罩网以取鱼兮,群万艇而成罗。疾号声以大呼兮,扣舟舷若浩歌。讶鳣鲤之蔽网兮,惊鲲鲵之盈艇。即巨舰之不胜兮,虽庐舍亦莫如之何……"(《复初集》卷20,第70页)

>三月桃花鳞万里,九月菊涩蟹盈楼。
>
>取鱼击棹歌春幽,罿虾泛杯醉素秋。
>
>之子乐水不驱驺,野老耽山窥虎彪。①

《涟湖十二韵》更描绘了淮鱼运销各地的情形②。由于涟湖独特的生态环境及获利机会,许多徽商都趋之若鹜。据明隆庆《海州志》卷2记载当地的风俗说:"土虽广远而瘠薄,海产鱼盐,民多逐末,故田野不辟,米粟不丰,小民不出境事商贾,不习工艺,虽本土贸易之事,亦皆外来人为之,故民多贫。"③这批"外来人",绝大多数应当都是徽州商人。《复初集》卷33《方长公传》就记载了方承训宗人、徽州鱼商方应的发迹经过:

>(歙县新城人方应)曾大公、大父咸贾涟湖鱼,以故长公亦贾鱼。……长公生当家诎不兢,廪坎二十年未鱼饶。年四十余,复携资斧不盈四金,独往涟贾鱼。时涟鱼大昌炽,视常时赢什七,

---

① 《复初集》卷9,第653页。另,《复初集》卷14有《淮海中三月产节蟹,味与江湖季秋蟹同佳而中膏丰隆,形差殊焉。色彩刺锋亦略异,第时暖气蒸,不可淹醉》诗。(第43页)

② 诗曰:"有水咸鱼跃,兹湖独物雄。涯囯三辖阔,流与九河通。天地迷云水,波涛险飓风。桃花三月浪,鲔□一屯蜂。□罣联纻织,鲸鳍满舰艨。鲨鳆何悉数,鲔□岂劳量。厌饫滋吴汴,腥膏彻犬戎。纵观遐巨海,垂钓眇孤蓬。口味沾黎庶,鱼盐颂海东。晋河空美对,蜀穴岂嘉同。春暮携竿饵,宵中醉酒筒。寡禽无与弋,去去不张兮。"(《复初集》卷13,第9页)"厌饫滋吴汴",显然是形容涟湖鱼类行销范围之广。另一首《淮郡南沟北湖具足鱼贸事甚殊》曰:"二湖春暖足嘉鱼,贾客奔驰道异庐。昌水乘舟迎钓叟,沙渠坐旅待鱼车。孤帆飘泊风波夕,联舍枭卢博塞舒。四顾寥寥成独卧,谁知夷坦乐居诸。"(《复初集》卷14,第39页)

③ 隆庆《海州志》卷2《风俗》,"天一阁藏明代方志选刊"第14册,上海古籍出版社1981年版,第20页上。

鱼丛盐寡,于是鱼愈益贱,侔粪壤。长公母钱即微,得鱼视价,盈四十金矣。其岁江鱼诎,湖即鱼夥,不损价,于是获子钱十金,并其母盈五十金,长公愈益矜矜自持……①

方应为鱼商世家,长期在涟湖一带活动②。上述的记载是说——由于某年涟湖鱼大丰收,盐少鱼多,鱼的价格低迷。与此同时,当年的江鱼数量较少,丰收的湖鱼恰好弥补了因江鱼减少而留出的市场份额,以至于湖鱼贸易相当有利可图。于是,方应便从区区4金开始,发展到了50金,再到后来"饶千金"。这一事例反映了小商贩成长为大商贾的过程。对此,《方长公传》进一步总结说:

歙邑鱼贾多矣,上饶者五六千金,次饶者千金,又次百金,又其下者数十金,或数金,皆贾鱼。其所获子钱,母益寡,子愈益盈,何以故? 母寡而运筹捷也。③

由此可见,在涟湖从事渔业经营,资金规模不一的鱼贾均能获利,尤其是资金少的人,如果经营得当,也能迅速致富。《复初集》对歙县鱼商的记载特别详细,对于我们研究苏北区域的社会、市镇发展等诸多方面,均提供了极其珍贵的史料。

3. 南方各地

《复初集》中还记载有与开封徽商贸易相关的江南诸多城市的史料。如《庄长君传》就记载:"凡金陵、武林、三吴、维扬、湖

---

① 《复初集》卷33,第221—222页。
② 《复初集》卷6《宗弟久处涟》:"环翠高无极,遥望见涟湖。之子在千里,山川阻且殊。……君钓此湖鲈……相思逾十载……"(第601页)
③ 《复初集》卷33,第221页。

阴、江南诸郡所市货财，悉济河达汴。"从《复初集》的相关传记来看，以方氏为主的徽商，"族同戚，贾同贷"①，以开封为中心的北方贸易为主线，其商业网络覆盖了江南各地。其中，芜湖是颇为重要的一个城市。

（1）芜湖

芜湖别名"湖阴"，是长江沿岸重要的工商业城市。它离歙县距离不过400余里，4—5天即可到达②，是大批徽商麇聚的重要城市③。从《复初集》的记载来看，方承训的岳父唐东山就是活动在芜湖的徽商。据《外父唐公墓碑》记载：

> （外父唐世钺）家邑新城，世受什一。年十六，商湖阴校前，遂徙家焉。相知交游，皆荐绅学士。初至湖，贷母钱，坐收子钱，三年子钱无所获，并母钱间无所偿，公忻然取券焚之，卒坐窭不怨。复更业市布染，积十余年，起家千金。④

对此，《外父唐公偕孺人合葬墓志铭》的记载更为详细：

> 外父姓唐氏，讳世钺，字汝器，歙城人也。弱冠徙居湖阴，遂

---

① 《复初集》卷22《从叔祖廷闾翁七十寿序》，第91页。
② 《复初集》卷22《外母六十寿序》，第91页。方承训曾"发潭水越四日至湖阴"。（见《复初集》卷22《外父七十寿序》，第95页）
③ 关于徽商与芜湖的基本概况，参见王廷元《明清时期的徽商与芜湖》（载《安徽史学》1984年第4期）和王振忠《同善堂规则章程——介绍徽商与芜湖的一份史料》（载《安徽大学学报》1999年第4期）。另，民国《黟县四志》卷6《人物·孝友》查邦达条："在芜湖，与同乡倡复徽州会馆及徽州马头。"（"中国地方志集成"安徽府县志辑第58册，江苏古籍出版社1998年版，第73页）民国《芜湖县志》卷13《建置志·会馆》："徽州会馆，康熙间建在西门内索面巷，额曰'天都文献'。"（"中国地方志集成"安徽府县志辑第38册，第47页）
④ 《复初集》卷23《外父唐公墓碑》，第108—109页。

为湖阴人。……祖、父世受什一,居郡城中,迁徙不常。年十二时,二亲已殁,依叔父居邑北沙溪……知湖阴属贾辐辏所,于是勤劳为资斧具,出游湖阴,居三年,积四十金。……年十九□携余母汪氏同居湖阴,费用渐饶,游道交日广□。于是,湖阴富人遂出奇赀为母钱,同外父贾,贾所获子钱,与外父中分之,外父坚辞不受,欲鼎足析,富人竟受半。外父愈益勤贾,富人愈益富,遂为莫逆交……①

方承训岳父唐世钺在芜湖从事子钱业和染布业,起家千金。因经商而携妻迁居芜湖,并在当地纳了二房姬妾,最终葬于芜湖。所生的一位女儿,也嫁给侨寓芜湖的歙县人鲍守愚②。与唐世钺同姓的唐辙,也是迁居芜湖的商人:

> ……歙郡城人也,父徙居湖阴,今遂为湖阴人。父母立墓,犹然遐举在歙。老人坐贾湖阴间,跨江南北事田事,逢岁有年,子粒盈饶,不能胜其藏。……以贾属诸子……诸子咸继贾如老人业,而季子文箴君,髫年即不喜治生业,顾独嗜攻经术,经术为湖阴诸生嚆矢,老人亦喜佐之。戏就湖邑大夫试,遂置高等二人,湖诸生于是忌其才,卒沮止之,靡就督学使者试。老人笑曰:"余邑籍仍故,岂独湖阴可试邪?"于是明年归歙邑试,亦置高等,

---

① 《复初集》卷27,第137—138页。另外,《复初集》卷22《外父七十寿序》:"徙湖阴贾,起家几千金。……于是挈家远徙湖阴单贾,贾日饶余,岁时丰胰。……公坐湖阴衢市,不锱铢计子钱,市货者视他市者愈益多,而子钱不逮他市十之五。……芜湖当京歙要道,槐塘族士子应试,族贾出入,旦暮馆谷不倦,或道路逶迤,资斧不具,公悉济之,有睦德矣。"(第95—96页)

② 《复初集》卷23《外父唐公墓碑》,第109页。

藉名博士,凡督学使者行县,咸置高等,食校禄,望与计偕,声著家邑,溢湖阴。……老人贾不以子钱羡奇入其心,其事南北田,亦即不以子粒丰稔入其心,以故老白首愈益强健过壮时。……诸子皆便湖阴贾利,利重不可徙。顾以家为寄居,无家归心,遂以老人卜瘗湖阴北山。余省外父所,闻老人谋之外父曰:"湖阴贾即便宜,寄也;家邑谋食衣即艰,数百年无兵火忧,家也。余与兄老白首,宜徙寄归家矣。"……老人自歙徙湖阴,仅仅具资斧,不数十年,遂起家千金,田产跨江南北,乃因其所为湖阴人,而老人心无一日不欲归歙,守祖宗之旧,而寄湖阴之贾,卜筑卜葬,仍仍在歙,志斯慰矣。竟未归,而卒葬于湖阴……①

这里有两点值得注意:一是学界以往主要关注徽商在粮食流通中的作用,但对徽商直接投资于粮食生产,则甚少顾及。上述的记载表明,自明代以来,迁居芜湖的歙县商人就在当地购置田庄,投资于粮食生产和贸易②。歙商唐辙的田产竟地跨长江两岸,显然是较大的徽州粮商。二是尽管第一、二代歙县移民对于故乡颇有感情,但到他们的下一代,便已逐渐将生活的重心转移到了芜湖。他们将父辈的尸骨葬于芜湖,并在当地参加科举考试,从而逐渐完成了徽商从祖籍地缘向新的社会圈的转移。

---

① 《复初集》卷32《唐老人传》,第195—196页。
② 这种情形在清代仍屡见不鲜。笔者手头有清嘉道年间的徽商信底《来往书柬》(抄本),内容涉及徽州粮商在巢湖流域的经营活动,其中就提及徽商直接投资当地的粮食生产。另据江巧珍《徽州盐商兴衰的典型个案——歙县江氏〈二房赀产清单〉》(载《安徽师大学报》1999年第4期)一文,歙县江村江氏盐商在和州也有不少田庄,笔者据以推测,可能也与粮食贸易有关。

在芜湖的徽商之经营活动,还与北方的商业贸易息息有关。从《复初集》的记载来看,山东有不少徽州人的足迹,如詹文斗"祖、父贾齐鲁间"①;方洪,"随先君居山东贾地"②。前述在开封购买木棉和在江南购买棉布的徽商张茂鲸在获利之后,也曾在芜湖从事商业活动:

> ……复携二百余金,贾山东枣。比山东枣大羡,与公同贾枣者,亦宿贾也,亦以配恶,戏公如前贾棉穰者。然公持实心,亦悉贾其恶。偕至湖阴,彼精者亦蚤归矣。公独坐湖阴待价。会其岁,山东枣独奇羡,河南枣拟宿岁鲜十之七,冬春之交,枣果又复大乏,增价愈益胜泖所棉穰,公忻然大笑曰:"奈何棉穰之利复见邪?"又获子钱倍母之三矣。公大喜,笑失故音……凡贾即利,利即奇羡,起家万金……③

当时,从开封经巢县到芜湖,有"汴梁由正阳至芜湖县陆路"④。这条见诸徽州商编路程图记的路程,应是当年南北商业交往的一个佐证。

(2) 杭州

"奇山秀水称天堂,姑苏之表独推杭"⑤——这是徽商眼中的杭州。明代杭州是两浙鹾务中枢,方氏族人就有在当地从事盐业者。如方松祖父从事浙盐经营,"起家数千金,饶盈数世,善修业而

---

① 《复初集》卷32《詹山人传》,第197页。
② 《得初集》卷32《方师传》,第192页。
③ 《复初集》卷31《张伯升公(传)》,第187—188页。
④ 西陵憺漪子:《天下路程图引》卷2,杨正泰校注本,第468—469页。
⑤ 《复初集》卷9《武林行》,集187,第660页。

息之,以故逮公世愈益丰足,不服贾而膏腴给资用矣"①;又如方震"代受什一不贾,然以良农起家,逾中人数十家产矣。先君天斌公年四十,犹然坐治什一业,乃忽然崛起,出游武林。武林盐策贾所聚也,邑富贾时与天斌公同舍,倚公事,遂大奇之,于是同天斌公贾盐,起家千金。公承斌公业,愈益修息,于是益大蕃母子钱利,起家万金。凡坐浙中盐策,皆莫公逮矣"②。歙县新城人汪烨"曾大父以下,世贾浙盐称巨富,富雄新城,衺广厦宇,父叔盛藉爵,即新城诸巨室弗逮也"③。除了盐商外,《复初集》中所记载的歙县酒商,为以往史籍所罕见,具有特殊的史料价值:

  (方录)弱冠不事一业,什一遨游江湖,游倦,憩钱塘江浒止焉,心有所寄寓,深不可测。戏为醴馆,笑玩息子钱……馆设未盈月,而浙水东西嘉、湖、苏、杭诸郡,凡经武林者,靡不嗜其美,造其庐。未半岁,名著江南,逮两广、巴、蜀。又岁余,闻京师,饮者多至千百为群,□纳子钱不轻。自天壤剖泮以来,醴馆未始有也。辽远地即无事武林,亦且牵车驰马,专壹奔公醴舍,饮醇茹旨。甫期年,获子钱盈五百金,公犹戏视之,略不蒂其心,心实有注向,而显暴布露。……今其子若兄骎骎克自成立,迈迹起家数千金,族中业佥无能出其右者。④

上述的记载显示:歙商方录到杭州开设酒馆业,闻名遐迩,

---

① 《复初集》卷29《族兄松公状》,第163页。
② 《复初集》卷30《族兄震公状》,第177页。
③ 《复初集》卷31《於潜令汪公传》,第183页。
④ 《复初集》卷31《从叔祖录公传》,第181页。

获利甚巨。自从其酒家名扬海内以后,杭州继起效仿的酒家很多,他们都偷偷地想模仿方录的酒味。不过,当时到杭州饮酒者,都一定要问方录之酒馆所在,常客也必定要到方录的酒馆饮酒①。后来,方时济子承父业,也在杭州开设酒馆,虽然生意较方录时有过之而无不及,但所获利润,却仅仅是方录时的十分之六。到方录孙子方良材时,便不再继承祖、父事业,而是转而赴开封经商,从事开封与杭州的南北贸易。从其一次购货所携资金来看,经营的规模相当之大。结果,方良材"盈饶致数千金,且倍蓰醴钱矣"②。也就是说——从事南北贸易的收益,远远超过了开设酒馆所得。

不少坐贾杭州的徽商,从事的是北方贸易,故而与开封等地有着频繁的商务往来。如前述方承训的从弟方良材,就曾从开封让人带千金往杭州买货③。又如歙县漳潭人张泽世代务农,是依靠田产致富的地主。到他这一辈时出外经商,专门从事杭州和淮、汴各地的贸易。"少壮时,同所亲贾起家千金。"及至50余岁,则专门在杭州充当坐商,"拈财货浮迅汴上,乃起家万金"④。方承训的从弟方美早年也曾与兄长在开封经商,因受到排挤,后来独自在杭州坐贾,"武林业骎骎起,所入子钱逾寻丈远甚","起家数千金"。因长期在杭州,遂在当地购置园池花卉,自得其乐⑤。有的徽商则是先

---

① 《复初集》卷29《从叔时济公状》,第162—163页。
②③ 《复初集》卷32《从弟良材君传》,第197—198页。
④ 《复初集》卷33《张处士传》,第210—211页。
⑤ 《复初集》卷32《从弟美君传》,第196页。

在杭州从商,继而远贾开封①。

从《复初集》提供的例子来看,在当时的杭州,似乎充满了各种各样的机遇。书中记载的诸多事迹,有不少洋溢着浓厚的传奇色彩。例如,前述的徽商庄某,就以一钱半起家万金,成为世人艳羡的成功范例:

……既登舟,偕舟富人贾亦且诣武林,与公语,即大奇公才不浅鲜,遂盟约,与公同贾钱塘江。释舟,复以前缗之半,作书数行缄归家,一家尽骇,曰:"持缗三钱出贾,复岐其半归内。顾念家,谓贾何?"人复非笑之。富贾重公才,且习色相,愈益爱公,相前途且远大非常,即出千金,偕公贾,富贾坐武林总裁而已,不问公钱缗出入,盟约曰:"偕贾获子钱,矢心中分。"公谢曰:"什分三,已越分。望不祥,敢分其半,愈益不祥。"富贾谓公曰:"余出缗之母,公□缗之子,子母一也,又何辞焉?"公于是悉心偕贾子钱,每每倍蓰他贾,贾一年子钱几六百金。富贾遵前盟,分公钱。明年,公发家千金。越数年,盈万金矣。富贾坐获子钱,深德公。公不事母钱,而盈余大获不赀之利,愈益感铭富贾不忘,终身深相结交,为莫逆交,老白首矢日不相忘。两家子孙亦深相结交,不忘本也。凡公族出贾者,皆莫能出公右。公犹然不敢骄侈,若囊昔贫乏时。……一族尽骇,藉藉叹羡,曰:以缗三钱之半,数年而业饶万金,不横取,不过凿,而循循端致,是遵何德哉?自天地

---

① 如歙县县城人江文选就"初贾武林……继贾汴上"。(《复初集》卷33《江处士传》,第221页)

剖判以来,不恒见也,殆上苍财星陟降耶?抑亦先世积善盈满而报之暴邪?果贾材高峻,尤出良贾表,而人莫之逮邪!①

庄某通过给富人充当经纪人,由一钱半起家,历经数年的努力,发家至万金,再一次提供了徽商小本经营起家的成功例子。

(3) 金陵

明人张瀚在《松窗梦语·商贾纪》中指出:

自安、太至宣、徽,其民多仰机利。舍本逐末,唱棹转毂,以游帝王之所都,而握其奇赢,休、歙尤夥,故贾人几遍天下。②

这里的"帝王之所都",指的是南京。当时的南京,有不少徽州的坐贾。《复初集》中的《杨老人草亭记》就生动地描摹了一位徽商在金陵的活动:歙人杨勋,从其父亲起,就徙居金陵江东门外上清河,"遂贾清河二世矣,起家万金"。为人"好行其德",凡歙县人到金陵,皆由他供给食宿。他的住所称为"守庵",意思是"守厥世德,且守所遗巨金"。在守庵之南构草为亭,草亭离长江不超过百步,江水汪洋浩瀚,一望无际,故而草"亭之景以水胜",草亭四面皆栽植有奇花异卉:

金陵,中国之奥区也,奇异丛聚,靡所弗备,公博采之,疏艺于园亭。当园之中,环亭皆池也,池水流无停,何以故?引江入池,泄池流入江也。池蓄嘉鱼,鱼游池,从容跳跃。宾至,仿佛濠梁,取诸鱼乐。亭之表,池环焉;池表,花卉环焉;花卉槛外,庑舍

---

① 《复初集》卷29《庄公状》,第173页。
② 《松窗梦语》卷4,第74页。

环焉。舍精且洁,富润屋也。其中图书玩器渊如也,涣如也,济济如也,森森如也。亭虽□草,愈益□□,雅拙殊瓦盖远甚,何以故?盖则草也,栋梁则楠也,不事绘事,愈益耀目,修丈之五,博倍之。冬寒翼以窗,暑月易窗以帘。亭南面江,恍惚亭浮中江,浑若水阁楼船。园南垣则女,何以故?高则隐江也,以故园垣东、西、北三面独高,南面省三面什六,远观于江,犹观于海也。天朗则水天一色,风则波滔汹涌,鸥鹭翔集,豚鱼浮没,帆樯往来,山川隐映,俨然一奇画图也。亭景万色,莫可图象,其博也,几容百人。……夫斯亭以水胜,而紫荆诸山环绕西南,古木苍翠,晴景绿色映亭,亭景愈益佳矣。嗟乎!乐莫大于奇山水,坐傲斯亭,山水显荡,入目奇矣。而池水花卉,又复色色可爱。构一草亭,而众美备集,奇之奇者也。

在明清时代,东南各地的不少徽商皆建有各种园亭,以往一般均认为其主要功能是——豪商巨贾暴富之余的修身养性、闲适自娱,反映了商人阶层在积累财富的同时,也追求文人士大夫的生活方式。其实,从歙县杨氏的例子来看,园亭的构筑,与徽商的经营活动亦密切相关。《杨老人草亭记》记载:

> 老人坐蓄江南百货,凡北贾者,皆争趋老人所,以故老人无一日无□宾,亭无一日无盛筵。老人得宾而富愈益盈,亭得老人而名愈益彰于南北。……老人义以取利,仁以集贾,礼以接宾,智以知足,日与宾客饮醉草亭,享其遐年,斯善用奇矣!①

---

① 《复初集》卷25《杨老人草亭记》,第117页。

显然，徽商杨勋为经营江南百货的金陵坐贾，他构筑精美舒适的园亭之目的，很大程度上是为了招徕南北客商。其中提及的"义以取利，仁以集贾，礼以接宾，智以知足"的思想，始终贯穿在《复初集》中的诸多传记里。其中所体现出的徽商之"贾道"与"游道"，尤其值得我们重视。

方承训还作有《杨处士传》：歙县人杨垕，自其祖、父徙居金陵江浒，遂为金陵江浒著姓。他继承祖、父"坐贾良业，业不出金陵，而岁收子钱千余金"。对照前述的《杨老人草亭记》，杨垕当为杨勋之子。据载，其人善于经营，"南北大贾皆奔趋处士所"。其中的诀窍是"处士馆谷供帐食饮，与诸坐贾丰腆异远甚矣。故南北贾咸愿凭处士主程，大与处士结欢盟契，以故贸易愈益绳绳不绝"。这也与杨勋以园亭招诱南北客商的做法一脉相承。较之杨勋，杨垕的经营似乎还专注于高利贷经营。当时，周围人都向杨垕借贷母钱。根据金陵的惯例，"子钱称其母"，杨垕"皆捐却不取"，仅收什二之利，有的达不到什二，他也不计较，甚至连子钱都不收。贫者都得到他的恩惠，在金陵清河一带备受称赞。传称，清河商贾以德行著称者，无出其右①。除了营商之外，杨垕还注意结交缙绅官僚。"凡郡中荐绅学士之官金陵，悉与处士知交，处士即不事寒暑浮沉，以故荐绅愈益雅重处士高义，即金陵名公卿，皆推毂处士高义，频顾处士江涯草亭，歌咏纪述，珠玑盈轩。"②

---

① 《复初集》卷33《杨处士传》，第217—218页。
② 同上书，第217页。

四、《复初集》所见徽商对明代社会的影响

徽商活动对于东南城镇的发展,具有重要的影响。对此,《复初集》所见新安镇的发展,尤其引人瞩目。

1. 徽商与侨寓地城镇的发展——以鱼昌口、新安镇为例

方承训曾作有《冬日思涟湖》一诗,描摹了徽州鱼商在涟湖的活动情景:

> 冬仲冰初结,涟鱼蓄愈多。
> 罩罿闲不事,鲫鲤草成窝。
> 岸岸栖庄贾,艟艟荷笠蓑。
> 芦斋煨颗芋,酒肆臑胮鹅。
> 六物需春试,单钱待腊过。
> 旧朋缸满卤,新信水飘波。
> 浮海无前险,眠涂绝后轲。
> 万重山迥阻,千里水徒歌。
> 鸿便音传友,梅繁色映坡。
> 椒盘鱼忆味,岁首鹢飞梭。①

诗中的"庄贾"一称于《复初集》中所见颇多,如《寄宗弟应君钓涟湖十二韵》有"庄贾卢群豹,行商弋鲜禽"②;《送友人冬往

---

① 《复初集》卷13,第17页。
② 同上书,第19页。

涟湖》有"行商多内顾,庄贾独浮揸"①。可见,"庄贾"是与行商相对应的,当指鱼庄的坐贾。当时,鱼庄的徽州坐贾麇集之处称为东、西鱼昌。对此,《湖兴五首》之一曰:

> 春水弥湖草漫齐,东昌西口贾盈堤。
> 嘉鱼泼泼群于跃,响节哓哓鼓若鼛。
> 红杏影摇新景媚,白鸥翔集故江栖。
> 渔人籍籍滋罾罩,烟市银鳞作菜鲑。②

"东昌西口"也就是涟湖附近的东、西鱼昌。所谓鱼昌,"湖鱼于物称名昌"③。出于商业经营上的需要,不少徽商长期侨寓在涟湖附近。方承训有一首《秋风行送友人之淮》诗,曰:"秋风萧瑟吹蒹葭,淮水巨涛尔念家。晨朝驱车迷白露,江上芙蓉已不花。黄山有家淮有室,山松苍翠淮无橘。二天风土各成佳,君兹两存归且逸。"④虽然"淮方风景迥殊徽"⑤,但许多徽州商人却是"黄山有家淮有室",他们在异域殊方竭力营造出一种浓郁的乡土氛围,这显然促进了当地市镇的发展。对此,《游涟湖记》就对徽商集居的新安镇有着生动的描述:

> (新安)镇辖海州,而徽贾丛居贾鱼,以故称新安镇。镇□当湖口,违五里则湖矣。湖口夷坦,歙贾烟爨稠密,名曰东鱼昌。曰鱼昌者,谓鱼产而昌炽也。贾皆有□,饶者构瓦舍,次构草舍,

---

① 《复初集》卷13,第15页。
② 《复初集》卷14,第39页。
③ 《复初集》卷14《涟湖岁产鱼,兹岁独少甚,老白首云罕见》,第41页。
④ 《复初集》卷9,第661—662页。
⑤ 《复初集》卷14《海州涟城旦暮风飘迅》,第41页。

草舍居什七,舍盈五六百间,□□市,市不鬻鱼鲜,何以故?庄贾日以舟泛湖,就渔翁市鱼鲜,皆尽取也。……西鱼昌义所同也,贾舍支[只?]东鱼昌什七,中三十里湖汇为高家浦,浦贾支[只?]鱼昌十六,瓦、草舍亦称之。凡倚湖浒贾鱼绩者,若昌口、家浦者百数,殆不若三方成一都会也。贾皆歙民,民皆携母钱,饶者千金,上饶者五千金,次饶者五十金或二十金,下者亦持中人一家之产,又其下则五六金、四三金,亦能捷往来□趁糊口,鱼之利民也如此。凡湖皆产鱼,惟涟为巨,故鱼惟涟为多;凡湖属淮地者,皆容贾资,惟涟贾居最。①

方承训自称,写作该文是为了"著邑贾之多云"。由上记可见,徽州的庄贾从渔翁手中贩来鲜鱼,再转手卖出。苏北的诸多湖泊都盛产鱼类,而涟湖的商人获利最巨,而这些商人都是来自歙县的徽商。另一首《鱼昌口夜户不闭》曰:

> 歙贾鱼昌树市丛,四方囤水绝枭雄。
> 柴扉不掩如邀月,寝户疏防只袭风。
> 鲢鲤慢藏惊俗美,稻梁云集似年丰。
> 村居形胜偕斯险,比屋熙熙帝世同。②

由于徽商的麇集鳞聚,鱼昌形成了颇具规模的村落。不过,当地的聚落既有瓦房又有草舍,而以草舍居多。这一方面说明从事鱼贾的歙县人,可能大多是资金有限的下层民众。另一方面,可能还

---

① 《复初集》卷25,第119—120页。
② 《复初集》卷14,第41页。

与歙县人的生活观念有关。譬如,方应"诸弟咸长涟湖,习湖利,忘家邑业。长公(方应)日夕谕之曰:'湖即利,贾所耳;家即土瘠,祖宗旧也奈何忘祖宗之旧,而以贾为家邪?'诸弟咸化长公,思归奠基本,以涟为行贾所"①。显然,不少歙县人虽然生长于涟湖之滨,但对桑梓故里仍然颇为惦念。因此,他们始终是将涟湖看成是暂时栖身的场所。或许正是出于上述原因,当时的新安镇"鱼昌口芦舍鳞次,瓦室百一"②,这与徽州粉墙黛瓦的村落景观迥然有别。

如果我们再结合清代的记载,更可看出明代徽商活动对新安镇发展的影响。对此,乾隆四十四年(1779年)冯仁宏所撰的《新安镇源流》记载:

> 大明洪武登极之初,虑大族相聚为逆,使各道武员,率游骑击散,谓之"洪军赶散",子孙相承,传为世例。传至嘉靖,适奉旨赶散,而苏之阊门周姓,常之无锡惠姓以及刘、管、殷、金,皆被赶散,来到朐南芦苇荒所。遂各插草为标,占为民地,以作避兵之计,后渐人烟日繁,乃诣州请为民,州牧载入版图,是为里人。

> 其地荒凉,惟出鱼虾,南有鱼场口,亦产鱼虾。有徽之商民,因就其地,以业鱼盐,日积月累,知其所可居,相居十余人,欲就鱼场口立镇焉。内有程客名鹏者,歙之养[庠]生也,乃议曰:"我

---

① 《复初集》卷33《方长公传》,第222页。
② 《复初集》卷14《鱼昌口芦舍鳞次,瓦室百一》,第39页。当然,也有的徽商在当地构筑园亭,如《复初集》卷12《题宗弟感君鱼昌湖亭二首》(第733页)即是。

等为子孙计,须土壮地肥,后世盖房架屋,令其坚固,亦可久远耳。"众然之,相与称土。鱼场之土轻,镇之土重。众喜,浼人向惠、周、刘等里人共议,以重资契买其地,契载卖与徽客某名下,因迁而暂居。里人以鱼虾交易米酒等物,客民共议,立一集,名"脱采集",亦取每月相聚之义。其客民归之者暂[渐?]繁,隆庆六年(1572年),再购里人之地,立街立市,取名"新安镇",盖以徽州唐名歙州,宋名新安,以镇名新安者,是不忘本也。万历二十四年(1596年),镇势成立,里人不悦,欲易名"朐南镇",讼之于州,州牧周公璲新视之,见其规模壮丽,状若长蛇之势,以成功不毁,劝里人罢讼,里人不许,商民程鹏率众御之。逮至崇祯九年(1636年),州牧陈维恭定案,命名新安镇,盖镇名拘讼凡四十年,始于隆庆六年,成于万历二十四年,定于崇祯九年,始分五庄八牌,各办各差云云。

在对徽州历史沿革之追溯中,"宋名新安"的说法明显有误。而文中的"鱼场口",当即《复初集》中的鱼昌口。据《新安镇志·街市》记载,"新安初立之际,原系商民每购里人之地逐段入册,而成镇焉。于是街为商民之居址,庄为农人之田里,而各经营之市,亦随各地而贸易也"。后来街分8牌,环列5庄,东西、南北广袤各19里,东北至西南24里,西北至东南19里,乾隆中叶,各牌街市共有2 705户,计15 619人,渔盐之业相当繁荣①。歙商以其移民众多、席丰履厚,在侨寓地迅速超过了当地土著。对此,苏北《灌

---

① 乾隆《新安镇志·户口》,灌南县档案馆、方志办藏打印本。

南县志》收录的《汪应铨巧改楹联》的故事,形象地反映出此种趋势:

> 清乾隆三十一年(1766年),新安镇文昌阁落成,安徽客民题一副对联:"迁黄山半点秀气,镇东海一郡文风。"本地文人当即涂去"迁"、"镇"二字。安徽人十分气愤,随诉讼公堂。
>
> 有一年,新科状元汪应铨路过新安镇,邀全镇文人到文昌阁,汪对众人说:"我等文人应该相重相爱,不宜相轻。"遂改书楹联:"分黄山秀气,振东海文风。"众人齐声叫好,从此主客籍文人言归于好。①

上述故事实际上反映了徽州人在土著化过程中与当地百姓的纠纷,"迁黄山半点秀气,镇东海一郡文风"折射了徽商的势力;而"分黄山秀气,振东海文风",则体现了徽州移民对当地的影响,以及侨寓商人与土著关系的逐渐融洽。

2. 徽商与侨寓地文化——以开封为例

徽商所到之处,都非常注意与缙绅交结。如徽商庄明侃"贾所所知交,皆名公卿大夫。而名公卿大夫,习公高义,益多公长者,愈益重徽贾多奇材矣"。前述的"贾所",是指庄明侃在开封经商的场所。另外,原来他在歙县的居舍距离府城90里,因其"交道广博,不遑奔驰",所以特地在府城另置别业,以便交游。当时,"舍靡日无宾,宾靡时无筵",他所交结者,都是一时著名的缙绅大夫、

---

① 灌南县地方志编纂委员会编:《灌南县志》,江苏古籍出版社1995年版,第660页。

山林高士，没有什么无名小辈，其人的名声也因此远播于江南各地①。另一名徽商庄明伋，其父伯鲸从事吴、汴贸易，"起家万金"。他本人入辟雍为太学诸生。后来贾游汴上，经理商务收支。据载，他每日与方承训的哥哥方元经诗歌唱和，结社缔盟，谈论盛唐八大家诗，"日骎骎媲美唐矣"。他的"游道日广"，知交皆当时的名公巨卿，其"奇才峻行"也多受到后者的推崇。与此同时，他在开封的商业经营却每况愈下。对此，庄明伋却毫不在意②。与庄明伋诗酒应酬的方元经，据说从小就有特殊的气质，读书"手不释卷"。在开封旅邸建有"心远堂"，"日与商贾而杂沓兮，心实闲寂而不移"③。他时常与名公巨卿结社唱和，谈论诗歌。凡所登览游玩，皆有吟咏④。"著诗声梁、宋间"⑤，也就是诗歌在河南北部及东部一带颇有名气。当时，开封的名进士李少泉（详下）对之青睐有加。

在开封，方氏还与皇亲贵族颇有交往。张瀚《松窗梦语》卷2《北游纪》记载："至大梁，为汴会城，古之洛阳，中建周王府，城郭人民咸整齐富庶，而冠裳礼义，犹近古先彬彬之遗。"⑥明代的一些藩王颇为风雅，他们刊印的书叫"藩府本"。譬如，周藩（周宪王朱有燉）喜欢文学和书法，收集有古代名法书，雕刻了《东书堂法帖》。

---

① 《复初集》卷33《庄长君传》，第210页。
② 《复初集》卷28《庄州佐状》，第150页。
③ 《复初集》卷20《心远堂赋》，第76页。
④ 《复初集》卷22《刻先兄诗集序》，第94页。
⑤ 《复初集》卷28《先君状》，第144页。
⑥ 《松窗梦语》卷2，第25—26页。

他自己撰写的《诚斋乐府传奇》成为音乐和戏剧上的名著①。另外，博平王安尝辑《贻后录》和《养正录》诸书。而且，他还勤于治生，"田园僮奴车马甚具，宾客造门，倾已纳之。其时称名德者，必曰博平"。镇平王诸孙、镇国中尉睦（字灌甫），"被服儒素，覃精经学，从河洛间宿儒游"②。他们与"贾而好儒"的徽商颇为投缘。方承训就曾作有《怀中尉翁十韵》："周府贤宗室，巍亭道德尊。文章词□匹，礼乐献王存。宗学群英俊，伦坊挺翰华。……名园花卉异，侠客狗鸡奔。求制门盈履，传书扇布村。"③该诗对于藩府宗室之文雅以及与鸡鸣狗盗之徒的交往，作了艺术的展示。方承训从兄方作长期在开封，为人侠义，常常与缙绅大夫"棋酒相欢适，诸荐绅大夫皆重公，乐与公知交，而周藩王孙莫不延颈交焉"④。隆庆二年（1568年）夏五月，歙县大饥，方氏籴米赈饥，周王赐"三世尚义"匾加以褒奖⑤。当时，与王府交往的徽州人应当尚有不少⑥。

随着南北商业贸易的繁盛，纷至沓来的徽商之间也弥漫着颇为儒雅的气氛。据《佘处士传》记载：

---

① 参见谢国桢：《明清时代版本目录学概述》，原载《齐鲁学刊》1981年第3、4期，收入中国图书馆学会学术委员会古籍版本研究组编：《版本学研究论文选集》，书目文献出版社1995年版，第329页。
② 《明史》卷116《诸王列传》，中华书局1974年版，第3569页。
③ 《复初集》卷13，第19页。
④ 《复初集》卷29《从兄作公状》，第166页。
⑤ 《复初集》卷33《散谷传》，第212页。
⑥ 民国《歙县志》卷10《人物志·方伎》就记载有明代的江炫，"性机巧，少为周王府供事，得秘传烟火之法，人物故事及禽鱼飞跃，幻若天成"。（"中国地方志集成"安徽府县志辑第51册，第438页）

(岩镇人佘大问)喜攻儒术,得其精,顾不乐就有司试,日与知交结社,倡和诗歌,诗知宗唐,尤得盛唐风骨。出游大梁,与余兄元经公及郑子阳缔莫逆交,时号三俊,声著大梁矣。大梁李少泉公日推毂三公奇才,多处士等博雅。李少泉者名士……官至少卿,有《山藏集》传世。处士即服贾汴上□多,而往往游吴越佳山水,所至专壹题咏,凡名苑□寺,必招朋分韵赋诗,不遗余兴。而名荐绅公卿,咸乐与处士交游。何以故?重处士才也。处士家世以诗闻岩镇,大父、父、叔咸有诗集传世。名公卿乐为之序,脍炙都邑。处士诗学渊源,余兄与郑子阳每每并造处士庐谈论不辍。处士家居,不屑治家人生业。日坐潜虬书室,攻古诗辞,非重事不出,日与社友分韵成题,独造诗室,商贾中每攻诗者,多师处士,处士亦乐与谈,导人入于善,竟老白首。①

由上述可知,歙县岩镇人佘大问、方元经和郑子阳②,号称"三俊",与开封官僚李少泉③诗酒唱和。李少泉是开封的名进士,

---

① 《复初集》卷33《佘处士传》,第212—213页。
② 《复初集》卷33《郑山人传》:"郑山人,名九夏,字子阳,师山先生后裔,而信之公伯子也。信之公博学嗜古,有诗传世……山人学藉渊源,诗知宗盛唐,日与周藩中尉西亭翁诗相倡和,西亭每推毂山人,奇其才,山人名播大梁矣。……其书黄庭坚,即深知字画者莫能辨王郑雌黄也。汴上张君路,以绘画倾海内,山人朝拜之夕,即能图其意如路君然,即路君亦啧啧称美山人,曰:'吾技南矣。'然山人染山水,尤专壹效慕沈君周,以故山人写染山水人物,亦倾海内,称神品,而尤著声大梁。何以故?大梁荐绅学士知交多也。于是邑中称山人三绝,谓字、诗、画咸峻绝,人莫与侪侔矣。……山人与余兄元经公及岩镇佘子裕缔知交,结诗社,日相倡和,俱以诗鸣邑都,然得山人力居多焉。……山人壮岁遨游西北,西北名山登览题咏无遗,而晚岁尤耽东南吴越诸郡佳山水,日娱乐游泳[咏]……"(第216—217页)
③ 关于李少泉,方承训有《阅李氏山藏集》诗。(见《复初集》卷14,第35页)

有《山藏集》传世，与诸多徽商均有交往①。此外，在开封一带颇为活跃、贾而好儒的徽商还有几位。如吴仲启，随从方承训的叔父出贾越、汴一带，历十余年，稍稍起家致富。他的商业活动以在开封一带为最多，故而交游者多是开封缙绅。后者与吴仲启结社讲诗，手不释卷。开封当地的富人李百林，也喜好儒业，门下馆客常有数十人，往往招待吴仲启。李百林长子康庄，与吴仲启特别熟悉，早晚都与仲启谈诗，"犹然宋元调"②。方景汉弱冠随从方起到"游吴、汴"（应当也就是到吴、汴一带经商），当地与他知交者，都是缙绅学士之辈。方氏一族子姓，"每每谈诗，皆化翁之属也"，也就是都受他的影响③。

3. 徽商与歙县城乡的社会生活

方承训《新安歌三首》之三曰：

> 下塘富室天侔福，新安之富何碌碌，
> 子钱跋涉阻且艰，即欲灌园宭诸山，
> 食衣温饱辄为足，醪膳局促坐无褥，
> 出门孤使供其役，惭彼前护后拥赫，
> 富传十世花无园，田盈千亩草其门，
> 君不见南翁起家亿万金，木床本质犹布衾。④

---

① 《复初集》卷28《先兄状》，第156—157页。
② 《复初集》卷33《吴处士传》，第219页。
③ 《复初集》卷31《从叔景汉翁传》，第190页。
④ 《复初集》卷9，第660页。

这首诗说的是一些徽商虽然挟资巨万,却仍然是布衣本色①。尽管徽州人以"俭啬"著称,但徽商的致富对歙县城乡社会生活产生了重要的刺激。

首先,个别徽商的致富,带动了家族其他成员的共同致富,从而大大地提高了明代中叶以还徽州村落社会的生活水准。以瀹潭方氏为例,首位前往廾封经商的方廷珂致富后,"凡族中子姓稍习贾者,悉携汴上偕贾,携济几百家,悉起家千金,皆公(按:指方廷珂)之惠也"②。这使得瀹潭这个歙县小山村的富裕程度颇为引人瞩目。方承训有《喜瀹川族里新宇连云》诗这样写道:"宗家华构霭连云,甲乙氤氲瑞气煮。轮奂薨薨征德润,图书籍籍烂人文。"③诗歌从一个侧面反映了瀹潭的村落景观。富裕的徽商在桑梓故里济急周乏、鸠工构祠、夷衢建桥等诸多善举,前人论述颇多,在《复初集》中亦不罕见,毋庸赘论。以下我们仅据方承训的记载,对瀹潭方氏的富裕程度稍作估测。在《复初集》中,经常提及的是"中人之产"④,从列举的例子来看,所谓中人之产指的就

---

① 如徽商方稷榴虽然"起家万金",但仍"甘心疏淡,不侈华丽,衣不袭帛,食不兼味,专壹朴素,为孙、子先,其起居与庸众人无异"。(《复初集》卷22《瀹川族兄稷榴翁八十寿序》,第105页)

② 《复初集》卷31《从伯祖廷珂公传》,第179页。

③ 《复初集》卷14,第34页。

④ 见《复初集》卷23《外父唐公墓碑》(第109页),卷24《重新清白堂记》(第110页)、《辟汪洋港路记》(第112页)、《瀹潭宗祠记》(第111页),卷25《他山石井记》(第118页)、《远济桥记》(第128页)、《本里大墓记》(第126页)、《后冲山墓记》(第127页),卷28《从叔太齐公状》(第151—152页)和卷29《从嫂镗孺人状》(第169页)。

是"十金"的概念。前文述及，在明代中后期，徽州人的经商分为"迩贾"和"遐贾"，"迩贾"的利润较低①。方承训在方文三的传记中写道："曩余族贾迩所，曾未起中人什家之产。"显然，一般在徽州近地致富的小康之家，都在百金左右（只有出入三安、致富千金的方文三是个例外），而"遐贾"获利则较多。前往开封的，自然都是遐贾。方起每年的收益为 2 500 金②，而方廷闰每年的收益为 1 000 金③。

方承训将"饶"（富裕程度）分成"上饶（大饶）""中饶（次饶）"和"稍饶"："环堂而居者，户不盈三十……大饶者尽三十无一，次饶者十一，又其次者十二。"④这指的是方承训所在的清白门之情况。而在《瀹潭宗祠记》一文中，他又估计说："合族之稍饶者十五，中饶者十三，上饶者十一二。"这指的则是瀹潭方氏一族的情

---

① 《复初集》卷 28《从伯祖母廷贵孺人状》：方廷贵"家世受什一力田，孺人躬井臼，勤女红，不遗余力，骎骎蓄资斧具，佐廷贵翁偕诸昆仲服贾汴上，或迩三安贾子钱，渐饶裕。……晚岁，子汉既就业，起家千金"（第 146 页）。方文三"世受什一……服贾密迩邑，恒出入三安间。三安人皆多公长者，大与结交……公贾独殊群商，群商每奔竞逐，获有子钱，公顾徐徐坐贾，不事奔竞逐逐，卒有子钱，独雄昂群商，以逸坐享脾利，群商习公久，亦不逐逐奔竞，化公之深也。凡贾贾脱徙，获子钱什二即自足，曰：母一而子二，亦已盈也。从鲜以浸多，未为晚也，骤而横金不祥。卒起家千金，曩余族贾迩所，曾未起中人什家之产，公独安迩贾致千金，比称百一，而公犹然朴素。……今子若孙产业缙钱愈益昌炽，倍公时什九，然皆公所贻留也"。（《复初集》卷 31《从伯文三公传》，第 181—182 页）显然，一般说来，利润的大小与经商之远近有关。

② 《复初集》卷 24《北麓亭记》，第 113 页。

③ 《复初集》卷 25《远济桥记》："绵桥匪五百金莫成，成则功不朽，岐岁子钱之半，蒇不济矣。"（第 128 页）

④ 《复初集》卷 24《重新清白堂记》，第 110 页。

况①。当时,参与建祠的方氏"子姓千人"②。倘若结合方氏家庭各表的记载,大致可将"上饶"定为数千金至万金,"中饶"为千金,而"稍饶"为百金至数百金,则明代歙县瀹潭方氏一族的富裕程度大致如下表所示:

等第	占总数的百分比	人 数	资金规模
上饶	1%—2%	10—20人	数千金至万金
中饶	3%	30人	千金
稍饶	5%	50人	百金至数百金

换言之,明代歙县瀹潭方氏有十分之一的人达到了"稍饶"以上的水准。结合前引以开封贸易起家的方廷珂"携济几百家,悉起家千金"的记载,"稍饶"以上的实际比例可能还要再高些。假如此种估测不误,则徽州的富裕程度在安徽省长江两岸各府中显得相当突出。关于这一点,方承训在《籍别驾视歙篆序》中的一段话可作注脚:

> ……徽处丛山中,民人稠,产寡且瘠,视他郡曾不能以万一,然每饶裕雄宁、池、太、庆诸郡者无他,本歉而争趋末者夥也。操末俭缩,以为衣食业……③

另外,方承训的《兴义亭碑》还指出:徽州在万山之中,

---

① 《复初集》卷24《瀹潭宗祠记》,第110—111页。
② 同上书,第111页。关于瀹潭方氏的情况,《复初集》卷25《井坞墓记》:"今潭居子姓千余。"(第125页)
③ 《复初集》卷22,第87页。

"民饶百二,巨饶千一"①。按照他的这个标准,瀹潭方氏家族的平均水平不仅远高于宁国、池州、太平和安庆各府,而且也还高于徽州的整体水平②。在明代,由于徽商的出现,不少村落的生活都较为富裕。如休宁孚潭,明季"率皆温饱,其以巨富称者十数家"③;黄宾虹在与族人黄昂青的信中也指出:"……我族自唐宋以来,极盛于元明。徽人商业创始于有明嘉靖……至于明季,商业大盛,始由木商而典而盐,非不饶富生色,为各省各郡邑所羡称。"④故而黄氏聚居的潭渡一村,至明代中后期亦臻于极盛⑤。对此,康熙《徽州府志》卷2《风俗》原注曰:"明末徽最富厚。"⑥这说明晚明徽州村落生活之富裕,应是比较普遍的一种现象。

---

① 《复初集》卷23《兴义亭碑》,第107页。

② 当然,方氏一族内的贫富分化仍然相当严重。对此,《复初集》卷23《兴义亭碑》:"余族去邑二十里,栖瀹水之涯,山植水产,每兼资之,然无藉者举族不能无。……于是就居东构屋婴垣,垣内舍数十间,横沿丈之十有四,缩沿尺之百有三,庖厨蔬圃,靡不悉备,可居百四五十人。析四百亩之三,岁收子租,给诸人子租,每月分给之。衣冬夏人各三年易一通,贫死无棺者,无论居舍与否,咸布之,举族无填沟壑者矣。"(第107页)

③ 许显祖纂:休宁《孚潭志》卷3《风俗》,"中国地方志集成"乡镇志专辑第27册,第288页。

④ 上海书画出版社、浙江省博物馆编:《黄宾虹文集·书信编》正编,上海书画出版社1999年版,第255页。

⑤ 参见王振忠:《黄宾虹〈新安货殖谈〉的人文地理价值》,载《历史教学问题》2000年第5期;《清代一个徽州村落的文化与社会变迁——以〈重订潭滨杂志〉为中心》,载《中国社会变迁:反观与前瞻》,复旦大学出版社2001年版。

⑥ "中国方志丛书"华中地方第237号,第2册,台北:成文出版社1975年版,第441页。

其次，由于晚明以来的徽州不少村落多温饱之家，资金的积累具有一定的规模，特别是那些首先致富的商人所提供的借贷资本，成为刺激大批徽商外出从商的动力。在徽商资本中，借贷资本是最为重要的一种资本，它使得徽州社会更具活力。从《复初集》的记载来看，当时徽州民间的借贷资本主要有以下几类：其一是宗祠基金。如方廷曦与方太乙一起经营宗祠事务，聚敛了母钱300金，"复骎骎蕃息五千金，祠事聿成，祀禴有所"①，也就是将准备修祠的公共基金出贷，获得利息。其二是村社的借贷资本。如方廷贵"乡族齿繁，里中社割肉，出纳母子钱，每艰其人。公秉簿数十年，割肉均平，子钱大蕃息，卒无兢，宗祠亦以办社蓄"②。其三，也就是最多的一类，则是个人借贷。在这方面，《复初集》中有相当多的例子：

（1）族里贫剧妇，往往叩大母（方承训祖母）贷母钱……逮征，复却子钱弗受，以故族里咸德大母恩。③

（2）乡邻时时求孺人（方承训从嫂）贷母钱，孺人无难色，比返，则又却子钱不受，并母钱无旋者，亦省之。④

（3）贫者求贷母钱，公（从伯方景迪）亦量絜多寡贷之，卒不能供子钱，公亦不苛计。⑤

（4）族邻贫窘，每每贷母钱，隐君咸酬以应，卒不能供子钱，

---

① 《复初集》卷37《从叔祖廷曦公孺人张氏汪氏合葬墓志铭》，第140页。
② 《复初集》卷27《从伯寿官廷贵公二孺人合葬墓志铭》，第140页。
③ 《复初集》卷27《先大母墓志铭》，第137页。
④ 《复初集》卷29《从嫂鏬孺人状》，第169页。
⑤ 《复初集》卷29《从伯景迪公状》，第171—172页。

或并母钱无偿,隐君卒无芥蒂。①

......

  不少经商者在积累了一定的财富之后,就回家以借贷为生。例如,歙县查川一带,"富者贷出母钱,以子钱生息,坐敛盈"②。方良材积资数千金后,他的族人多向他借贷母钱③。方朴的祖父,以从事浙盐贸易发家数千金。此后,他的父亲就守在家里以借贷母钱为生,获利甚巨,终身不再外出经商。继承祖、父遗产的方朴也不出外从商,虽然到他这时,已有二代不再外出经商,但其富裕程度却越来越高,远远超过了以前的情况。据说,他从事借贷,对于利息不曾锱铢必较,所以远近前来借贷的人愈来愈多,而来偿还本息的也络绎不绝。对此,方承训认为,方朴以借贷为生,是"以逸享逸,殆亦天授,非人力也"④。当时,借贷资金较低的利息一般是"什二"。譬如,歙县查川人姚升"每每母钱出贷仅征什二",于是远近前来借贷母钱者越来越多,而他所获得的利息也就相当可观⑤。歙西槐塘人唐汉偶尔也以母钱坐贾,所取子钱最多的也不超过什二。有的人连什二也不能偿还,他也不斤斤计较⑥。歙县县城人江文选以远出杭州、开封经商,"起家数千金"。有人向他借贷母钱,考虑到对方是个穷人,他很快答应了,并且不计较子钱的多

---

  ① 《复初集》卷33《周隐君传》,第217页。
  ②⑤ 《复初集》卷28《姚处士状》,第148—149页。
  ③ 《复初集》卷32《从弟良材君传》,第197页。
  ④ 《复初集》卷30《族兄朴公状》,第176页。
  ⑥ 《复初集》卷31《唐处士传》,第183页。

寡。据说,"郡中富室皆靡然向风慕效矣"①。这说明当时徽州的许多富贵之家都涉足借贷活动。方承训在《徙社宽大地足栖神为坛告文》中说道:

> 比岁以来,年多不登,元元匮食,婴儿病疹且麻,而天年夭绝,户口流亡,商贾旦暮焦心劳苦,而不获缗钱,出贷母钱,并子钱捐弃,□然无所收入,盗贼纷纠,元元无以安其生,民甚苦之。②

这里是将"商贾"与"出贷母钱"者并列,这说明出贷母钱者在徽州占有重要的位置。而民间出外商贾(特别是那些小本经营者),往往是以借贷资本作为商业活动的原始资金。方氏中的巨富方廷珂,就是经过多次借贷经商而发家致富的。经商风气的蔓延为外部诱因,村落宗族内部借贷途径之多样化,则为徽州人外出经商的内部保证,从而刺激了一代又一代的徽州人外出经商。由经商积累起的借贷资本,又反过来刺激了进一步的经商活动——这在明代的徽州形成了一种良性的循环。

再次,明代中后期歙县乡村的富裕,使得徽州的各个阶层均得沾其余润,这促进了各种职业的发育和成长。清代前期许楚在《拟〈徽州府志〉小序》中指出:

> 郡地介万山,生齿蕃庶,厥土骍刚,鲜脂泽,壤瘠且隘,田不得称膏腴,民不得称上农,合郡计亩而炊,不逾月而甑尘矣。民生其间,势必轻去其乡,以贾代耕,所由来也。即士之上者,亦未

---

① 《复初集》卷33《江处士传》,第221页。
② 《复初集》卷36,第232页。

免出走而耕砚,次耕术,又次耕技。夫砚与术、技,皆田也,徽民岂有幸哉!①

所谓耕砚、耕术和耕技,显然包括塾师、医生和堪舆之士等。从《复初集》的诸多记载来看,在当时的徽州,从事各类职业者均极为活跃。对此,方承训在《别驾吴公墓碣》中指出:

……且士居乡授业,卒以贽礼起家肥盈,厚遗孙子;农值大有年,多收麦谷黍菽,积乃仓二三载不匮竭;工挟一艺若梓人类画工,于堵而绩于成,受其值,拟众工大半,以夸耀闾里。贾之良者,钱缗不能胜其藏……②

在方氏笔下,塾师、农民、手工艺人(木工、画师)和商人等各得其所。的确,我们在《复初集》的诸多记述中,时常可以看到来自江西、浙江以及本地堪舆师的活动,来自本省安庆的木工也纷纷前来徽州谋生③。当时,新安医学高手林立,僧、道阶层也颇为发达。特别是随着明代中叶以后徽州人文的蔚然兴起,富裕的徽商不惜花费千金修建教学设施④,高薪延聘塾师,遂使徽州及其邻近地区出现了不少塾师世家。

塾师 徽州人素有"贾而好儒"的特征,有的人认为:"农不习

---

① 许楚撰:《青岩诗集》卷8《序》,康熙五十四年(1715年)许象缙刻本,见《四库未收书辑刊》五辑第27册,北京出版社2000年版,第97页。

② 《复初集》卷23,第108页。

③ 《复初集》卷23《高大父谦童公孺人张氏潘氏朱氏墓碑》:"高大母安庆桐城朱族也,幼倚邑西梓工,归年十八。"(第106页)

④ 《复初集》卷30《族兄震公状》:方震"尤好儒业,岁不吝百金,馆谷学士,督过其子,三子皆治以术,馆宇值千金费,园池庐厨悉备,公欲延四方名诸生偕子丽业……"(第177页)

儒，是卤莽稼穑也；贾不习儒，是顽冥贸易也。"①因此，他们非常重视子弟的教育②。除了一些徽商子弟在父祖辈经商的异地求学之外，③更多的人大概还是在本土接受教育。方承训所作的《江湛》诗中就有：

> 爰建家校，宾师秩秩。
>
> 礼仪卒度，策艺卒律。
>
> 遵养再世，文孙继起。
>
> 跸中鹄侯，帝眷斯密。
>
> 载锡之服，绯鱼袄袄。
>
> 范教孔光，徂今靡轶。④

上述的诗句，显然反映了方氏族人对延聘宾师的礼遇。类似于

---

① 《复初集》卷33《江德光传》，第219页。

② 《复初集》卷30《黄处士状》：徽商黄节"尤喜儒业，即在江湖，卷帙不释手。督过二子经术，日夕较课盈缩，不吝多金，招致名师躬化之"（第177—178页）。凌珮"尤好儒业，建书堂，延名士，日夕督过诸子姓业，诸子咸籍名博士，复上辟雍博士。……长公卒未几，是为万历壬午，任子任君遂与计偕，赐对公车有日矣，皆长公先后之也。长公为人恺悌慈仁，遇诸侄逾己子，惟佐之嗜学，无令服贾，食饮衣服师赀，皆倚办长公，而诸弟若靡闻知，其诚笃类如此"（《复初集》卷33《凌长公传》，第213—214页）。"余从兄鏐公博询明师，督过子侄。余推毂季君，季君馆谷从兄所三十余载矣，老白首卒不忍释"（《复初集》卷33《星源程季君传》，第215页）。方信"居家肃然，督过诸子姓儒业，子孙皆师有行，化公之属也"（《复初集》卷28《从叔祖寿官信公状》，第145页）。歙县龙弯人叶豫"即终其身，粟帛不盈饶，日催困尼不愉快，犹然喜督过子儒业。贯洲水，令子受经术高士，馆谷资齐具竭力供之，子依知交，戏出邑试辄有名。……即农贾坐凶年，子粒靡收，钱缗臭厥载，公应馆谷如常时，无暴窘，不以其故而懈子业……"（《复初集》卷29《叶处士状》，第161—162页）

③ 如詹斗文"祖、父贾齐鲁间，山人遂从齐鲁受师，业儒术，然齐鲁儒术，辛莫能逾山人"（《复初集》卷32《詹山人传》，第197页）。

④ 《复初集》卷1《古诗·江湛》，第568页。

此的情形在徽州人中颇为普遍，适应这种需要，徽州各地都形成了一批塾师世家。当时，婺源的塾师特别有名。康熙《婺源县志》记载：

> 民俗俭负气，讼牒繁，不善服贾，十家之村，不废诵读。士多食贫，不得已为里塾师，资束修以自给，至馆百里之外不惮劳。①

上述的文字显然是对明代以来情形的追溯。这一点得到了《复初集》的印证。在婺源的塾师中，游氏一族外出游砚的人数特别多。《星源游侍郎公传》曰：

> 先生生当家末造，族巨，皆受什一力田，又多出为童子师，鲜业儒术，公崛起，攻经术，为族倡，治经为诸生嚆矢，凡左右邻乡习经术诸生，皆从公游讲业。……公族为星源大姓，与大坂汪族钜相伯仲，而荐绅不逮，始与公偕诸生者千一……迄公老白首，诸生居族什五……②

游氏一族文风颇盛，他们在取得初级功名后，往往外出游砚。譬如，游逊就是个秀才，他攻读经术，家族因此而开始繁盛。"门下讲业士丛盈门墙，其贽修丰腆，自大江以南皆莫茂才若也。……即边隅远地，咸轻道里辽远，负笈携书门墙，旦暮习薰雅德。"③游三泉是星源济溪人，为耕读世家，曾祖父、祖父和父亲都在歙县设帐，"邑学士多宗之"④。除了游氏之外，婺源江德彰也在方承训从

---

① 康熙《婺源县志》卷2《疆域·风俗》，"中国方志丛书"华中地方第676号，台北：成文出版社1985年版，第226页。
② 《复初集》卷31《星源游侍郎公传》，第182页。
③ 《复初集》卷32《星源游茂才传》，第203页。
④ 《复初集》卷31《星源游师传》，第191页。

兄方鏛家做塾师，历时长达"二纪"①（也就是二十几年）；婺源溪源人程练主要是在歙县和休宁一带设帐，"知交皆歙、休名士"。特别是在歙县，他在方承训家及方氏宗族中充当塾师，前后长达40年之久，所纳姬妾甚至还是方氏家族的养女②。

除了婺源人之外，歙南小溪的项氏也是塾师世家。据《项茂才传》记载：项化中居住在歙县南乡的小溪，当时，"里多句读师"，项"家甚贫，无中家产"。项茂中总角之时，就教许多童子句读，所得报酬赡给家用。此后，他更加努力地攻读经术，"深于《易》，为《易》诸生嚆矢"。于是，受业者愈益增多，收入也愈益饶裕，成为歙县南乡一带门下学生最多的一位塾师③。另一位歙南小溪人项元表，是方承训的启蒙老师。他"以童子师终其身，为句读师嚆矢"。"凡问字乞书者，屦屦盈其门，书赀多束修，岁书赀什六，求修什四，业駸駸裕"。他设帐的范围不超过三乡，以定潭居多，其次是昌溪，再其次也就是瀹江一带。门下的生徒常常多达七八十人。据载，小溪项氏一族有十余人，均世代以童子师为业。在歙县各族中，项氏一族"户诗书礼乐"，句读师最多。而在项氏一族中，句读师"业精且多生徒"，又没有人能超过项元表。族中句读师，有的找不到馆地，项元表就常常为之推荐。碰到门下生徒太多，也分给其他人一些。他设帐授读长达50余年，"起家几千金"④。

---

① 《复初集》卷22《寿星源江处士六十序》，第101页。
② 《复初集》卷32《星源程居士传》，第199页。
③ 《复初集》卷33《项茂才传》，第208页。
④ 《复初集》卷32《项处士传》，第200—201页。

此外，其他的一些塾师也颇值得一提。如歙县岑山人范廷忠，终身为瀹潭和北岸二乡塾师，"凡邑南乡师规条模则，绳尺教庋，为四乡师嚆矢，化公之属也"。所授生徒多达百人，凡出其门下，后来都成了歙县各地的塾师①。方承训的老师方洪是歙县岩镇东溪人，门下经生多至六七十人。所到之处设帐授徒，门庭若市。据载，在他初年，父亲经商不利，"贾无中人三家产"。及至其人晚年，"贽礼繁夥，起家至千金"②。歙县黄埠口人曹鏠弃儒授徒，门下之士愈益增多，于是专一设帐授徒，"因资生，生日益饶"③。歙东长径里人胡沛然门下生徒众多，"起家千金"④。上述这些都是专业的塾师。而有的人只是在未中举之前充当塾师，如唐泽"为春秋诸生嚆矢，诸史百家书靡不精究，门下士常数十百人，宁、池、太、严诸郡治春秋经、从讲业者愈益多"⑤。

综上所述，小溪项氏一族，竟有十余人从事童子师业，从他们获取的报酬来看，也与经商所得利润差不多。之所以如此，显然与明代中后期徽商之崛起所引发的文风兴盛以及皖南的富裕程度有关。而塾师的大量出现又反过来促进了徽州文风的兴盛⑥。

医家 在徽州历史上，"新安医学"相当著名。所谓新安医学，

---

① 《复初集》卷27《明故处士范公墓志铭》，第142页。
② 《复初集》卷32《方师传》，第192页。
③ 《复初集》卷29《曹居士状》，第159页。
④ 《复初集》卷33《胡茂才传》，第211页。
⑤ 《复初集》卷31《唐侍郎公传》，第178页。
⑥ 《复初集》卷29《曹居士状》："邑中讲礼，多从居士游。邑中曩者昔攻礼仅百二，每以居士为嚆矢，居士不隐其精，敷布肯綮，不遗余力，于是，邑中治礼经倍蓰曩昔十之三矣。"（第159—160页）

是指徽州一府六县（歙、休宁、绩溪、祁门、黟县和婺源）自宋代至清末出现的颇具影响的医家群体①。其中，明代医家群体的出现显然与徽商的崛起有关。方承训著有《张国医状》，讲述了当时的歙县东门徽州一府六县的名医麇聚，"东门医，天下医莫能出其右。何以故？弱可使强，羸可使壮也"。状主张国医，是歙县东源人，为医学世家，父亲特别精通艾灸，"起死人多矣，著声邑郡"。国医承家道秘传，精于《本草》《素问》，也在东门坐医。他的医术是东门医师中最高的，据说达到了"夭可使寿，死可使生"的水平，故而前来求医者络绎不绝，"旦暮安车结辙，良马软舆盈门"。为此，人们往往称国医为"秦越人复生"。所谓秦越人，也就是战国时的名医扁鹊。当时，徽州六县之缙绅大夫以及府县的守令监司，都服用国医的药剂，因其效果便捷，又没有副作用。歙县人认为，只有国医才操持着死生寿夭之权。歙县的遐迩乡落，处处都留下了国医的足迹。每到之处，无不立马见效，他也乐此不疲。徽州的其他五县听到他的声名，趋之若鹜。特别是每年五月五日，四方前来接受针灸的人千百成群。张国医"剂艾所获，半以供子孙馆谷，裕如也。起家数千金，不计锱铢苛细"。他的长子后来也子承父业②。除了坐医外，有的徽州医师还外出游医。如歙县新城人黄节，其父世代从事医、贾二业。"医术冠海内，贾称良"。黄节本人也精于医术，喜欢远出经商，出入徐、淮之间③。歙东梅墅人黄天

---

① 参见王乐匋主编：《新安医籍考》，安徽科学技术出版社1999年版。
② 《复初集》卷39《张国医状》，第170页。
③ 《复初集》卷30《黄处士状》，第177—178页。

与精于星舆医卜,曾经出游淮南,"舟舣维阳(引者按:即维扬,指扬州),维阳人争趋伯子所,就活其生"。后来,他就在扬州行医,"发家数千金"①。

在明代,徽州商业的兴盛使得一些席丰履厚的徽商更加重视养生之道。与此同时,侨寓各地的徽商开设的诸多药局也对医学人才产生了一定的需求。再加上海外贸易中药品需求量的不断加大,更刺激了徽州医学的发展以及医家队伍之扩大。

堪舆师 方承训撰有《地理心法序》②,从中可以看出,徽州民间对堪舆之术颇为迷信③,民间有不少痴迷于堪舆术者。如方承训的从叔方时清,晚年就专门研讨堪舆之术,他听说江西老人精《青囊经》,但却足不出郡邑,于是便特意持书远道造访,与之相谈一年多,终于得其精髓④。方承训的另一位从叔方济,也特别喜谈堪舆之术。江西、两浙业青囊者,与之过从甚密⑤。当时,江西的堪舆师相当著名。他们经常出入于歙县,与当地的堪

---

① 《复初集》卷32,《黄氏昆仲传》,第206页。
② 《复初集》卷22,第96—97页。
③ 《复初集》卷28《叔父状》:"余舍亲族诸门地独高,堪舆术谓必获环垣佐之,延裹拥庇,内植竹荫,始可帖帖然居美。叔父旦暮百计,积母钱为具。"(第149页)《复初集》卷29《从伯景迪公状》:"(方景迪)尤最喜堪舆家言,凡地土色精温润辄鬻之,义所当举,即需金多无难色。"(第171—172页。参见《复初集》卷25《后冲山右墓记》,第128页)另,《门前植竹歌》曰:"前江碧水喜之玄,仍萦南山对未专。青囊授秘丛植竹,苍翠森森沙浮旋。"(《复初集》卷9,第660页。参见《种竹隐山记》,第119页)
④ 《复初集》卷30《从叔时清公状》,第175—176页。
⑤ 《复初集》卷29《从叔时济公状》,第162页。

舆师切磋交流①。有的设帐授读之塾师，往往也兼业堪舆。如前述的项化中就嗜习堪舆，其水平据说还超过了江西那些业青囊术者②。

僧道 随着明代中后期徽州商业的发展，民间宗教也相当发达③。以道教文化为例，徽州休宁的白岳——齐云山道教中的玄帝，成为徽州民间顶礼膜拜最为重要的神灵之一。歙县人模仿齐云山的宫观体制，也在当地塑造了类似的道教名山：

> 今郡西五里许，椎峙佳山形胜，当齐云十之四，于是呼兹山曰西云山，建宫宅神，称西云岩，宫制视白岳修博半之。……休有齐云，歙有西云……是岩也，天巧居十之七，而人力所构居之三。④

在佛教方面，"郡邑鼓吹雄诸郡，鼓称定光，吹称万山，江南以鼓吹莫能雄其右。而道士之鼓吹，又万山诸羽流莫能雄其右。郡羽流以万山重，万山又以道士重，实为黄冠嚆矢"⑤。一些寺庙宫观

---

① 《复初集》卷31《姚茂成公传》："……七八岁业喜谈青囊术，旦暮诵《青囊经》《葬经经理》，精其奥不遗余力，江右诸以青囊术鸣者诣歙，公每抵掌与谈，皆自以为弗公过也。……公所业堪舆与江、浙诸谈者迥殊，似受秘诀。"（第185页）

② 《复初集》卷33《项茂才传》，第208页。

③ 关于徽州的民间宗教，日本学者川胜守作有《明清时代徽州地方的宗族社会与宗教文化》一文，载《'98国际徽学学术讨论会论文集》。另可参见阿风：《从〈杨干院归结始末〉看明代徽州佛教与宗族之关系——明清徽州地方社会僧俗关系考察之一》，载安徽大学徽学研究中心主编：《徽学》2000年卷，安徽大学出版社2001年版。

④ 《复初集》卷24《西云岩记》，第114—115页。

⑤ 《复初集》卷33《周道士传》，第222页。

还成了文人缙绅设帐授徒的场所①。

在佛道等民间宗教发展的背景下,徽州各地也形成了一些特定的民俗。如徽州民间素有"休宁县的山头婺源的官"的说法,指的便是齐云山虽然是在休宁县境内,但山上的道士均由婺源人充当。而在歙县东峰,"凡生产男二,必以一男出齐民,俗入释羽流"②,这使得寺庙宫观的人群也就有了相当稳定的来源。这些寺庙宫观以及相应的僧道人群,显然与徽州商业兴盛所提供的资助有关③。

上述的塾师、医生、堪舆师乃至僧道,其谋生手段无疑均是"耕砚""耕术"或"耕技"。从中可以看出,这批人中,也有发家千金至数千金者,也就是相当于中等人家百家至数百家之产,这是相当引人瞩目的一种社会现象。

五、结语

"徽学"研究之深入和拓展,有赖于新史料的收集和细致研读。本文以《复初集》为基本史料,不仅研究了徽商的经营活动,

---

①② 《复初集》卷31《吴老传》,第189页。

③ 李日华《蓬栊夜话》载:"休邑有智尼,拥高赀,与贵室往还,深垣密扃,虽白昼莫能窥也。"(《四库全书存目丛书》史部·传记类第128册,第122页)文中的智尼,显然是受到富商的布施及资助。这种情形在明代中后期的徽州可能不乏其人。晚清时人认为:"歙多名山,昔又最富,故各处有寺观谈佛法者。"(刘汝骥:《陶甓公牍》卷12《法制·歙县风俗之习惯》,载《官箴书集成》第10册,第583页)可谓一语中的。

而且对徽商与明代歙县城乡社会生活也作了比较详细的微观研究。在此,我最后简要总结一下《复初集》一书的史料价值:

首先,《复初集》详细展示的明代徽商活动之地域,较以往所知有很大的突破。"生当游九州,死当没九泉",这是方承训的一首《挽歌》①。而今读来,不啻为当年活跃于全国各地的"遍地徽州"之一曲挽歌。在以往的明代徽商研究中,万历时人谢肇淛的一段描述令人耳熟能详:"富室之称雄者,江南则推新安,江北则推山右。"②虽然这是就两大商界巨擘的桑梓之地而言,但"江南""江北"之划分,再加上此前所见史料之限制,却使后来的诸多学者仅仅注意到徽商在南方的活动情况,而对徽商在北方各地的活动则一向所知甚少。有鉴于此,《复初集》提供的诸多史料,其学术价值便格外引人瞩目。

其次,《复初集》不仅对于我们以往未知的徽商生业——鱼商,有更多的揭示,而且,倘若我们再结合清代的《新安镇志》,便可以对徽商与东南市镇的兴盛有更为细致的了解,从而为明清以还"无徽不成镇"的谚语增添一生动的范例。

其三,《复初集》所反映的徽商经营理念也值得我们重视。徽商的"贾道"与"游道"相辅相成。其中,特别是园林与徽商经营的关系,尤其耐人寻味。与通常所认为的不同,徽商构建园林,并不

---

① 《复初集》卷5《古乐府》,第582页。
② 《五杂俎》卷4《地部二》,"历代笔记丛刊",上海书店出版社2001年版,第74页。

完全是附庸风雅的文化表达方式，而是与其经营方式紧密地联系在一起①。

其四，《复初集》对于歙县地域社会的揭示，也较以往更为详细。乾隆《歙县志》卷1《舆地志·风土》记载："邑东毗迩绩溪，俗朴俭，鲜园林山泽之利，农十之三，贾七焉。南分水陆二路：陆南即古邑东也，山多田少，食资于粟，而枣、栗、橡、柿之利副焉；水南则贾善奇赢，士农并厘然错出矣。北擅茶荈之美，民半业茶，虽女妇无自遨逸。惟西乡土壤沃野，家号富饶，习尚亦视诸乡为较侈，而尚气节，羞不义，则四境维均也。"②这大致反映了清代乾隆以前歙县境内的地域差异。不过，囿于史料，此前我们对于明代歙县南乡的情况所知甚少。《复初集》的记载则为人们生动地展示了县域内的微观地理差异。

---

① 数年前，笔者即曾指出：明清时代，徽商大批收集古玩字画，也与海外的鉴赏风气及贸易密切相关。换言之，徽州人"近雅"或附庸风雅的背后，实际上有着更为深层的商业动机。此种情形，与园林构建之与商业经营如出一辙。参见王振忠：《〈唐土门簿〉与〈海洋来往活套〉——佚存日本的苏州徽商资料及相关问题研究》，原载《江淮论坛》1999年第2、3、4期。

② 乾隆《歙县志》卷1，"中国方志丛书"华中地方第232号，第122—123页。关于这一点，民国《歙县志》卷1《舆地志·风土》也有类似的论述。

附表 1　方承训亲族经商概况表

姓名	称呼	从商地点	经营种类	资金规模	资料来源（卷帙，页码）
方太乙	父	汴上		"起家数千金"	卷28《先君状》，第143页
方太二	叔父	武林			卷28《叔父状》，第149页
方廷珂	从伯祖	越、汴间		"饶溢万金"	卷27《先大母墓志铭》，第137页，卷28《先君状》，第143页，卷31《从伯祖廷珂公传》，第179页
方廷贵	从伯祖	三安①、淳安、吴越、汴上	"与锱铢市利"	子汉"起家千金"	卷27《从伯寿官廷贵公二孺人合葬墓志铭》，第140页，卷28《从伯祖母廷贵孺人状》，第146页
方廷闾	从叔祖			"家累千金"，后其子景宜、景用，起家至万金"	卷22《从叔祖廷闾翁七十寿序》，第91页；卷2《从叔祖廷闾孺人状》，第147—148页
方廷曦	从叔祖		蓄母钱获子	"中晚岁盈数千金"	卷27《从叔祖廷曦公孺人张氏汪氏合葬墓志铭》，第141页
方信（廷玺）	从叔祖	大梁		"以贾起家千金"	卷28《从叔祖寿官信公状》，第145页
方录	从叔祖	武林	醴馆	"甫期年，获子钱盈五百金"	卷31《从叔祖录公传》，第181—182页

① 按：三安具体地望不详，可能是与徽州毗邻的浙江严、衢二府之淳安、遂安和西安，包括淳安在内。

续表

姓名	称呼	从商地点	经营种类	资金规模	资料来源（卷帙，页码）
方鼎	从伯	大梁		"兑襄厥考，起家万金"	卷28《从伯母鼎孺人状》，第145页
方起	从伯			"发家数千金"；一说"起家数万金"	卷24《龠潭义屋借仓记》，第113页；卷24《北麓亭记》，第113页；卷31《从伯又土起公传》，第185页
方景仁	从伯	汴上		"起家几万金"	卷28《从伯景仁公状》，第144页；卷29《从伯景仁孺人状》，第164页
方景迪	从伯	遂安		"不十年，发家数千金"	卷29《从伯景迪公状》，第171页
方文三	从伯	三安		"起家千金"	卷31《从伯文三公传》，第181页
方社辅	从叔	远贾	杂行、木棉	"起家饶赢"	卷27《从叔社辅公墓志铭》，第141页
方太齐	从叔	汴上		"起家不盈五百金"	卷28《从叔太齐公状》，第151—152页
方鼎	从			"佐严君（方廷珂）起家万金"	卷29《从兄元恩公状》，第160页
方景实	从叔	淮、汴、后坐贾武林		"起家数百金"	卷32《从叔景实公从兄铳翁传》，第203—204页
方景用	从叔	淮、汴		"子钱赀逾万金"	卷22《从叔景用翁七十寿序》，第97页
方太礼	从叔	汴上、浉地			卷28《从叔太礼公状》
方世良	从叔	武林	米	"起家至三千金"	卷28《从叔良公状》，第147页

续表

姓名	称呼	从商地点	经营种类	资金规模	资料来源（卷帙、页码）
方景递	从 叔	苏、松			卷28《从叔景递公状》，第158页
方永希	从 叔	姑苏、汴上			卷29《从叔永希公状》，第160页
方时济、方良材	从 叔、从（兄弟）	钱江	醴肆	"发家数千金"	卷29《从叔时济公状》，第163页
方氏（时清父）	从叔祖	严			卷30《从叔时清公状》，第175页
方时清	从 叔	汴上、金陵、闽		"起家不盈千金"	卷30《从叔时清公状》，第175页
方景汉	从 叔	吴、汴、武林		约数千金①	卷31《从叔景汉翁传》，第190页，卷6《赠从叔景汉翁》，第609页
方天彬	族 兄			"发家千金"	卷22《族兄天彬翁六十寿序》，第104页
方 错	从兄(弟)	坐贾淮、汴		"起家千金"	卷27《从叔社辅公墓志铭》，第141页
方元咸	从 兄	严、建、桐、徐、河		"起家万金"	卷22《从嫂炼孺人七十寿序》，第104页
方稷榴	族 兄			"公大父贾淮盐，起家数千金"	卷22《鄙川族兄稷榴翁八十寿序》，第105页
方 松	族 兄	淮			卷29《族兄松公状》，第163页

① 其中有言"然业所当建，禅益垂远无文，即千百金略不菊较"，则其人资产当在数千金以上。

续表

姓名	称呼	从商地点	经营种类	资金规模	资料来源（卷帙，页码）
方 朴	族兄	武林	盐	"大父公崛起，出贾浙武林盐策，发家数千金"	卷30《族兄朴公状》，第176页
方 震	族兄	武林	盐	"贾盐起家千金"，"母子钱利，起家万金"	卷30《族兄震公状》，第177页
方 铳	从兄	汴上			卷32《从叔景实公从兄铳翁传》，第204页
方 作	从兄	淮，汴	南货		卷29，《从兄作公状》，第166页
方 鏴	从兄	汴			卷32《从兄鏴长公传》，第194页
方 澜	从侄	汴上			卷29《从嫂鏴孺人状》，第169页
方 美	从弟	汴上，武林		"起家数千金"	卷32《从弟美君传》，第196页
方良材	从弟	汴上		"盈饶致数千金"	卷32《从弟良材君传》，第197—198页
方 烨	从弟	汴上	绫帛		卷32《从弟宜川丞烨君传》，第200页
方 证	从弟	汴上	息子钱		卷32《从弟证君传》，第202页
方 钧	从弟	汴上、丹阳、歙县		"起家千金"	卷33《从弟元任传》，第209页
方明德	从侄				卷33《长鞶道人传》，第218页
方 应	歙县新城	涟湖	鱼	"饶千金"	卷33《方长公传》，第221—222页

续表

姓 名	称 呼	从商地点	经营种类	资金规模	资料来源（卷帙、页码）
唐钹	外父	湖阴	高利贷、布染	"起家几千金"	卷22《外母六十寿序》，集188，第91页；卷22《外父七十寿序》，第95页；卷23《外父唐公墓碑》，第108—109页；卷27《外父唐公偕儒人合葬塞志铭》，第137页
吴仲启	妹夫	汴上		"发家千金"	卷29《妹氏孺人状》，第171页
吴珠	从妹夫	汴上		"发家数百金"	卷28《吴母孺人状》，第153页

附表2 《复初集》所见其他徽商史迹

姓 名	住 所	从商场所	经营种类	资金及利润	资 料 来 源
汪氏	歙县章祁		盐	"以盐策起家千金"	卷22《从姊六十寿序》，第99页
张双泉		吴、越、淮、汴			卷22《张处土六十寿序》，第100页
李德桂	歙县庄乡	淮、汴			卷22《李处土六十寿序》，第102页
张廷芜	黄备			"金多不能胜其算"（介于数千金至数十万金间）	卷22《张次君六十寿序》，第103页
佘氏	歙县岩镇			"盈数十万"	卷24《渝潭义屋借仓记》，第113页
黄氏	歙县琫堂			"起家万金"	卷24《渝潭义屋借仓记》，第113页
杨勋	歙县	金陵	江南百货		卷25《杨老人草亭记》，第117页

续表

姓　名	住　所	从商场所	经营种类	资金及利润	资　料　来　源
姚 氏	歙县查川			"起家千金"	卷28《姚处士状》，第148—149页
庄伯鲸	歙南阳川	吴、汴		"起家万金"	卷28《汪州佐状》，第150页
方 宜	歙县新城	淮	盐	"发家千金"	卷28《新城方宜公状》，第156页
庄伯鲸	歙县阴源	武林		"明年发家千金，越数年盈万金"，后来"益滃万金"	卷29《汪公状》，第173页
叶 豫	歙县龙弯	泖水		不到百金	卷29《叶处士状》，第161页
洪溢(之父)	歙南洪川	橘李	盐策		卷29《洪次公状》，第168页
黄 节	歙县新城	徐	医、贾(子钱)		卷30《黄处士状》，第177页
汪 烨	歙县新城	浙	盐		卷31《浓潜今汪公传》，第183页
唐 汉	歙西楼塘	仪真	借贷		卷31《唐处士传》，第183页
张 茂	歙南绍川	汴上、泖、湖阴、金台		"起家万金"	卷31《张伯开公(传)》，第187页
方 氏	歙县岩镇东溪人	山东		"婴子贾，贾无中人三家产"	卷32《方师传》，第192页
王 氏	歙县结林			"起家千金"	卷32《武林周师传》，第192—193页
唐 敏	歙县县城	湖阴	坐贾、田事	"起家千金"	卷32《唐老人传》，第196—197页

续表

姓　名	住　所	从商场所	经营种类	资金及利润	资　料　来　源
詹山人		齐鲁			卷32《詹山人传》，第197页
张泽	漳潭	武林、淮、汴		"起家千金"，后又"起家万金"	卷33《张处士传》，第211页
程敬亲	邑东关荷池		盐策	"起家数万金"	卷32《程处士传》，第198页
佘大问	岩镇	汴上			卷33《佘处士传》，第212页
凌珮	歙北沙溪	广德、建平、吴中、青阳		"起家万金"	卷33《凌长公传》，第213—214页
黄裕	歙西向杲下市	淮扬	盐策	"起家数万金"	卷33《黄封君传》，第214页
程鹗	歙南五渡岭	吴门			卷33《程长公传》，第215页
周世宁	歙县新坡堨侧	吴、越、淮、沛	刀笔、业贾		卷33《周隐君传》，第217页
杨垩	歙县	金陵江浒		"岁收子钱千余金"	卷33《杨处士传》，第217页
吴仲信	歙县绍川	越、汴			卷33《吴处士传》，第219页
江德光	歙南璔坞			"起家至数百金"	卷33《江德光传》，第219页
张凤鸣	歙南东源			"起家数千金"	卷33《张处士传》，第220—221页
江文选	歙县县城	武林、汴上			卷33《江处士传》，第221页

附表 3 其他职业概况

身份	姓名	籍贯	经济状况	资料来源
塾师兼医生	江德彰	星源（婺源）		卷 22《寿星源江处士六十序》，第 101 页
塾师	范廷忠	歙县岑山		卷 27《明故处士范公墓志铭》，第 142 页
塾师	曹鋐	歙县黄埠口		卷 29《曹居士状》，第 159 页
塾师	方洪	歙县岩镇东溪	"起家至千金"	卷 32《方师传》，第 192 页
塾师	程练	星源		卷 32《星源程居士传》，第 199 页
塾师	胡沛然	歙东长径里人	"起家千金"	卷 33《胡茂才传》，第 211 页
塾师	程季君	星源（婺源）溪源人		卷 33《星源程季君传》，第 215 页
塾师	吴仲启	歙县绍川		卷 33《吴处士传》，第 219 页
塾师	陈鸣凤	武林		卷 29《武林陈师状》，第 165 页
塾师	吴完	歙县绍川	空空如也	卷 31《吴茂才传》，第 188 页
塾师	游三泉	星源济溪		卷 31《星源游师传》，第 191 页
塾师	周山	湖州德清		卷 32《武林周师传》，第 192—193 页
塾师	游逊	星源济溪		卷 32《星源游茂才传》，第 203 页
医生	黄天与	歙东梅墅	"发家数千金"	卷 32《黄氏昆仲传》，第 206 页
医生	张溯	歙县东源	"岁所入囊数百金"，"起家数千金"	卷 39《张国医状》，第 170 页
塾师、堪舆、日者	项化中	歙南小溪		卷 33《项茂才传》，第 208 页

续表

身　份	姓　名	籍　贯	经济状况	资　料　来　源
塾师	项元表	歙南小溪	"起家几千金"	卷32《项处士传》，第201页
堪舆	姚茂成	歙南查川		卷31《姚茂成公传》，第185页
山人	郑山人（九夏）	郑师山后裔		卷33《郑山人传》，第216—217页
讼师	周世宁	歙新城		卷33《周隐君传》，第217页
道人	方明德	歙瀹川		卷33《长髯道人传》，第218页
道士	周道士	绩溪		卷33《周道士传》，第222页
释僧	吴老人	东峰		卷31《吴老传》，第189页

（此文收入拙著《徽州社会文化史探微——新发现的16—20世纪民间档案文书研究》第一章，上海社会科学院出版社2002年版）

5

《绩溪庙子山王氏谱》的社会文化解读

上海图书馆谱牒研究中心收藏的《绩溪庙了山王氏谱》(后文简称《王氏谱》)是一部内容相当别致的族谱。全书共4册(计28卷),为民国二十四年(1935年)铅印本。该书目录如下:卷首1,叙目;卷首2,姓氏考、图谱考;卷首3,王氏通考;卷1至卷4,世系图;卷5,同居图;卷6,行第图;卷7,祠堂略;卷8至卷12,宅里略;卷13、14,冢像略;卷15至卷20,世传;卷末1,总录;卷末2,别录;卷末3,附录;卷末4,后序。值得注意的是——该谱除了有一般族谱习见的"姓氏考""图谱考"和"世系图"等之外,还在卷9至卷11的"宅里略"中,以地域为记载中心,详细分列了"风俗"(岁时、婚嫁、生育与儿童、训蒙、衣服、辫发、器具、起居、饮食、庆贺、吊唁、丧葬、迎神)、"方言"(音义、称呼、土字)、"歌谣"和"谚语"(农占、警世、练世、借喻、地方、数目、詈骂、卜兆、迷信、行路)等细目。如此集中且丰富翔实的民俗史料,在其他族谱中颇为罕见[1],对于徽州社会文化史的研究极具史料价值。

---

[1] 对族谱中民俗史料的概述性论述,管见所及者主要有:欧阳宗书:《试论中国家谱的民俗史料价值》,载中国谱牒研究会编:《谱牒学研究》第4辑,书目文献出版社1995年版;潘世仁:《家谱——内容丰富的史籍》,同上;武新立:《概述中国家谱的几个特点》,载上海图书馆历史文献研究所编:《历史文献》第2辑,上海科学技术文献出版社1999年版。

有关绩溪民俗文化方面的史料,除了公开刊行、出版的府县方志以外,目前所见的主要有以下几种:一是《绩溪县城市坊村经理风俗》(抄本1册,藏绩溪县图书馆);二是清末朱瑞麟编纂的《绩溪民情之习惯》《绩溪风俗之习惯》,载刘汝骥的《陶甓公牍》卷12;三是民国二十二年至二十三年(1933—1934年)《绩溪县志稿采访表》(现藏安徽省图书馆)。此外,大概便首推该部《王氏谱》中的《宅里略》了。它以皖南僻远山乡的一个村落为视点,勾勒出晚清、民国时期民间社会的风俗画面。

一、 社会变迁背景下的民间风俗画面

据《王氏谱》记载,王氏于唐末因避黄巢起义而迁居婺源武口,后裔累迁于徽州府城、绩溪县浪坑等处。及至明成化年间,又从浪坑迁居庙子山。庙子山即今安徽省绩溪县西北的庙头山,因村前有土地庙,且村东北低山环抱而得名①。太平天国前后,庙子山所在的绩溪七都附近,人口变动颇为剧烈。兵燹后,有的族姓衰微不堪,有的完全祀断禋绝,还有的则是从邻县乃至外省迁入②。只

---

① 绩溪县地名办公室编:《安徽省绩溪县地名录》,1988年版,第51页。
② 绩溪的情况,据《王氏谱》卷末4记载:"咸同巳[以]来,洪扬搆乱,东南涂炭,绩民之迫于荒,罹于难,困厄于疠疫,往往晨啜糠麧而午毙于道,或裹白刃死,或数月不得食,流亡转徙,以之它乡。比户而计,十无二三存焉。"而具体到庙子山一带,太平天国前后,庙子山所属的七都计有23个村,"同治初年,大难敉平,人口减十之八,田地荒瘠"。(《王氏谱》卷20《世传六·农人传》;参见卷8《宅里略一》、卷12《宅里略五·胜迹》"寺后十八村"条)

有庙子山王氏一族,人口尚能维持着一定的规模。王氏世代务农,太平天国以前,曾有人在徽州休宁经商,但据与庙子山毗邻的八都上庄(上庄为胡适故乡)人的说法:"庙子山路无石板,家无贮粮。"①此种道路景观及家庭状况,显然折射出整个村落的经济极为滞后②。光绪以后,外出经商特别是前往上海经商的男子相当之多。至于女子,自同光年间才开始养蚕,到族谱成书时的20世纪30年代,家家有蚕桑之利③。换言之,晚清民国时期,传统上基本是农耕社会的庙子山,开始逐渐与外部世界产生了紧密的联系。而《王氏谱》为人们展示的,恰恰是这一剧烈变迁背景下的社会风俗画面。

(一)《王氏谱》不厌其详地记录了民众日常生活中的点点滴滴。譬如,该谱卷9"风俗"中的岁时部分,就详细地描摹了庙子山人一年到头的生活礼俗,如:正月元旦接天地、对祖宗拜年、接灶、拜年、揩屁股(小孩平时有乱言者,家长于元旦前夜以草纸拭其嘴),正月十八落灯,二月二日土地神生日,三月三日上巳,清明蒸包蒸馃、折纸角、上墓挂钱,五月端午饮雄黄酒、吃一品锅,六月六日狗洗浴,七月七日乞巧,七月三十地藏王生日,八月十五中秋,九月九日重阳,十二月八日煮腊八粥、掸屋尘(扫除),十二月二十四日过小年、送灶,以及十二月三十日封门、守岁等。其中的诸

---

① 《王氏谱》卷20《世传六·农人传》。
② 明清以来,徽州的绝大部分道路都以石板铺成,即使是穷乡僻壤,入山小径也都是如此。
③ 《王氏谱》卷9《宅里略二·风俗》"生育与儿童"条。

多岁时民俗,具有相当稳定的传承。譬如端午节,晚饭"取鸡、豚、牛肉、疏[蔬]之属,和而煮之,谓之'一品锅',敬祖先后食之";中秋节,"亦锅食,如端午敬祖先";过小年及过大年,"晚饭锅食,较端午、中秋为丰,亦敬祖先后食之"。可见,"一品锅"时常出现在庙子山的岁时节俗中。而当地人遇有喜庆之事,宴客分为三种:"通常合鸭子(即鸭蛋)夹豆腐包猪肉为一锅,谓之'锅'。贵者取猪肉、鱼等四事,分成大盘,谓之'四盘'。加二事佐饭者,谓之'真四盘'。又贵者用大碗十[九]碗,谓之'九碗'。又加八碟以佐酒,谓之'九碗八碟'。丧事饷客,或用素菜,通常锅,或用四碗。""一品锅"迄今仍是绩溪的名菜,上述对节日饮食及喜庆宴客礼制的描述,反映出近百年来饮食习俗较为稳定的传承。又如,清明之日,庙子山人折纸为纸包,称作"纸角",在纸角的正面缮写:"内具冥财一角,奉上先某祖考妣某某府君王公受纳,奉祀某孙男某某顿首百拜。"反面书写"是月清明佳节具封"字样,内装锡箔钱纸后封好,全家老少男子齐赴墓上焚化。并用纸剪成花标悬挂于墓上,叫做"挂钱"。"有经商千里外,星夜赶归而行之者。""纸角"亦称"冥包""清明包"或"金银袋",上述的记载反映了徽州人之慎终追远,以及徽商对祖先祭祀的虔诚。倘若我们对照明清时期大批的契约文书便可发现,在民俗文化方面,晚清民国时期的庙子山,仍然沿袭着数百年来诸多类似的传统习俗。

从《王氏谱》中的《宅里略》来看,在记载稳定的民俗传承之同时,它还特别瞩目于日常衣食住行的变化。如对庙子山一带服饰的嬗变,《王氏谱》就指出:由于当地民风俭啬,崇尚朴素,男子无论贫富，终年穿着布衣，以蓝色常熟布为主，夏秋时不穿长衣，冬寒着夹衣，也有穿棉衣的；女子也以蓝常熟布为主，有穿洋布的，上衣长度过膝，以月白布制者，称为月白裓，在做客时穿。同治、光绪以前，都穿黑色的裙（或是兰溪朱青布所制的朱青裙，或是夏布所制的夏布裙）。光绪、宣统以后，服制渐趋奢华，女子始有衣绸者。及至民国时期，则"罗绮缤纷，休风丕变矣"。清末徽州知府刘汝骥曾主持对徽州一府六县的民情风俗做过详尽的调查，其成果收录在他的《陶甓公牍》中，这是目前所知有关徽州民俗文化最为详尽的一种文献。其中，对于清代以来绩溪县男、女服饰之变迁也有相当精彩的描述。倘若对照《王氏谱》便可看出，庙子山毕竟是僻远山乡的一个村落，其服饰流行的节拍自然要相对滞后些。

庙子山人的俭朴，不仅表现在服饰方面。当地粮食常年不足，往往需要以麦来补充，人们食肉极少。太平天国以前，由于人口极多，"节缩者恒平其量，不多食"。咸同兵燹期间，有的人"饥至数日不得食"。同治四年至五年（1865—1866年）以后，谷物逐渐有了剩余，价格也极贱。米1元可购1石数斗或2石，猪肉约40—50文1斤。光绪年间米每石可值2元，肉70文1斤。进入民国以后，价格逐渐高昂。贵时米1元8—9升及10余升，猪肉600—700文1斤。可能是徽州人素以俭啬著称，且商业头脑颇为发达，故而《王氏谱》特别注意日用开支方面的变化。譬如，该书对压岁钱的变化记载颇详：太平天国以前，压岁钱通常每人数十文至百余文，"乱平后尤减少"。光绪以来，逐渐恢复到战前的光景。"入民国又丰，有多至数百文或一元者"。又如，新妇拜翁姑及长辈亲戚，称为"拜人"。受拜者予之银元,叫做"拜钱"。同光年间,拜钱仅 2 钱(70文为 1 钱),民国年间多至数元不等。再如,庙子山人的聘礼分为"乾礼"和"非乾礼"两部分。"乾礼"也就是财礼银,同光时期,"财礼银以六十四元为已多",此后逐渐增加。光绪二十年(1894 年)后增至 84 元,民国年间有 120—140 元不等。"非乾礼"也就是猪肉、鱼、包、面、饼和蛋等。最初,猪肉仅需 64 斤,民国时也增至140—160 斤不等。由于财礼的渐趋增加,一般人不堪重负,遂使民间的"并亲"①及"抢亲"②之风盛行。日常物价的变化,可以折射出太平天国前后人地关系的嬗变,以及民生物力之盛衰。

此外,《王氏谱》还相当注意日常生活中极为细微的变化。如在器具方面,当地的床都是杉木打制而成,并且均系原色。直到光绪末年才有用楮木、栎木或栋木制成的,并加髹漆。在起居方面,"簟用竹编,光宣以来,始有用草席者"。而在称呼方面,一般称呼人曰"某某官",光宣以后,此种称呼逐渐减少。在教育方面,光绪以前,没有女子读书,此后则开始出现。民国初年以前,儿童上学习字多是描红,也就是塾师手把手地在红字上描墨,书写"上大人,

---

① 《王氏谱》卷 9《宅里略二·风俗》"婚嫁"条:"担鞋样之后,男女两宅商得同意,即将女子接至男宅,谓之'接过门'。接过门之女,即在男家结婚者,谓之'并(读若丙)亲'。童养媳在男家结婚者,亦谓之'并亲'。""担鞋样"即"大定",只是定婚,此后作为完整的结婚程序还有不少步骤,如担日子书、抬嫁妆、送轿、亲迎、辞香火、发轿、抬亲和掉新人等。减省上述的步骤,显然可以节省不少开销。

② 《王氏谱》卷 9《宅里略二·风俗》"婚嫁"条:"男宅不得女宅同意,强将女子抢来者,谓之抢亲。抢亲在担过鞋样之后,多可和平解决。如在未担鞋样以前,则女家必起诉涉讼,舆论亦不直之……"显然,担过鞋样的抢亲行为,为舆论所默许。

孔乙己"。读书初读《三字经》,继读《百家姓》、《千字文》、《四言杂字》、《五言四句》(即《神童诗》)、《启蒙甲子》、《千家诗》、《幼学琼林》、《孝经》和《四子书》。进入民国以后,都改读教科书了。在发饰方面,清代男子剃发一半,以其半结发,留垂脑后。民国以后,才有将头发全剪的。到族谱成书的30年代,则无人不剪发,妇女也有剪发放足之风。

《王氏谱》对于庙子山一地社会文化的描摹细致入微,从当地日常生活的变迁来看,太平天国时期的兵燹战乱对它的影响最大,其次是光绪以后大批人外出上海等地经商,也对庙子山的民俗嬗变有着相当大的影响。

(二)《王氏谱》的编纂者王集成(1886—1944)颇有才学(详后),他对诸多民俗现象的记录,常能独具慧眼,旁征博引,在比较、分析中发现问题,较之一般编纂族谱的族内耆老、村中学究显然更胜一筹。如他记录庙子山一带的歌谣:

火萤虫,节节亮,金球搭在银球上,借你家牛耕大邱,借你家马下扬州,扬州里内一树梅,摇摇摆摆我家来。

对于这首歌谣的解读,王集成指出:这是农民在夏秋间辛勤农事,"感萤起兴,卧游快意之歌"。他还引《越谚》"火萤虫,夜夜红,公公挑菜卖胡葱,婆婆绩幪糊灯笼,倪子开店做郎中,新妇织布兼裁缝,一石米桶吃弗空",认为:两首歌谣的字数、句数都完全相同,应当是一首歌谣被分成了上下两截。上截是男子在外耕作之歌,下截为女子在家织布之歌。"徽与浙接壤,徽传其上截,浙传其下截"。根据著作年代与《王氏谱》差相同时的《歙县金石志》序称：清代康熙、乾隆年间，徽歙人南迁浙江者多达数百家，"至今严、杭、绍兴沿江诸邑，其后裔聚居犹蕃"①。这种情形在徽州一府六县应当相当普遍。倘若我们了解徽商在浙江移民的相关背景，对于前述的诠释显然会予以充分的肯定。

《王氏谱》卷10对庙子山方言的音义、称呼以及土字等，均作了记录和考证，其中颇有独到的见解。如"妇呼翁曰朝奉"条曰：《史记·货殖列传》中有奉朝请，"盖徽多商人，以朝奉为尊称"。另外，"孙呼祖曰朝"条曰：

> 朝奉之省称，或曰朝，应作乔，高也。《诗》："怀柔百神，及河乔岳。"乔岳，指岱宗而言。岱宗为诸山所宗，故借称父之父曰乔，乔之父曰太乔，或又作乔梓之乔。

明清时期，"徽州朝奉"之名闻名遐迩，清人赵吉士、俞正燮、翟灏、梁章钜等人对于"朝奉"二字均作过阐释，但基本上是相互因袭②。而《王氏谱》上述的解释，则提供了另外一种颇为中肯的看法。又如，"问在那里曰'能亨'（读若'柰概'）"条指出：能亨是吴语，读乃淘，越语读柰概，见《癸辛杂志》。庙子山的口音与浙江相近，这是因为徽州位于黄山之南，其水流入浙江，"地与越接，秦属会稽郡，旋分会稽为丹阳、鄣二郡，徽又属鄣郡"，此后迭次变更，"与杭、睦恒有关系，人事上亦以越为关切，人情、风俗、口音

---

① 中国东方文化研究会历史文化分会编：《历代碑志丛书》第21册，江苏古籍出版社1998年版，第130页。

② 参见王振忠《"徽州朝奉"的俗语学考证》，《中国社会经济史研究》1996年第4期。

均与越近。能亨一言，不从吴而从越，可以概见"。当代学者一般认为，徽州方言在新安江流域有着广泛的分布，王集成的分析显然与此颇多吻合。

《王氏谱》卷11收录了大批谚语，也很能反映徽州人的社会生活。例如，"在家千日好，出外一时难"原本是句通俗常言，但族谱却从乡土背景的角度对它加以诠释："徽人多经商在外，即此十字，可以概见旅食之艰！"外出务工经商者，以前往上海的占绝大多数。庙子山一带有关"行路"的谚语中，就有"一甘棠，二白华，三上坦，四徽州府"的说法。根据其后的自注称：庙子山人从白华赴芜湖、上海经商，由上坦赴湖州卖丝①，均为必经之地。这是以谚语的寥寥数字，简明地勾勒出了徽州的对外商路。《五灯会元》中原本有"千年田，八百主"之说，而在庙子山人们也有类似的说法，即"千年田地八百家，一翻大水一翻沙"，反映的是明清以来徽州地权关系的变动不居。"若要小儿安，常带三分饥与寒""惜衣有衣穿，惜食有食吃"，均是徽州人引为培养子女的警世箴言。而"家有长子，国有大臣"，则借喻在徽州家族制度下对于长子的倚重。"上有天堂，下有苏杭"和"生要生到苏州，长要长到扬州，葬要葬到徽州"，又反映了徽州人的生活理念。

---

① 庙子山属绩溪西北乡，晚清时期"蚕桑日有进步，为新辟之利源"。当地所产之丝，"缫工称绩庄者，于湖州能占优胜"。（刘汝骥：《陶甓公牍》卷12《法制科·绩溪民情之习惯》，见《官箴书集成》第10册，黄山书社1997年版，第610页、611页）

（三）除了《宅里略》外，《王氏谱》中的《世传》部分也颇具特色。

该书卷20《世传六·家传》曰："……至庙子山本系，则以余之所闻见及采辑之确然可信者纂组成篇……得士人二，武士二，农人二十三，工人三，商人七，侠义二，剧艺二。"可见，《王氏谱》列传中为数最多的是生活于社会底层的农民，他们或躬耕陇亩，佃农为业，或兼理鞋业、铜业等，以小本经营补贴家用。编纂者王集成所关注的，恰恰正是他们的举手投足、喜怒哀乐。

徽州是南中国戏剧文化最为发达的地区之一，傩戏、目连戏和徽戏等演出活动在这一带民间均相当活跃。当地流传着"戏文假，情节真"的俗谚[1]，便反映了下层民众对戏剧演出的看法。《王氏谱》卷20列有《剧艺传》，记载了戏剧演出在庙子山一带的影响：生活于清代中后期的王安福，历经咸同兵燹劫难之后返乡务农。他生平没有其他嗜好，只是喜欢看戏。曾经在观看《忠城会》时，"见其忠义之气，不觉心旷神怡，翩然起舞，若身之遇之者"。在太平天国以前，绩溪七都有"太子会"[2]，其木雕太子像平时安放在暮霞村后三王庙内，周围的石家、汪村前、大坎上以及寺后十余村，均

---

[1] 《王氏谱》卷11《宅里略四·谚语·警世》。

[2] 关于"太子会"，宣统元年（1909年）起草的《绩溪风俗之习惯》指出："太子菩萨：西、北乡皆崇此神，五都、六都、八都香火最盛，或结数社，或结十数社，而为五朋、六朋（俗以朋为会），挨年轮值。正月同以元宵日迎神，赛会演剧。七月则六都十八日，五都二十一日，八都二十五日，迎神赛会、演剧进香者以千计，妇女跪拜，焚纸箔者无算。"见刘汝骥《陶甓公牍》卷12《法制科》，见《官箴书集成》第10册，第622页。

列在"太子会"中,分为数棚轮流值年。每年轮值之棚,必迎太子演剧娱乐。兵燹以后,"太子会"废除,当地百姓遂终年没有聚乐的机会,各村只是在每年秋收后,"鸣锣燃爆,焚香点烛迎之而已"①。后来,寺后青年自行组织演剧,王安福也加入充当老生,有时也扮演净脚(花脸),"板眼台步,无不节奏自然"。所演《古城会》一剧,"推勘壮缪(引者按:指关羽)神情,摹拟尽致",观众拍手赞美,认为非具真性情,不能演到如此出神入化的地步。另一位农民王安华,也喜欢戏剧,偶尔亦客串生脚,"神情激越,风度秀美,装服丽都"。曾经演《空城计》,扮孔明坐城头抚琴按拍而奏,眼波流转,举手投足,歌喉曼啭,抑扬顿挫,"长短高下之节,若有神会台下"。据说,当时"千百人睹而听之,群惊为奇遇。而谈者止语,行者返步,赌者散局以观焉"。晚清民国时期,绩溪的赌风颇为盛行,特别是花会等,民间嗜之若狂。而上述农民的客串,竟能让赌者散局往观,足见其演出之魅力。对此,王集成在《剧艺传》末感叹道:

> 程长庚、谭鑫培之艺绝矣,推其源,实滥觞于吾徽。乾嘉之际,休、歙诸地于斯为盛。光绪以来,为余所目睹者,歪头友之去关公(《古城会》等)、瞎眼生之去孔明(《空城计》等),颐睫毕肖,林谷为满。以拟诸今之震华夏而远闻异国者,殆何多让!安福、安华二公生长其间,朝濡夕染,耳摹而口拟,宜其技之有以过人矣。

程长庚为安徽潜山人,幼年入徽班学戏,后到北京入三庆班,

---

① 《王氏谱》卷9《宅里略二·风俗》"迎神"条。

长期为该班台柱及班主。他融徽、昆、京、秦、弋阳、汉、西皮诸腔于一炉，奠定了以皮黄调为主的京剧之基础，安徽民间称其为"徽班领袖，京剧鼻祖"。而他的弟子谭鑫培，因唱腔平稳婉转、做工生动活泼，世称"谭派"，成为程氏之后京剧界的主要代表人物。从京剧的发展脉络来看，它确实是滥觞于徽州。而在盐、典巨商辈出的休宁和歙县等地，乾嘉年间徽商之财富如日中天，由商贾豢养的家班颇多，活跃于民间的戏班也有不少。其中，曾涌现出无数出色的戏剧演员，俗谚所谓"天下名优聚徽州"①，应是当时情形的真实写照。王集成认为，这些演员的水平并不亚于当时名震华夏远闻异国的京剧名旦（当指梅兰芳，他于20世纪二三十年代以后先后赴日本、美国和苏联演出，在海内外颇负盛名）。的确，只有在戏剧气氛浓郁的徽州大地上，才会出现剧艺不凡的农民演员王安福、王安华辈。

（四）晚清民国时期，徽州民间素有"无徽不成镇，无绩不成街""无徽不成市，无绩不成铺"的俗谚②。绩溪外出务工经商的人数相当之多，一般男子十三四岁外出学习商业，谓之"出门"③。《王氏谱》的编纂者王集成，在民国二十二年（1933年）曾为当时着手纂修的《绩溪县志》撰拟序目。其中的"食货志"序文，今见于族谱卷末之四。他指出：绩溪是个山区，即使是在丰年，所产粮食也吃不上7个月。不足的部分，都依靠周围地区接济。当地茶叶产

---

① 崔莫愁：《安徽乡土谚语》，黄山书社1991年版，第16页。
② 同上书，第16页。
③ 《王氏谱》卷9《宅里略二·风俗》"训蒙"条。

量很少,蚕桑之利不仅偏于一隅,而且质量也不能与江浙一带媲美。分布于荒落深山的竹木,有的是不知如何开发,有的则是无休止地砍伐,以至于童山濯濯。农业既无足轻重,而手工业中特别的,只有八都的胡开文墨业,称雄海内将近百年;十三、十四、十五都之民"善调羹,弓冶世守(父了世代相传),徽馆之名遍天下"。然而,无论是墨庄还是徽菜馆,都因进化缓慢而有待于改进。当时,绩溪的商人懋迁于江、浙、冀、鲁、豫、鄂、皖、赣、川、湘、闽、粤、滇、黔各省,特别是在江浙一带尤其繁盛,"虽岩疆下邑,殆无不有绩人踪迹"。当他们离别父母、背井离乡之时,往往是"襆被而之它乡,依人为食"。有人终身碌碌无为,有人贫窭羁旅,无从返乡。其中,能够幸运地商游都市操奇计赢,在十年乃至数十年间迅速积资巨万、富甲一方者,往往很快就衰落了,有的甚至是及身而败,能够维持数世的相当之少。对此,王集成分析说:"盖无所凭者难为功,胶结之力弱而作之中坚者少也。"在我看来,这句话对绩溪人群的解剖相当精辟。这是因为:在徽州的一府六县中,歙县、休宁一带最为富庶。自明代以来,不少富商巨贾居家经营借贷,下层民众也能方便地获得借贷资金,而顺利地出门做生意。这就形成了一种相当良性的循环,从而营造出明清以来徽商前仆后继的商业氛围。中小商人团结在大商人周围,形成了势力煊赫的著名商帮。相形之下,绩溪是个偏远的贫弱小县,从生活环境来看,"田畴不逮婺源,贸迁不逮歙、休"[①];而从商业资本来看,资金的

[①] 乾隆《绩溪县志》卷1《方舆·风俗志》,"中国方志丛书",台北:成文出版社1985年版,第80页。

积累较少,故"南辕北辙,惟绩鲜挟赀之游人"①,外出之人以小商小贩居多,难以聚成一团。民间流传的"阎王注定三合米,走遍天下不满升"之谚②,或许正点出了下层民众作为小商小贩的宿命与无奈。

当然,小本营生经过孜孜努力,也有跻身巨富之列者。《王氏谱》列有《商人传》,就记载了不少由学徒出身的绩溪商人,如:王维达12岁时随人到上海,入徽帮"程裕和"茶号为学徒。由于他勤恳朴实,深获老板的欢心。"程裕和"茶号年资颇老,顾客只限于本帮。王维达则建议销售范围推广到山东青岛一带,将茶叶倾销到俄罗斯去。由于该号货真价实,营业额很快就急剧上升,每年获利"恒至万金"。一时间,"裕和"之名闻名沪上。上海徽宁会馆中一向有绩溪董事,自从"裕和"号崛起之后,董事一职很长一段时间就归王维达担任。他从司账到经理,前后60年都在"裕和"号从业。直到晚年,因清廷与沙俄交恶,山东青岛的茶业萧条,店事方始中落。王集成的三哥维钟13岁时,也从姊婿胡祥铭至上海,入"程裕泰"学茶叶,不久改入"程裕新"茶号为司账。数年之后,顶下了行将歇业的王聚泰茶号,悉力经营,并于火灾之后继续复业,"信誉益固,每年出入都万余金,上海巨商大贾均往来无少失"。王集成的四哥维院,十四五岁随人赴上海,进入"詹大有"墨庄学习墨业。他善于模仿刻画精美的墨模,用力

---

① 乾隆《绩溪县志》卷1《方舆·风俗志》录康熙志曹有光序,第81页。
② 《王氏谱》卷11《宅里略四·谚语·警世》。

颇专，又努力学习古名家画谱。后来，笔下的山水人物花鸟虫鱼无不栩栩如生。明清以来，绩溪墨模雕刻一向相当著名。当地出现的许多雕模工自幼从师学艺，临摹书画，练习刀法，他们往往受雇于婺源墨庄（前揭的"詹大有"即是其一）。其中，曾有许多能书善画的墨模雕刻师脱颖而出①。上述的王维院无疑是个典型的例证。

综前所述，以地域为记载中心的《宅里略》和瞩目于下层民众社会文化的《世传》，构成了《王氏谱》的显著特色。无论是从内容还是体例来看，《王氏谱》均具有鲜明的时代特色②。该书糅合了血缘和地缘两个方面的内容，特别是从地缘角度的描摹尤其具有特色，不啻为绩溪庙子山的一部乡土志（村志）。其中所蕴含的民俗文化史料，对于徽州社会文化史具有重要的研究价值。

二、《绩溪庙子山王氏谱》：族谱与乡土志的混合体

方志是记载一个地方古今综合情况的志书，而族谱则是记录一姓世系和重要人物事迹的谱籍。大致说来，前者是地缘的，后者则是血缘的。二者关注的对象不同，体例也有差别。在《王氏谱》成书的民国时期，"新方志"相对于传统方志在体例、内容和章法方

---

① 参见绩溪县地方志编纂委员会编：《绩溪县志》第28章之二"墨模雕刻"，黄山书社1998年版，第789页。

② 例如，《王氏谱》卷14《家像略二》，除了传统的绘像外，还有油画、照片等。

面,均发生了一些革新。当时有不少人认为:民主以国民为重,修志应详于民事,从平民的立场,注意反映民众的衣食住行等生活状况,留心于新兴的生活时尚及社会变迁。在此种背景下,一些方志列有"风俗志"和"方言风谣志"。前者的细目主要有日常生活(衣、食、住、用具,职业、家庭娱乐等)、礼节(婚、丧、祝贺、岁时)和术数迷信,后者则包括方言(方言系统、谚语)、通俗文艺(歌谣、杂曲、戏剧、杂耍)等①。作为族谱,主要内容则包括序例、宗规家训、世系(图、录)、传记、祠堂祠产、坟茔图、艺文和先世考辨等,目的是为了全面反映家族兴衰递嬗的历史②。一般族谱中的风俗资料主要散见于凡例、族规(家训、训戒)、吉凶礼以及艺文之中,而像《王氏谱》这样以集中的篇幅详载生民衣食所系、反映一方民生疾苦、关注下层民众社会生活的族谱,实在是并不多见。这无疑是受到了民国时期"新方志"编纂的影响,因此,它实际上是族谱与乡土志的混合体。这样一部以平民史观关注乡土社会实态的族谱,为人们展示了晚清民国时期一个徽州乡村的社会生活,其中提供的民俗文化史料具有鲜明的时代特色。

之所以会出现《王氏谱》这样族谱与乡土志的混合体,在我看来,其原因主要有以下两个方面。

---

① 参见黄苇等:《方志学》第 2 章第 7 节,复旦大学出版社 1993 年版,第 244—252 页。

② 当然,在《王氏谱》编纂的年代,传统族谱也发生了一些变化。根据梁洪生的研究,新文化运动后,白话文和平民史观开始对家谱产生影响。(见《辛亥前后江西谱论与社会变迁——读谱笔记三则》,载张国刚主编:《中国社会历史评论》第 2 卷)

其一，据《王氏谱》记载："吾庙子山村民，乾嘉以前无儒士。"①而且，即使是乾嘉以后，庙子山的文风仍然相当不竞。《王氏谱》世传部分，"士人"的列传仅有两位：一位是王安钧，他生于嘉庆十五年（1810年），"世以躬耕为业"。到7岁时，"入学受课，年二十，熟读五经，于字义均能晓其大概，以家贫辍业为农。是时村人无读书者，于文字事均来就安钧。有细故之争者，安钧辄为剖释事理"。另一位为王安松，"亦熟读五经，粗通文义。同治以来，邻里之人于文字事来就安松者，迄光绪中叶又二三十年"②。显然，庙子山王氏所出的两位"士人"，只是粗通文墨而已，连初级的功名都不具备。如果是在其他文风鼎盛的家族中，这样的水平能否列入"士人"列传是相当值得怀疑的。可能正是因为庙子山王氏没有簪缨世族那样值得大书特书的显赫家世，其家传部分自然是以（亦只能以）农民占绝大多数，其立场也就更贴近民众，更容易关注到下层民众的社会生活。

其二，编纂者王集成的教育背景及社会阅历也对《王氏谱》的体例和内容产生影响。根据该书卷末4《后序》的记载，王集成生于光绪十二年（1886年），7岁时入私塾，但他并不喜欢制艺时文，却对《三国演义》和《纲鉴易知录》等颇感兴趣。后来科举考试改制艺为策论，集成作《胡宗宪论》，受到塾师的激赏。光绪三十一年（1905年），罢科举设学堂，集成入绩溪县东山学堂肄业。当时，他

---

① 《王氏谱》卷20《世传六·侠义传》。
② 《王氏谱》卷20《世传六·士人传》。

的志趣壮远，自撰斋中楹联曰："二十纪世界翻新，天演播奇谈，久羞绛灌无文，随陆无武；五百年圣王得出，问清如可俟，所愿君子道长，小人道消。"显然，王集成对当时的新思想怀有浓厚的兴趣。此后，他因成绩优异，被保举考入安徽高等学堂，"于是，集成始得亲炙于闽侯严几道复、桐城姚仲实永朴、怀宁洪朗斋思亮、胡渊如远濬、石埭徐铁华经纶、黟县胡敬庵元吉"。上述诸人有不少是颇负盛名的学者。如严复，曾译赫胥黎的《天演论》，以"物竞天择，适者生存"的进化论观点，唤起国人救亡图存的意识，对当时的思想界影响极大。严复于光绪三十二年（1906年）被安徽巡抚聘为高等学堂监督，翌年辞职。又如，姚永朴为光绪举人，历任广东起凤书院、山东高等学堂、安徽高等学堂和京师政法学堂文科教员，民国后，任北京大学教授、《清史稿》纂修、东南大学和安徽大学等校教授，著有《文学研究法》和《史学研究法》等。安徽省高等学堂是晚清安徽省的最高学府，诸多毕业生在官场学界均卓然成家。王集成经过新式教育的洗礼，毕业后历任安徽省实业厅秘书、建设厅科长等职①，著述颇丰。其著述主要有：《读书目录撰要》12卷、《中江论》1卷、《安徽水利计划书》3卷、《说墨》1卷、《秋江泛棹录》1卷、《芜湖当涂间之江道》1卷、《存声集诗》和《苹系集文》未定卷等。此外，他还为《绩溪县志》之编纂作准备。据《后序》记载，民

---

① 《王氏谱》卷4《世系图四》。另据绩溪县地方志编纂委员会编《绩溪县志》第32章《人物·人物传记》记载，王集成曾任浙江民政厅科长、省政府秘书、郎溪县契税局长和铜陵县长。在绩溪，集资创办私立古源小学，任校长。曾为《绩溪县志》总纂，有《绩溪县文献志序例稿》刊于浙江省《文澜学报》2卷2期。

国二十二年(1933年)绩溪人议修县志①，王集成撰拟序目，计6卷总志(舆地志、民群志、政教志、食货志、博物志、文献志)，志首、志余各1卷，共为8卷，其下列目77项。从这个基本构架来看，与《王氏谱》的结构颇为相似(志首、志余，分别相当于卷首、卷末)。其中"食货志"的细目为：(一)农事；(二)粮食；三、工事；四、工资；五、商务；六、物产供求；七、劳资；八、贫富阶级；九、货币；十、金融；十一、用品；十二、职业；十三、失业；十四、经济；十五、度量衡；十六、一般救济论。这基本上是民国时期"新方志"的框架。可以想见，《王氏谱》在体例及内容方面的独树一帜，应当与编纂者的新式教育背景，以及参与撰拟《绩溪县志》序目的经历有关。

（原载《社会科学战线》2001年第3期，后收入拙著《徽州社会文化史探微——新发现的16—20世纪民间档案文书研究》，上海社会科学院出版社2002年版）

---

① 根据宫为之的看法：此次新修的《绩溪县志》有民国二十三年（1934年）的稿本，其体例基本上因袭嘉庆《绩溪县志》而稍有变革，如"改恤政为政治，祀典为礼俗，艺文为学术。实业分农、工、商、矿，财政分征收方法、征收机关、行政费和地方财政局等。这些记载内容和方法也反映了社会的进步"。(见金恩辉主编：《中国地方志总目提要》中册，汉美图书有限公司1996年版，第12—63页)

6

徽州分家文书与小农家庭
的生活状况

一、 徽州分家文书的形成、收藏及其价值

分家文书是研究人们社会生活和经济活动的重要史料,这些分家析产的文书,从南宋(1127—1279年)迄至20世纪50年代,在徽州民间有着各种不同的称呼,如关账、义账、标账、阄书、勾(匀)书、龟书①、分关、分书、谕言、标书、摽单、摽分书、分单(簿)、阄分墨、分晰(析②)、分阄(书)、遗嘱③(阄)书、遗嘱分关、遗嘱关书、分授文书、分单阄书、分单嘱书、分家合同、分家勾(匀)书、分家文书、分家产书、分拨阄书、分析阄书、分析产书、析产文书、分产标账、分晰遗产阄书和兄弟协议分书等④。此外,有的分

---

① 勾(匀)、龟,应当均为"阄"字的俗写。
② "分析"在民间文书中有时也写作"分折",但从字义上看,"折"字不太吉利,实际上应为"析"之讹写。
③ 有的"遗嘱"也是分家书的一种,对此,徽州村落日用类书抄本(何莲塘抄录)中有一份遗嘱有所解释:"所谓遗者何?以产业遗后人是也。世所谓嘱者何?以嘉言嘱后嗣是也。"当然,遗嘱的类型多种多样。遗嘱阄书即分家书,有时亦作"嘱书",如光绪五年(1879年)十一月的《弟字号嘱书》(抄本)即是其例。按:本文凡未特别注明收藏单位者,均系私人收藏。
④ 以上各种名称,均为徽州文书所见。此外,在其他地区的文献中,尚见有"合同分(拨)据"的称呼(见清末江南日用类书抄本《契据写式》)以及"拨遗[据]""拨付"(见清末江南日用类书抄本《应酬录》卷5)等。

家文书之冠名,则另以其他表达吉利的成语或熟语,如写作"人丁兴旺""满门吉庆""日升月恒""源远流长""宜尔室家""长发其祥""大发其祥""积少成多""流芳百世""丕振家声""从此兴隆""起家发福"或"堆金积玉"等。

关于分家惯习,在徽州民间的日用杂书中有不少描摹,如抄本《通用杂字》①即言:

> 承分祖产,管业至今,拨单可据,品股均匀,拈龟为定,毋许争论,各遵规条,不可相侵。

抄本《备用六言杂字》也有:

> 分单阄书禁约,亲族眷戚居中。田地物件品搭,各样器皿公平。抽阄照据执管,不可谋占相争。若有倚强欺弱,父母阴魂不宁。

抄本《六言杂字》亦云:

> 兄弟本为一体,莫存尔我之心。
> 切莫怀私积蓄,有伤手足至情。
> 若是分居各爨,必须浼托亲朋。
> 田地高低品搭,物件估值均匀。
> 阄书开载明白,庶免反悔异心。
> 田氏紫荆复茂,张公九世不分。
> 不可守株待兔,常言坐食山崩。

---

① 封面除书名外,另有"吴日沛记/道光七年(1827年)冬月　吉立"字样,此书中的《地理》类曰:"明君一统,南北二京,十三省道,布政司名。……"据此,则该启蒙读物反映的内容似由来已久。

上揭者皆为徽州民间流传的启蒙读物。一般说来，民间启蒙读物所载，往往是当地民众的通俗常言，集中反映了民间社会通常的惯例。

诸子均分是中国各地民间分家的惯例，徽州自不例外。订立分家文书时，通常是邀请众人（如亲戚、朋友和族人①，也有的是请保长、甲长、乡约等）做证，按照参与分家人数的多少，将产业基本上平均分成数份，标明字号。如孝、弟二阄（或天、地二阄，或仁、义二阄，或富、贵二阄，或乾、坤二阄），天、地、人（仁）三阄（或福、禄、寿三阄），忠、孝、节、义四阄，或天、地、人、和四阄，或文、行、忠、信四阄，或元、亨、利、贞四阄，或天、地、元（玄）、黄四阄，仁、义、礼、智、信五阄，礼、乐、射、御、书、数六阄，或孝、弟、忠、信、礼、义、廉、耻八阄等。往往是在祖先灵前燃香发誓，让诸子以抽阄的方式决定自己所应分得的那份家产。由此形成的分家文书，亦遂根据承分人（即参与分家者）人数之多寡，而形成为若干本。

程序化的分家文书一般包括有序言、析产内容和落款三个部分。在序言部分，通常会比较详细地缕陈父祖辈创业的艰辛，追溯祖业之来龙去脉；第二部分的析产内容则是分家文书中最为核心的部分，详细列明自留、存众的家产，以及分给诸子的田地、房屋等项；而落款部分则详列立阄书人、中见及代书人等，各人姓名之

---

① 清光绪二年（1876年）《杨兴立关书》中简称"凭友、戚、族"。见中国社会科学院历史研究所收藏整理：《徽州千年契约文书》清民国编卷3，花山文艺出版社1993年版，序于1991年，第80页。

后,通常还有花押或印章①。关于花押,唐朝李肇所撰《唐国史补》卷下载:"宰相判四方之事有堂案,处分百司有堂帖,不次押名,曰花押。"这是后世花押之由来。而就现存的徽州文书之押名来看,可能是根据个人身份、文化水平的不同,目前所见者大致有三种形式:一是花押,二是十字,三是圆圈。其中,划十字和画圆圈当然是最为简单不过的形式。

除此之外,有的分家文书后还附有分家时房屋、田产的相关地图②。上述这些,是分家文书通常所见的内容,不过,个别的分家文书还收录了其他相关的内容。如笔者收藏的清雍正三年(1725年)《分单簿》中,还附录了《(关帝会)会酌规例》(这使得该份分家文书具有特别的价值)。而就用纸而言,分家文书抄件一般用红纸书写,而簿册文书(即抄本)少数也书写在红纸上。有的簿册文书虽然不用红纸,但却在一张红色的小长纸上题写书名,然后将之粘贴在分家文书抄本的左上侧以作标题。在中国民间,传统上将红色视作喜庆和庄重之色,故而上述这种郑重其事的做法,显然反映了分家在民众日常生活中所具有的重要意义。

---

① 参见张研:《19世纪中期中国家庭的社会经济透视》,中国人民大学出版社2003年版,第71—82页。

② 如《正德十二年吴珰等分家合同》中,就收录有"天字阄"的地图两份,见《徽州千年契约文书》宋元明编卷1,第360—361页。另外,据说有的阄书还加盖官府印章。譬如,田涛、[美]宋格文、郑秦《田涛藏契——田藏契约文书粹编》(中华书局2001年版)第3册收录有明代天顺七年(1463年)的《华字阄》(簿册文书),释文部分除了加盖"磻溪双宝堂记"印外,据说还有"徽州府印""休宁县印"和"休宁提调正官关防"3印(第96页),但笔者遍寻该书所附原件(第90页),实未见此三印,不知释文何所据而云然,姑且存疑于此。

程序化的分家文书由来已久,早在公元 9—10 世纪的敦煌文书中,即见有分家文书及分家文书格式①。而明清时代在全国通行的日用类书刊本中,也有一些"分关体式",亦即分家文书的活套格式。如明万历二十五年(1597年)福建建阳宝善堂刊行的《新锲全补天下四民利用便观五车拔锦》中,即有"分关体式",计有"代人分关""为人作分关"和"兄弟分关"三种②。而在现存的徽州村落日用类书抄本中,更有各式各样的分家文书活套,供人们在分家时根据不同的情况加以套用,这些分家文书之形成,应是以全国通行的日用类书中的"分关体式"为蓝本,结合徽州本地的实际情况加以改造、细化,并编列而成。兹举数例,列表如下:

编号	日用类书	分家书目录	备注
1	婺源抄本《目录十六条》,1册	分单,分关,阄书,关书	抄本内容为康熙、雍正、乾隆时代(公元17—18世纪)
2	歙县抄本《新旧碎锦杂录》,1册	阄书稿(六兄弟分家),阄书稿(父立阄书,二子分家),阄书稿(父立阄书,五子分家),阄书稿(二兄弟分家)	清光绪十四年(1888年),方达本校订
3	清民国歙县抄本《简要抵式》,2册	兄弟分析阄书,分单嘱书,〔分单嘱书〕,阄书分单	封面有"曹志成□(立?)"字样

---

① 张传玺:《中国历代契约会编考释》上册,北京大学出版社1995年版,第454—472页。
② 《五车拔锦》卷24《体式门》,见日本酒井忠夫监修:《中国日用类书集成》第2卷,东京:汲古书院平成十一年(1999年)发行,第402—406页。

续表

编号	日用类书	分家书目录	备注
4	清民国歙县日用类书抄本，1册	阄书，分单阄书，嘱文书，分家小引（分拆阄书），兄弟分拆，分阄书，分阄，分析，遗嘱（阄书），分析阄书，父立分关式（分授文书），嘱书，阄书（又一种）	抄本封面有"何莲塘抄录"数字
5	抄本《用心记取》，1册	父立分关，兄弟分关，父立关书，父遗嘱分单式，遗嘱母分单式，父托孤遗嘱分单式，兄弟分关，分阄书，分单	抄本封面有"胡达三"三字

在不少日用类书抄本中，均夹有一些纸条（文书散件），这显然是徽州人在日常生活中实际应用的例子。纸条上的内容是根据分家析产的实际情况，抄录该日用类书中的相关内容，并略作修改。如歙县抄本《简要抵式》中，就有相当多这样的夹纸。譬如，以上的"[分单嘱书]"即是书中的夹纸，明显地是以《简要抵式》书中的"分单嘱书"条作为蓝本抄录而成，兹比较如下：

抄本《简要抵式》原文文字	夹纸内容
立分单嘱书人△△△室△氏，所育四嗣：长云△△，娶媳△氏；次云△△，娶媳△氏；三云△△名，娶媳△氏；四云△△名，负寄女△氏。二身今已杖乡，年俗桑榆，家务繁冗，难以照略，将祖遗自己置赎屋宇、山场、产业、零星叶[什]物，一概搿搭均分为定，诸凡开载明白，俱系至公无私。自分之后，照分单各管各业，以及双亲年迈，不得钿[佃]种，任意四人供膳。后日永诀之时，衾棺斋醮支款，亦四人均派，不得推委[诿]，各宜安分，毋许争强竞懦，亲戚往来，须当尽礼，四无翻悔，恐口无凭，立此元、亨、利、(贞)……	立分单嘱书人曹△△室△氏，所生三子：孟云△△，仲云△△，季云△△，娶媳△氏。身今杖乡余△△（三度）△△，年俗桑榆，家务繁冗，难以照略，承蒙房戚友为证，将祖遗自己置赎屋宇、山场、产业、茺星，一概搿搭均分为定，诸凡并载明白，俱系至公无私，自分之后，照龟书各管各业，以及父亲年迈，不得耕耘，任意三人供膳。后日永诀之时，斋醮支款，亦是三人均派，不得推委[诿]，各宜安分，无许争强竞弱，亦无翻悔[悔]，恐口有[无?]凭，立此一样天、地、人三号，各执一号，永远大发存照

虽然夹纸上的内容是三子分家，与《简要抵式》原文的四子分家不同，但基本文字还是一脉相承的。根据笔者对《简要抵式》内容的初步研究，该书应系清朝道光至民国年间歙县孝女乡延宾里下璜田义合社曹氏文书之一种，因此，夹纸中的"曹△△"，显然表明分单嘱书中的分家应是实有其事的一个例子。而且，夹纸上的《分单嘱书》，很可能是《简要抵式》的保有者曹志成①为分家者（曹姓族内的某人）拟写的分家文书。

在徽州，有的人家根据日用类书中的活套编写好分家文书的初稿，并请有经验、有文化的人加以修改。民国三十二年（1943年）正月胡余氏所立《义字阄书》抄本中，夹有一张"试笔"（阄书初稿），即可说明此点。该纸条上这样写道：

> 立遗嘱关书人△△△，自夫于旧冬去世，际此时国难时期，家务难以维持。吾身所生三子：长曰，不幸幼殇；次曰，俱已完娶；三曰，亦未婚配。窃思唐代九世同居，历朝旌表；然田氏感荆复茂，今古流芳。此二者，皆一"忍"字也。奈今人不古矣，树大则枝分，水长则派别，是以邀集宗族亲戚，将祖遗下田地、房屋、各物等项，以作二股均分，抽阄为定。虽然祖业淡薄，创之难辛，守之不易

---

① 关于曹志成的身份，苦无其他史料不得而知，但可能是由他抄录、保存的《简要抵式》，显然是村落中日常生活礼仪应酬方面的指导性文本。因此，他很可能是当地的塾师或其他的文化人。一般说来，民间日用类书的编纂者通常都是乡间的塾师，后者往往是村落中最"有学问"的人，他们负责指导一般民众的日用伦常。譬如胡适的母亲冯顺弟在出嫁前，就由她外婆"到祠堂蒙馆，请先生开一个庚帖"。（胡适：《四十自述·我的母亲的订婚》，载欧阳哲生编：《胡适文集》第1册，北京大学出版社1998年版，第40页）

也。自分之后，各管各业，两无异说，务宜兄弟和气，莫效煮豆之残，各自立志，立此遗嘱一样两本，各执一本，永远遵守存照。

老前辈斧正为荷。

试笔。

这份"试笔"中的文字，与通行的标准分家文书在格式及行文遣辞方面均无二致，显然是抄自相关的日用类书，当事人还将"试笔"交给"老前辈斧正"。目前所见到正式的《义字阄书》与这份"试笔"相比，也没有多作改动。只是文中的"长曰""次曰"和"三曰"之后，本应将三位儿子的名字填入，作为"试笔"，当然可以简略，但在正式的《义字阄书》抄本中，竟也没有出现三位儿子的名字，这可能说明订立阄书的相关人等在抄袭格式化的分家文书时，只是依样画葫芦，并未完全理解分家文书中逐字逐句的真正含义。

分家以订立契约的形式加以确认，以后倘若发生各类纠纷，分家文书便是具有法律意义的产权凭证①。因此，阄书通常放置在家庭或家族的公匣中，由家中的长辈负责妥善保管。如清雍正三年(1725年)《分单簿》序称："凡一应文书簿契，眼全贮匣，付长分收匣，长分收执钥匙，以便查考。"另一份清代前期项氏父子之间诉讼的长篇抄件，从中亦可看出阄书在家庭中的保存和管理。其中的一方项兆骏剖呈曰："本房虽无公匣，而高祖逢明公契文、阄书，载明山地各契，封固交曰铨、先林收执。曰铨即兆琨父也，因彼一家

---

① 抄本《徽州歙县诉讼案卷集成》中有歙县三十三都一图孀妇方张氏的呈词，呈词计有8章，其中都反复提到分单阄书。状后批曰："是否实情，候差理直覆夺，阄书、租批附发房差汪胜、胡魁、王明。"

之长，交他收管。阄书载明，炳如朗星……"清道光二十一年（1841年）《正字阄书》抄本中，夹有一张红纸：

  内屋契两张，田契四张，并推单俱存。此屋契、田契均系祖遗，先年放在辉壁堂众匣之内，民国十二年鉴公去世，经在（引者按：在为人名）仝兆华（引者按：兆华亦为人名）检查，老据失去墩下田契壹纸，未明真相，改日望去补契，切切，在白。十二年菊月廿日留字。

文中另注明："此墩下之契已于民国廿六年在□和堂匣检出，已陈报。（七勺）"这些都说明阄书与屋契、田契、推单等均存于家庭或家族的公匣（或众匣）之内①。关于公匣（或众匣），顾名思义，当指存放公共契据的小箱子。数年前，笔者曾收集到一批契约，这批契约便是安放在一个精美的小木箱内，类似的小木箱应即家庭或家族内的公匣（或众匣）。

  1949年中华人民共和国成立，随着社会制度的巨大变化，特别是土地改革以后，中国农村的田地、房产得到了重新的分配，分家文书遂失去昔日作为产权凭证的效力，也无法作为类似于历史时期发生诉讼纠纷时的依据。虽然基于历史的惯性，此时的少数家庭间或也制作了少量的分家文书，但从总体上来看，分家文书已基本上失去了昔日赖以存在的社会土壤。在徽州，大批的分家文书散落出来变成废纸，被化作纸浆或用来作为制造鞭炮的原料，其中的一部分在20世纪五六十年代为全国各地的图书馆、博物馆、档案馆和高

---

  ① 同治九年（1870年）《分晰遗产阄书》抄本中，也有不少对阄书契据管理方面的规定。

等院校研究机构等公藏单位所收藏①。

美国哈佛大学哈佛燕京图书馆收藏的《婺源沱川余氏族谱》抄本,收录有南宋咸淳七年(1271年)的《千九上舍公兄弟关帐序》,虽然只有序文,但这是笔者目前所见最早的徽州分家书。

从南宋时代起,历朝历代的徽州分家文书都有发现。其中,尤以明清以来的分家文书数量最为可观。《徽州千年契约文书》中收录了一些分家文书,最早的一份散件为元代泰定二年(1325年)祁门谢利仁兄弟分家合同②;而在该书收录的簿册文书中,若以明确标名曰"阄书"者,为明代弘治元年(1488年)祁门吴仕昌所立的《竹字阄书》③;若以实际内容考察,则《正统休宁李氏宗祠簿》④中即抄录有永乐七年(1409年)的分家阄书。《徽州千年契约文书》基本上反映了中国社会科学院历史研究所的徽州文书收藏,而在中国社会科学院经济研究所也收藏有一批分家文书,以契约文书研究擅长的章有义先生,在其编著的《明清及近代农业史论集》一书中,附录有《清代徽州地主分家书置产簿选辑》⑤。此外,国内其他的研究机构中,也或多或少地存有一些徽州分家文书。

近年来,徽州分家文书仍时有发现,在北京私人收藏家田涛等

---

① 关于20世纪五六十年代皖南徽州文书的收集,可见汪志伟的采访——《余庭光:"中国历史文化第五大发现"的第一功臣》,载《徽州社会科学》2005年第5期。

② 《徽州千年契约文书》宋元明编卷1,第12页。另,张传玺所编《中国历代契约会编考释》中收录徽州最早的分家书,为元泰定三年(1326年)徽州谢智甫等分家文书(北京大学出版社1995年版,第669—670页)。

③ 《徽州千年契约文书》宋元明编卷5,第137—178页。

④ 同上书,第3—101页。

⑤ 中国农业出版社1997年版,第303—356页。

人所编的《田涛藏契——田藏契约文书粹编》一书中，即披露了明代天顺七年(1463年)的《华字阄》，据说这是目前所知传世簿册阄书中最早的一部①。2004年，真实记录茶商家族历史的《明代徽州江氏家庭分家阄书》（原藏安徽省黄山市档案馆）入选第二批"中国档案文献遗产名录"，这批阄书包括从明代永乐迄至万历年间的文书共3件9张，其中最早的为明代永乐二十年(1422年)。另外，根据近十年来笔者收集徽州文书的体会，在皖南民间，土地契约、医书、尺牍和阄书这几类民间文献相当常见，数量也最为可观。在旧书市场上，分家文书原先是最不受人关注的一类文书。

不过，对于社会经济史研究而言，分家文书却有着极为重要的史料价值，一向深受中外史学研究者的广泛关注②。尤其是近

---

① 田涛、[美]宋格文、郑秦：《田涛藏契——田藏契约文书粹编》第1册，第1页，"前言"。前言中作"华字阄谱"，但原件为《华字阄》，见该书第3册，第86—96页；另，同册收录清光绪二十九年（1903年）歙县张氏析产天字号阄书（第96—99页）。

② 中国学者中，张海鹏、王廷元主编的《徽商研究》（安徽人民出版社1995年版）中，有《对几份徽商析箸阄书的研究》，其中的一部分发表于1986年，见张海鹏：《从〈汪氏阄书〉看徽商资本的出路》，《光明日报》1986年4月23日；栾成显：《明末典业徽商一例——〈崇祯二年休宁程虚宇立分书〉研究》，《徽州社会科学》1996年第3期；《〈成化二十三年休宁李氏阄书〉研究》，《明清论丛》第2辑，紫禁城出版社2001年版；阿风：《徽州文书中"主盟"的性质》，《明史研究》第6辑，黄山书社1999年版；《徽州分家书所见妇女的地位与权利》，载李小江等：《历史、史学与性别》，江苏人民出版社2002年版；李文治、江太新：《中国宗法宗族制和族田义庄》第7章《明清徽州府分家书及置产簿所反映的族田事例》，社会科学文献出版社2000年版，第328—354页；邢铁：《家产继承史论》，云南大学出版社2000年版；陈瑛珣：《明清契约文书中的妇女经济活动》第2章《明清契约文书中的妇女》，台北：台明文化事业有限公司2001年版；汪庆元：《汪氏典业阄书研究——清代徽商典当业的一个实例》，《安徽史学》2003年第5期；日本学者仁井田陞：《中国身份法史》，1942年初版，东京大学出版会1983年复刻版；滋贺秀三：《中国家族法原理》，张建国、李力译，法律出版社2003年版，其中有对分家的深入探讨；白井佐知子：《徽州における家产分割》，载《近代中国》，1995年，第1—58页。

年来，中国人民大学清史研究所的张研教授对分家文书作了多方面的考察，陆续发表了《对清代徽州分家文书书写格式的考察与分析》①《试析清代的"分家"——以48件徽州分家书为中心》②和《19世纪中期以前中国小家庭的社交圈——以安徽为中心》③等文。后来，在她与博士生毛立平合著的《19世纪中期中国家庭的社会经济透视》（中国人民大学出版社2003年版）中，第一章即是张研执笔的《分家》，其中对分家文书作了详细的考察和分析，所利用的文书主要就是徽州文书，尤其是章有义辑录的中国社会科学院经济研究所收藏的48件徽州分家文书。根据张研的概述，"48件徽州分家书中，除9个家庭经济情况不详（没有具体的数字）外，分家前有田500亩或有银1000两以上的上等家庭10个；有田500亩以下、100亩以上或有银1000两以下的中等家庭14个；有田100亩以下的下等家庭15个"④。而在她归纳的15个"下等家庭"中，最少的也有田10亩。由此看来，因资料的限制，上述的研究绝大多数都是有关商人、地主家庭的分家书（所以章有义将之直接定名为"徽州地主分家书"），而生活在社会底层的小农之经济状况似乎还未能进入学界的视野。

正是由于以往所见者多是有关商人、地主家庭的分家书，故而

---

① 《清史研究》2002年第4期。
② "中国经济史论坛"2003年8月28日发布。
③ "中国经济史论坛"2003年10月22日发布。
④ 张研：《19世纪中期中国家庭的社会经济透视》，第56—61页。

有时会形成一种错觉，以为有条件分家的多是殷实之家。譬如，以往就有学者认为，清代万宝全书中关禁契约被大量删削乃至不复刊载，是因为其内容不符合一般民众的日常需求。如学关体式与分关体式主要适用的是那些家境较为富裕者，他们才有一定财力延师教子以及分家析产，而普通百姓则没有条件采用此种内容①。这从逻辑上看似乎是言之成理，但如果以徽州民间的实际情况来看，显然尚可进一步斟酌。张研指出："既是分家，便须有产可分、有子可继。自耕农以上均为有产；虽为佃农，但房屋、佃业（田皮）也在可分之列，这样，有'产'可分的家庭便在社会上占据多数。"②这应是合乎事实的看法。

其实，徽州分家文书的类型多种多样。其中，既有一纸或数纸的散件，又有若干页的簿册文书（有的分家文书内容竟有 300 余面之多）。而在簿册文书中，既有富商之家的豪华型阄书（如笔者即收藏有黟县南屏典商的《畲经堂阄书》稿本，不仅内容丰富，而且形式上亦颇为考究），又有许多下层农民内容非常简约的分家书。由于徽州分家文书的数量极为可观，进一步详尽的研究仍有待于日后持续不断的努力。

在对分家文书的总体考察之后，本文拟介绍清代前期一份徽州农民的分家书，并略加分析。

---

① 吴蕙芳：《万宝全书：明清时期的民间生活实录》，台北：政治大学历史系 2001 年版，第 470 页。
② 张研：《19世纪中期中国家庭的社会经济透视》，第 7 页。

二、《天字号阄书》所见徽州小农家庭的社会生活

《天字号阄书》一份，版幅约 23.5×27 厘米，连同封面计 9 页，封面题有"天字号阄书"5 字，此外有字的部分仅寥寥 7 面，相当简单。《天字号阄书》开首有《分阄书序》：

嗟！予生不逢辰，家业衰薄，虽赖乾坤之覆育，实藉祖宗之荫庇，内受父母严训，外得师友良言，惟夫惟妇，朝夕疲劳，克勤克俭，戴月披星，谨身节用，交朋以信，侍上接下，靡有不周。予生三子二女，长曰育鲤，次曰育龙，三曰育英。长子婚娶，生孙女已出适。雍正二年，长子育鲤听信傍言，致生分爨，身父文松不得已立墨，将所遗产业品作三股阄分。予犹拮据劳瘁，卜买叶石塘、小尖等处穴地，安葬父母并身夫妻生茔，无遗后累。续为次子育龙婚配，满拟同心笃义，孰意次子育龙始为婚娶，遂有分爨之念。三子育英，年仅十四，佣趁在外，尚未婚配，微贴备婚之资。其余若置田园、屋业及各项家（伙）器皿，复央亲眷、约保，肥硗均搭，三股平分，拈阄填注管业，并无厚薄等情。但产业虽无多增，较予所承祖、父，颇亦无愧。尔等当思父母辛勤，各自保守，毋起争端，照阄管业，不得妄生异议，有伤和气，以乖天伦，笃志守成，克绍宗祊，以期昌炽云尔。

时雍正拾年九月　　日立阄书父冯时亮　　押

　　　　　　　　　　中见保长　黄汉英　　押

　　　　　　　　　　亲眷　　　俞御文　　押

	俞御天	押
见分	黄云远	押
代书	黄楚源	押
依议男	冯育鲤	押
	冯育龙	押
	冯育英	押

根据上揭文书可知，主持分家的是父亲冯时亮，他共生有三子二女，长子叫冯育鲤，次子叫冯育龙，三子叫冯育英。雍正二年（1724年），因长子冯育鲤要求分爨，祖父冯文松立墨，将产业品搭，作三股阄分，该三股应即冯文松、冯时亮和冯育鲤。此后，冯时亮买地安葬父母以及准备了自己和妻子的生茔。接着又为次子育龙婚配，冯育龙随即也提出分爨。当时，幼子冯育英年仅十四，正是徽州俗谚所谓"十三四岁，往外一丢"的年纪，"佣趁在外"，大概是指在外务工。因他尚未婚配，所以为之预留了准备结婚的资财。其他的田园、屋业及家伙、器皿等均分为三股，由三子拈阄平分。当时作成的阄书应有三份，即天、地、人三号，而笔者收集到的这份《天字号阄书》，当为长子冯育鲤所有①。

计开田产列后：

一、湖田捌秤，分育鲤名下管业；

一、湖田拾贰秤，分育鲤名下管业；

一、祖田拾秤，内分五秤以作赠长孙管业，内分五秤与育鲤名下管业；

---

① 《天字号阄书》中的文字不尽规范，一般均保持原貌，仅少数略作改动。

一、祖田伍秤,系文松公分长孙田,与育鲤为业;

一、住基屋五间,计价银贰拾捌两;

一、修理住屋,计用银拾肆两;

一、前披回廊,约计银贰拾四两;

一、吴田圩粪堋壹只,分育鲤为业,并园一片入众　　亦　押

申　押

蒋　押;

一、湖田菜园前段一片;

一、鼓乐生业,今系育鲤/育龙承做,每人递年纳遵膳银乙[一]两式钱,倘日后育英回家承做,即分三股均做,如育英自不愿做,即不必分股数。

分到育鲤名下的湖田、祖田计 35 秤。徽州田地计量不用面积,通常是以租额表示。根据章有义的说法,徽州各地每秤大约为 20 斤,而平均每亩约合租谷 200 斤,因此,35 秤大约折合 3.5 亩。这在清代前期的徽州,显然属于少地的农民[①]。另外还有粪缸一只、基屋五间和菜园一片等。在这份阄书中,有两点值得注意:

其一,阄书中有两处提及"祖田",其中,第一处是由冯时亮分给冯育鲤之子(长孙)的(长孙田),第二处则是冯时亮之父冯文松分给冯育鲤的长孙田。尽管我们没有看到地字号和人字号的阄

---

① 1 秤折合斤数之多寡,徽州各地的标准不一,此处姑从章有义的标准。参见章氏所著《明清徽州土地关系研究》(中国社会科学出版社 1984 年版)、《近代徽州租佃关系案例研究》(中国社会科学出版社 1988 年版)二书。

书，但在分家时，虽然是诸子均分，但长子、长孙的利益显然也得到了特别的关照①。当然，权利和义务是连带而生的，关于这一点，下文还会另外说明。

其二，阄书中还提及家庭中的一项重要生计——鼓乐生业，当时是由冯育鲤与次子冯育龙共同承做，每人每年交遵膳银 1 两 2 钱，此银应当是交给父亲冯时亮的。这可能说明，冯家平日种田，遇有乡间的婚丧吉庆时，以鼓乐为业，藉以帮贴家用。而鼓乐生业则是从父亲冯时亮手中传下，换言之，从事此一行当的权利为冯时亮所让渡。儿子冯育鲤和冯育龙每人每年交给冯时亮 1 两 2 钱，则以孝养父亲的"遵膳银"名义缴纳。冯时亮每年的"遵膳银"收入便有 2 两 4 钱，他的两个儿子从事鼓乐生业的实际收入自然要较此高得多。清代徽州民间启蒙读物《逐日杂字》②中有"做农庄，雇长工，一年几两；作生活，要发狠，加你几钱"的记载，两相对比，可见鼓乐生业的收益尚属可观。

除了分到田产、房屋外，此次分家，冯育鲤还分到了一些日常生活用具，对此，《天字号阄书》载：

---

① 在分家书中，长孙的利益得到了特别的关照。道光七年（1827年）《阄书》抄件中，"提硬租拾秤，拨与长孙仕荧"。光绪二年（1876年）《杨星立关书》中提及分家时，"提长孙谷拾壹石（整）"。（《徽州千年契约文书》清民国编卷3，第80页）民国十四年（1925年）四月《天字阄书》："……将家产派作两阄，器具分为两股，长子、长孙业已批明账目，会期两股均派……"不过，似乎也有未曾特别关照长子、长孙的。如何莲塘抄录日用类书第一份阄书中就指出："至于长子、长孙，分承公评（平），产业无容另坐……"

② 封面题作"张尔炽/皖南虎川张尔炽"，年代不详，但反映的内容为清代的。

计开家伙：

一、柜一眼 系与育龙共，该分左边一格，存堂前；

一、棹三张；

一、凳壹对，系长凳；

一、谷箩三只，竹篓式只，小租箩一只；

一、吊桶壹只，小茶盘壹面；

一、水罐酒埕瓶共十一只；

一、火箱壹个，提篮壹只，蓑衣式件；

一、黄桶壹只，碗厨壹眼，水硐一只，井桶一只；

一、木床贰张，木粪窖一只，官碗拾捌只，粪桶一担；

一、木梯一张，竹笼壹只，谷筐伍个，铜勺壹个；

一、菜刀一把，乌木筯拾双，钵头叁个，草爬一把；

一、锄头一把，犁壹张，爬捞一把，湾刀式把；

一、浴盆一个，脚盆一个，饭盆壹个，耙二梁；

一、存众乐器，鸡栖壹个，猪食槽一介。

上述都是一些非常琐碎的日常生产及生活的工具。其中有一些还是共享的，如鼓乐生业因是兄弟二人分两股承做，所以乐器是存众的。而堂前的柜子，也还是兄弟二人合用，左右每人一格（碗橱壹眼，可能也存在类似的情形），这样的划分颇为有趣，反映了徽州民间日常生活的生动细节[①]。此种家庭分家时的柜子划

[①] 这种细节，并不仅见于《天字号阄书》。清光绪九年（1883 年）《光锽阄书》抄本中，两男分家，规定"楼上大纱帽柜一作，计上、下四格，各房各管一半"。

分，倘若需要转让，必须另订契约，笔者恰巧收集到这样的一份契约：

> 立卖柜契人胞弟文熙，今因欠少使用，自愿将大屋内堂东边柜一作，凭中出卖与胞兄名下为业，三面言定，得受价足钱壹仟文正，其钱当即收足，其柜即交封锁管业，不得异言。此系刃[两]相情愿，并无威逼等情，亦无重复交易，倘有异说，俱身承当，不干受人之事，恐口无凭，立此卖契存照。
>
> ……
>
> 乾隆四十八年十月　日立卖契人胞弟文熙　押
>
> 　　　　　　　　　　凭中洪占男　押
>
> 　　　　　　　　　　　洪日明　押
>
> 　　　　　　　　　　　亲笔　押

这份同胞兄弟转让柜子的契约，发生在《天字号阄书》之后数十年。中国俗语有"亲兄弟，明算账"的说法，但像此类转让柜子所有权的契约还极为罕见。这种洋溢着浓厚契约意识、颇为"无情"的卖契，在通常印象中极富"人情味"的中国乡土社会，多少显得有点出人意料。

在分家文书中，有些产业或物品并不拿来阄分，而是作为存众公用。《天字号阄书》中还有"存众物件"，开列有：

一、嘉坑风水生茔，棹围式条，风车一个；

一、黄柏铺风水生茔，一锡器，水车一梁；

一、粟树园菜园，秤式把，大树二根；

一、溪边菜园，屏风一个，牛屎架一个；

一、五成街北粪缸一只，饭甑弌个，晒谷马二个，铺门堂桥二扇。

存众的对象中，以生产工具及生产场所为主，还有少量的风水生茔。相对于前述细琐的日用必需品，此处所列各项大概属于"大件"的动产或不动产。这反映出两个方面的问题：一方面是这些存众"大件"，是劳动协作中所不可或缺的；而在另一方面，亦可见小农的贫困，使得他们并没有更多其他的财产可供阄分。

阄书中还有"计分该各宅手尾"，载明分家前家庭的债务，以及三子应当承担的义务：

一、借德融朝本银共贰拾贰两，其利算雍正十一年起。

　派育鲤还本捌两，

　派育龙还本柒两，

　派育英还本染两，

一、借启东朝本银伍两，派育鲤名下还本，利雍正十一年起。

一、钱粮银三股派纳。

一、门户祖宗祀事三股承值。

一、收过之会，以后浇银，三股派浇无辞。　十二两一个会，三两一个会。

除了钱粮银和祖宗祭祀事宜应三股承担外，家庭的债务计27两，也由三子分担，长子需要负担最多，计13两，将近一半，这可能是因其成家最早，所得的利益也最多，分家时再加上长孙的部分得到了更多的份额，故此相应地亦应更多地为大家庭分忧。文中的"德融朝"和"启东朝"之"朝"，均应是"朝奉"的省称，是指徽州民间的财主①。《天字号阄书》立于雍正十年(1732年),而从上述所借银两起利的雍正十一年(1733年)来看,就在订立阄书之时,冯家已背上了一些新的债务。除此之外,还有一些尚未了结的老债务——为了融通银钱,冯氏参加了两个"会",但均已依次收过会银,所以在雍正十一年后,应陆续支付其他的会银,这实际上也成了家庭的一项债务,亦由二子均分。

冯时亮在《天字号阄书》卷首的《分阄书序》中指出:"产业虽无多增,较予所承祖、父,颇亦无愧。"但从现有的分家阄书来看,经过雍正二年和雍正十年的两次阄分,先后身为长孙、长子的冯育鲤所得财产实在是寥寥无几,这说明从冯时亮的祖、父一直到他的儿孙辈,冯氏的家境一直很差。幼子外出务工,以及长、次子继承父业依靠鼓乐生业帮贴家用,这可能是冯家除了务农以外维持家庭生计的一种重要手段。

清末的调查提到,歙县"家计稍裕者,遇喜庆事,或雇吹手作乐,歌曲所唱,多徽调乱弹,间以昆腔,亦有邀清客小唱者,名曰唱灯棚"②;绩溪"行礼时有乐无歌,开筵时杂以锣鼓、胡琴,唱而不演,或唱徽调,或唱昆曲"③;婺源"昏[婚]丧则皆用鼓乐"④;

---

① 参见王振忠:《"徽州朝奉"的俗语学考证》,《中国社会经济史研究》1996年第4期。

② [清]刘汝骥:《陶甓公牍》卷12《法制科·歙县风俗之习惯·乐歌》,载《官箴书集成》第10册,黄山书社1997年版,第582页。

③ [清]刘汝骥:《陶甓公牍》卷12《法制科·绩溪风俗之习惯》,第620页。

④ [清]刘汝骥:《陶甓公牍》卷12《法制科·婺源风俗之习惯·乐歌》,第597页。

黟县"大姓多世仆,皆习乐歌,凡婚嫁喜庆,必令奏乐唱歌"①。这些虽然是清末的调查资料,但可以作为冯家鼓乐生业的一个注脚。在清代,大姓人家在冠婚丧祭时的奏乐鼓吹往往是由佃仆(乐仆)承担,在徽州社会,能够从事此一行当的即使不是佃仆,也一定是经济状况相当拮据的赤贫小农。从《天字号阄书》来看,冯氏有其独立的住基屋以及自购的坟茔,故其身份应非佃仆,极有可能是经济窘迫的小农家庭。分家后的冯育鲤仅有田产35秤,无论其身份如何,均不能不以鼓乐生业补贴家庭。

在清代,鼓乐生业在许多地方都是一种贱业,如浙江绍兴的堕民和山西的乐户等,鼓乐生业是他们经济生活的重要组成部分之一。与此相关的契约文书,在绍兴有堕民的"门眷"文书②,而在山西乐户中,则有"衣饭"契约③。这些都是以契约方式确立,可以买卖、典当的一种服役权。譬如,乐户家庭分家时往往要分"衣饭"(绍兴堕民"门眷"的情况应当也与此相类似),这与《天字号阄书》中分家时对鼓乐生业的二股分割颇相类似。《天字号阄书》中的"鼓

---

① [清]刘汝骥:《陶甓公牍》卷12《法制科·黟县风俗之习惯·乐歌》,第609页。

② "门眷"又称主顾、门户或脚隶,是一种排他性的服役权利,具有极强的依附性和寄生性,这种权利成了浙东堕民子孙世业的衣食之源,甚至比房产和土地更为重要。(参见俞婉君:《绍兴堕民服役权"门眷"的田野调查》一文,《民间文化论坛》2004年第6期)

③ 山西乐户以吹打技艺维持生计,他们有祖辈传下来固定的活动区域,有了这些活动区域,他们的收入便有了一定的保障。此种活动区域,便被称为"衣饭"或"坡路"。"衣饭"成了乐户家庭里相当固定的财产。(参见乔健、刘贯文、李天生:《乐户:田野调查与历史追踪》,台北:唐山出版社2001年版,第298页)

乐生业",与绍兴堕民的"门眷"、山西乐户的"衣饭"相似,应是徽州下层民众一种特殊的财产形式。

三、结语

在12—20世纪的徽州,立契分家应是相当普遍的现象。"不患寡,而患不均"是分家的指导思想,这一点,无论贫富,概莫能外。

对于中国人分家制度的优劣,历来有过不少争论。例如:"析产之利,可以命各子弟知稼穑之艰难,可以使子弟绝觊觎之观念,可以使子弟勤奋以谋生活;不析产之害,可以使子弟恃有父兄而自暴自弃,游手好闲,可以使子弟兄弟不和而同室操戈,争竞椎刀之末。"[1]揆诸实际,徽州的一些分家文书序文亦持这种观点,如民国二十二年(1933年)《二房阄书》抄本曰:

> 立预嘱书人江汪树,窃闻姜家大被同眠,千古传为盛事;田氏荆花复茂,一时播为美谈。此昔贤之崇古道、笃天伦而敬友恭,后来者以资借镜也。无如目今世局,大非昔比。欧美家庭制度,凡人届成年者,即担负家庭责任,卓然自立,以谋生活,此欧西国家之所以富强者,亦国民自立之效。我国当取法欧西,以免除人之倚赖根性。

当然,对于分家也存在着另一方面的见解,"世之反对析产者,

---

[1] 鲁云奇编:《家庭万宝全书》卷6第12编《分析产业法》,上海中华图书集成公司印行,1918年版,第36页。

以谓设有千金，于此分之则见其少，不足以营业，徒然潜消暗蚀，一事无成，则是析产之害也。合之则见其多，可以有为，且一家之人，通力合作，不虑其不足以成业，则是不析产之利也"。①从徽州分家文书的情况来看，分家当然使得分家后的世代较上一代经济实力有所削弱。不过，徽州人之分家也存在着颇为理性的一面，原先大家庭的合作仍然必不可少，这表现在大型的动产与不动产的存众，以及涉及商业运作的部分，也往往是以存众的方式保留。如徽州油商金章武、金章文、金章耀同侄金在陶，虽然在乾隆五十一年（1786年）阄分德广宗记、玉记两店，各分得七甲钱3 300两，但他们仍然"恪遵祖训，合本贸易"，到道光九年（1829年）三月再次分家时，已续开正大和德丰两店，商业发展似乎并不因先前的分家而受到多大影响。类似的例子还有，清同治八年（1869年）《阄书》（抄本），当事人虽将"祖遗并手置屋宇、田地等项品搭均分，拈阄为定"，但亦指出"至于姑苏瑞丰、泰来，深渡生大店业，以及另开大买、小买并大小买田地、山场、屋宇、风水，仍旧长、式两房同心合业，庶几家分而心不分，店合而心益合……"民国五年（1916年）阄书中规定："郡城大北街义泰兴茶漆铺，二老在生坐膳，殁后再议。"兄弟虽然分家，商铺却也仍然存众。1916年茶商方介眉立遗嘱分析店业中曾指出：1912年，"所有家业，秉承萱堂懿旨，凭亲族酌派，尽将山场、田地、产业概行分析，因店业只能合做，势难析分，亦承慈命订定店规，长、二两房按年支应家用洋三百元，不得

---

① 鲁云奇编：《家庭万宝全书》卷6第12编《分析产业法》，第36页。

过额。"从以上各例来看，分家与店铺经济实力变化和商业盛衰隆窊并无直接的联系。这可以用来解释——虽然分家在徽州相当普遍，但该地的商业却生生不息的一个重要原因。另外，对于科举功名，在分家时通常也有特殊的关照，清乾隆五十一年（1786年）《孝字阄书》中，对于捐监就有专项的"拨存"。光绪七年（1881年）《二房仁字阄书》中即有"尔父昔年拨存德广玉记店功名之款，作为次孙鉴读书灯油之资，尔等日后毋得异说，如有违吾言者，则以不孝罪论等云"。这种对科举功名的特别关照，当然是为了光大门间，以维护家族的整体利益。

另外，社会学家费孝通先生在《乡土中国》一书中曾指出：在乡土社会中不用文字是相当自然的一件事，因为乡土社会的一个特点就是——生活在这种社会中的人是在熟人中长大的，面对面的往来是直接接触，没有必要舍弃比较完善的语言而采用文字。也就是说，在面对面的乡土社会中，有话可以当面说明白，不必求助于文字，文字是多余的。只有当社会乡土性的基层发生变化后，文字才有必要下乡①。费氏所指的当然是一种理想化的乡土社会之原初形态，不过，从这个意义上来看，徽州遗存有目前所知中国国内为数最多的契约文书，这本身也就折射出徽州的一个显著特征：这是一个纷繁复杂，即使是面对面也需要大量文字的社会。对此，《天字号阄书》及相关文书提供了极为典型的例子，从中我们看到，在徽州民间，兄弟之间的分家可谓锱铢必较，即使是很小的财物，产权都

---

① 费孝通：《文字下乡》《再论文字下乡》《血缘和地缘》，见氏著《乡土中国》，北京大学出版社1998年版，第12—23页；第69—75页。

需要明细的规定,一旦发生转让,均须以契约的形式加以确认,这显然与徽州社会作为商贾之乡浓厚的契约意识有关。"金令司天,钱神卓地"①,在金钱面前,乡土社会中的父子②、兄弟成了契约关系中的甲方和乙方,商业高度繁荣,产权变动不居,人情亦遂变得异常淡漠。日常生活中这种浓厚的契约意识,使得徽州农村社会的人际关系,主要以"契约和理性"为其支撑点。在涉及利益的问题上,明清以来江南各地人们时常所见的典当商人中那种冷冰冰的"徽州朝奉脸",即使是在徽州本土亦屡见不鲜。这种不讲情义、刻薄俭啬的"徽州朝奉脸"虽然为世人多所诟病,但契约意识与商业发展实际上形成了一种微妙的互动,这应是明清以来徽州社会一个相当突出的特点,换言之,徽州成为中国著名的商贾之乡,看来绝非偶然的巧合。

(该文原标题作"清代一个徽州小农家庭的生活状况——对《天字号阄书》的考察",节略发表于《上海师范大学学报(哲学社会科学版)》2006年第1期,后收入拙著《明清以来徽州村落社会史研究——以新发现的民间珍稀文献为中心》("国家哲学社会科学成果文库",上海人民出版社2011年版)。另有日译本,载国文学研究资料馆アーカイブズ研究系编《中近世アーカイブズの多国间比较》,东京:岩田书院2009年版)

---

① 万历《歙志·风土考》。
② 章有义《明清徽州土地关系研究》中曾列举徽州置产簿,说明嫡亲父子之间田地的产权转移也需立契存照(第109页)。

从民间文献看晚清的两淮盐政史

明代以来，中国的盐政制度经历了多次的变化。从明朝初年开始，为了对付漠北的蒙元残余势力，在北方边地先后设置了"九边"，与此相配套，推行"开中法"，以解决沿边的军需供给。当时，各地商人输粟支边，将粮食运往北方边地，作为回报，这些商人可以获得盐引，藉以前往相关盐场支取所值引盐，并运往指定地区销售。在这种背景下，不少商人为免飞挽之苦，相继在北方边地招民屯垦，就近纳粮上仓。因地利之便及黄土高原得天独厚的窖藏条件，早期的两淮盐商多为山、陕一带的粮食商人。"开中法"实施了一百余年，及至成化以后发生了重要的变化。特别是在弘治年间，运司纳银制度确立，赴边开中之法被破坏，扬州成了两淮盐务的中枢，大批盐商麇聚淮扬。万历四十五年（1617年），为了挽救日益严重的财政危机，两淮盐法道袁世振创行"纲法"，由政府特许的商人世袭承包盐引，这是明代盐政制度上的又一次重大变化，其影响极为深远。

入清以后，沿袭了晚明商专卖的纲盐制度，将食盐专卖权托付给了政府特许的商人。盛清时代，康熙和乾隆皇帝都先后六度南巡，盐商捐输、报效频仍，这对于两淮盐政产生了重要的影响。乾隆中叶前后，首总—大总商—小总商—散商成为两淮盐商新的组织形态。其中的"首总"，皆是与皇帝、官僚关系最为密切的大总商①。在纲盐制度下，盐商凭执"根窝"，世袭引岸专利，其腐朽性日益加深。道光年间，陶澍、陆建瀛等先后在淮北和淮南实施改革，改纲为票。但随后的咸同兵燹则打乱了此一改革的进程，也使得东南地区的财政遭遇到了新的变局。

同治初年，时当太平军尚未完全覆灭，两江总督曾国藩便开始反复构思和探索新的管理体制。其时，如何招商认运，尽快恢复淮盐市场，保证课额，进而确保军饷的收入，成了刻不容缓的重中之重。及至太平天国动乱结束，无论是盐政制度还是盐商结构皆出现了新的变化，此种变化的影响一直延续至民国时期。

撰诸史实，从清初至太平天国爆发，前后历时二百余年；而自太平天国动乱结束迄至清朝灭亡，为时不到半个世纪。倘若将有清一代的盐政史视作一部大书，那么，对于盛清时代的探究一向是浓墨重彩，此一时期徽州盐商之长袖善舞、夸奢斗富，一向为世人所瞩目②。相形之下，太平天国之后的盐政史，则似乎是学界急于匆忙翻过的寥寥数页，语焉不详之处颇多。近人陈去病在《五石脂》中曾指出：

---

① 参见王振忠：《明清徽商与淮扬社会变迁》，"三联·哈佛燕京学术丛书"第三辑，生活·读书·新知三联书店1996年版，2014年修订版。
② 有关这方面的探讨，代表性的成果如：[日]佐伯富：《运商的没落和盐政的弊坏》，原文为氏著《清代鹽政の研究》（"东洋史研究丛刊"之二，京都：东洋史研究会1956年版）之第六章，译文载刘森辑译《徽州社会经济史研究译文集》，黄山书社1988年版。[美]何炳棣：The Salt Merchants of Yang-Chou: A Study of Commercial Capitalism in Eighteenth-Century China, *Harvard Journal of Asiatic Studies*, Vol. 17, No. 1/2, Jun, 1954；巫仁恕中译文《扬州盐商：十八世纪中国商业资本的研究》，《中国社会经济史研究》1999年第2期。

徽郡商业,盐、茶、木、质铺四者为大宗。茶叶六县皆产,木则婺源为盛,质铺几遍郡国,而盐商咸萃于淮、浙。自陶澍改盐纲,而盐商一败涂地……

陶澍变革以及此后的咸同兵燹,固然使得徽州盐商在总体上趋于衰落,但晚清时期两淮盐业中的徽商活动、官商关系等问题,仍未得到清晰的揭示。迄今为止,我们对于此一时期盐政制度变迁的基本轨迹并不陌生,但与盛清时代相比,似乎再也看不到作为个体的盐商或徽商家族生动、细致的活动,这当然是受限于此前史料所见不足的原因。所幸的是,随着近年来民间文献的大批发现,徽商与晚清盐政的相关问题,显然有了进一步深入探讨的可能。

一、 徽州盐商程希辕的商业活动

数年前,笔者在皖南收集到一批晚清歙县盐商方氏的家族文书,其中有一封程希辕写给方性存的信函:

性存世大兄大人如晤:九月廿八日寄上一信,并原帖二纸,茶厘捐票一百二十四两二钱一纸,未蒙示覆,谅已投到,念念!十月初八日发稚家叔信,托代致谢远惠湘莲,谅邀清听。<u>弟自初十日往金陵大营粮台,一路察看食岸情形,廿日到南京大胜关小住三日。二小孙在台平顺,趋公无误,甚慰惓衷!</u>回来风逆,迟至月初五日抵省,欣悉二十五日苏州克复,江北、怀远克复,现闻苗匪被官兵杀死,大快人心!升平有日,可望远怀想。大小儿到豫章,知驾等候,自可把晤一切。<u>现楚皖新章刊册二本,附呈台</u>

览自悉。弟盐务熟手,趋时动手,颇有大利。照新章只得一分半利,其余盐每引可余乙[一]担,又得三两五钱。本大则办湖广,本小可办中路,大约以千金可得利六七百,能有三五千金,易于为力。弟处已有两处相好下去赶办,弟荐有人,可以着人下去附办,各种便捷大好之机,为此专照,望见信想法措资,即来安庆面商办理,祈斟酌!先付信可也。合和小行秋来颇顺利,未知泰和宝行如何?尚望示知。稚家叔代寄家用,迟至二个月后送到(七月家用,九月到),未免不得应用,想乏便之故耳,望致稚家叔想法,赶妥便预为觅寄为要。稚家婶、骏舍弟想已到饶,一路自必平顺,望致发信报慰,恕不另信。弟看湾沚可以立业,现已与金陵大营粮台诸位合办一官盐店,其中大有生机,如见信惠然一切,再为面谈可也。专此奉达,并候迩安,不尽。

世愚弟程希辕顿首,十一月初七日。

令叔弟侄均此候安。

同事诸君同候。

舍外孙杨云生承爱提携,近来体质可好些否?学习可上规矩否?甚为挂念!望付知①。

上揭信函书写于"青云阁"八行朱丝栏信笺上,楮墨规整,字迹雅丽,反映出这位徽州盐商具有极好的文字素养。苏州于1863年12月被清军和常胜军联合攻陷,所谓苗匪,亦即苗沛霖。苗氏于1863年12月6日被杀,这些事件,在信中都于"月初五日抵省"后

---

① 以下所引文书,凡未注明出处者均系私人收藏。

——叙及,故该信应作于同治二年十一月初七(1863年12月17日),发信地点是安徽省城安庆。

信中的"食岸",是指淮南食盐引岸,有内河、外江之分,根据盐法志的记载,主要包括安徽省的宁国府、和州含山县、滁州全椒县,以及江苏省江宁府,扬州府江都、甘泉、宝应三县,高邮一州和通州泰兴县等。信中提及的"大胜关",在今南京市西南,因地处长江之滨,自古为江防要地①。信中的"饶"是指江西饶州,而湾沚则在今安徽省芜湖县。此前,清军曾组建江南、江北大营,其中,江南大营的饷需系由江西调拨接济,总粮台则设在皖南的太平府。

收信人为方性存,与程希辕关系莫逆,程氏的外孙即托付给他照看,两家似有亲戚关系。据同时收集到的佚名无题文书抄本:"方宗仁字性存,号静山。生于嘉庆己卯年又四月十六日子时,殁于同治乙丑年闰五月十八日子时。"则方性存的生卒年为1819—1865年。此外,另一份文书抄件有:

> 代理江南徽州府歙县为造送事。今将分发试用教谕方宗仁年岁、籍贯开造清册,呈送查核施行,须至册者。
>
> 计开:
>
> 分发试用教谕方宗仁,现年四十五岁,系安徽徽州府歙县土著民籍,由廪生于咸丰十一年十二月十三日在徽郡捐输,请奖局捐贡,报捐训导,双月选用,递捐教谕,双月选用,单月即用,不论

---

① 《曾国藩日记》同治二年正月初六日条曾记载:"早饭后,由大胜关至沅弟雨花台营盘,凡行三十里。"见《曾国藩日记》中册,宗教文化出版社1999年版,第153页。

双单月即用,并请分发试用,共银八百四十壹两,奉给实收,祇领在案。兹援照向章呈请考验,注册委用,并无假冒、顶替、隐匿、犯案、改名、朦捐情事,理合造报。

三代:

> 曾祖父统镜;
>
> 曾祖母潘氏、陆氏,均殁;
>
> 祖父绪进;
>
> 祖母吴氏、王氏,均殁;
>
> 父承谦,存,年六十九岁;
>
> 母周氏,殁;
>
> 许氏,存,年四十九岁。
>
> 同治元年六月　日代理歙县知县李嘉遇。
>
> 　　道光壬寅李宗师科入府学第六名。
>
> 　　庚戌李宗师岁试壹等第三名补廪。

可见,方性存为廪生出身,于咸丰十一年(1861年)以841两的代价捐得教谕一职①。稍后他即启程赴任。对此,另一份文书则记录:

具禀家属方升

> 禀为呈报丁忧,并缴公文,叩请转详事。窃家主试用教谕方宗仁,现年肆拾伍岁,系安徽徽州府歙县人,由廪生在徽郡筹防局报捐贡生,加捐教谕,分发试用。于本年　月　日在
>
> 台前请文,赴省考验,当经由府加结到道,由道验看后给文

---

① 方氏文书中有一信封上书:"内帐并外封典照一张,部、监两张/方性存先生收/来人酌给/面钱三百六十,郡城寄。"

赴省。行抵建德地方，接到老家主州同衔附监生方承谦在祁病重家信，家主星夜赶回，随于本年十月二十六日老家主病故，家主系属亲子，例应丁忧，不计闰扣，至同治四年正月二十六日二十七个月服满，理合备县供结呈报，并将所领道宪公文、印结、试卷等件一并呈缴，伏乞

大老爷鉴核转详，实为恩便。

计呈：

亲供一纸，切结一结。

其后的亲供中，也开有方性存之三代，只是在其父的名字之下另有："州同衔，附监生，本年十月二十六日病殁。"从相关资料来看，方氏为盐商世家①，方性存在饶州置有寓所②，并在江西省城南

---

① 在同一批文书中，有一封信曰："礼堂仁兄大人阁下：本月初一日，由余绍记处转寄第七号一函，未识曾投到否？初四日午后，接到十九日所发之信，捧诵之下，惊悉性伯遽作古人，弟不禁凄然泪下，太息咨嗟，何彼苍不相吉人，降此鞠凶乃尔！近日吾兄襄助尔翁料理一切，自必一时难以就道。现今湘、鄂二岸，各先开两档，共五十六票。目下两岸甫运二十票，其余未运之卅六票，兼之楚西残纲，若待移扬后再运，而新河口尚未圆工，又不知迟延何日，是以各运商赴运辕禀请，俟两档在泰坝过之后，再由新河改运，尚未沐批。本号之盐，不日可抵泰坝，如运司批准，即行开运。买盐之课，弟恐吾兄一时难以抽身，已向罗训翁面商缓期。蒙伊慨允水脚、杂用之费，弟已安排，请秋纲预缴厘金之课仍然存寓，以候开纲。管见如是，未识尊意若何？如运司不准所请，必得俟新河竣工，方能出运。我号之引总在头档，大约七月抄〔秒〕八月初上可以开江，本拟自三、晓江二兄先移扬州，今且稍缓数日，一俟公事定局，再为迁移。楚局委员业已撤委，统归西局张公兼办。尔翁谊笃壎篪，自必格外伤感，吾兄可以不时劝慰，稍解愁烦。余事如恒，容当续达。草此，恭请署安，并候诸同人安好！愚弟叶熙炜顿首。自三、晓江二兄统此致候。"按：方性存殁于同治四年（1865年）闰五月十八日子时，故此信应作于同治四年闰五月十九日以后，信中反映了方性存之子方礼堂继续从事两淮盐业的情形。

② 方氏文书中有一租批："立租批吴盛如，今租到方性存表伯名下饶寓内左边大小房间四步，右边厨房一间，并前后堂前各半通用。凭中三面议定，每月计租金九八典钱二千五百文正，其租金按月交付，不得短少，恐口无凭，立此租批存照。同治二年七月　日立租批吴盛如（押），经中程稚孚（押），代书黄均载（押）。"

昌内塘埭上吉祥巷对面开有"乾裕盐号"①。

至于寄信人程希辕，自称"盐务熟手"，显然是名徽州盐商。关于此人的生平，光绪《重修安徽通志》卷251记载："程希辕字颖芝，歙县人。封职二品，捐赈平粜，全活难民，焚借券数千金。兵燹后，施棺施地，检埋尸骸无算。葺宗祠，恤孤寡，表扬节义。"对此，民国《歙县志》卷9亦有类似的表述，只是更为明确地指出，程希辕系歙县槐塘人。综合上述传记的内容，其中都只提到程希辕在歙县当地的活动，似乎此人只是徽州歙县乡间的一位"土豪"而已。而在实际上，程希辕的活动范围极广，亦有相当重要的人脉。

从前述这封信来看，这位程希辕与金陵大营的关系极为密切。其时，他有"二小孙"在粮台办事（这在《曾国藩日记》中可以找到印证，详下）。

在信中，程希辕看到太平军逐渐被剿灭之后淮盐运销的巨大商机，他从十月初十前往"金陵大营粮台，一路察看食岸情形"。当时，楚皖新章刚刚发布不久，他便与数人合伙经营淮盐。另外，他还与金陵大营粮台诸位，合伙在湾沚开办了一爿官盐店。

关于该信撰写前后长江下游沿岸的形势，两淮盐运司郭嵩焘在《试办西盐章程详》中曾指出：

> 江路现虽通行，沿江水陆各营棋布星罗，防范周密，运盐商贩皆系经纪营生，未免各有戒心。应请分别咨札沿江水陆各营及沿途关卡，凡遇大营饷盐到时，应护送者一体护送，应查验者

---

① 关于这一点，现存有泰州豫隆祥叶美辉所寄信函原件。

即时查验,毋任羁留①。

咸同兵燹期间,清廷财政捉襟见肘,户部令统兵大臣自行筹措军费。为此,曾国藩奏请自运食盐行销各地,以所获应交户部之盐课,充抵应拨该军之饷,故称为"饷盐"。上揭郭氏此文颁发于同治二年(1863年)八月,其时,对于一般的商人而言,正值兵荒马乱的年代。在这种形势下,只有与湘军等军事势力利益攸关的那些商人,才能更好地化险为夷,游刃有余。而程希辕,显然便具备这种独特的优势。

信中的"稚家叔",也就是程稚孚,曾于同治二年(1863年)为饶州的一份租批做过中人。信中提到的"合和小行",从自谦的口气来看,显然系程家所有。根据《清实录》的记载,此"合和"盐行由程希辕本人开设于安徽省城安庆。(详下)而信中的"泰和宝行"系一种尊称,反映出其开设者似乎是收信人方性存。不过,从各种史料来看,泰和行与程希辕也有着相当密切的关系②。关于这一点,另一份文书这样写道:

具互保结　族程肇祥　五行　方文若
　　　　　邻唐永顺　　　郑成美
　　　　　　　　　　　　裕德祥　今于

---

① 庞际云:《淮南盐法纪略》卷3《招商督销》,同治十二年(1873年)正月淮南书局刊,第23页上。

② 方氏文书中的《癸亥、甲子、乙丑、丙寅月总》记录了同治二年(1863年)六月以后的盐行账目,其中出现有"该颖翁""存颖翁"或"该颖记"的字样,应当即与程颖芝有关,说明二者有着财务上的关系。

江义兴

陈丰采

与互保结事。保得程立泰实系徽州府歙县二十二都六图人，为人诚实。今伊自愿捐银壹千两，请领上则程泰和盐行部帖，在于饶州府东关外开设盐行，堪以充牙纳税，所具互保结是实。

同治贰年贰月　日具互保结……

此一文书标注的年份为同治二年（1863年）二月，当时，太平军渐显颓势，但尚未完全覆灭，即使是在长江下游仍时有激战。也就在这种战时环境中，程泰和盐行即已申领行帖，于饶州府治开张。查徽州都图文书，文中的"歙县二十二都六图"即槐塘，可见"程立泰"应即程希辕的家人或族人，结合《清实录》的记载，"程立泰"之名应是程朴生①，而他正是程希辕的儿子。关于"程立泰"，另一份文书写道：

具禀程立泰，禀为遵章捐输，新设盐行，恳请示谕盐客、盐店投行买卖事。窃立泰歙县人，以程泰和招牌，在饶州府（治下）东关外开设盐行，业经仿照吴镇繁、盛地方章程，呈缴库平纹银一千两，请领部帖在案。伏查饶郡盐斤，前未奉定章程，均系杂货、鱼、米等行任意代客买卖，头绪既纷，稽查不易，其中隐漏情弊，有碍捐厘实多。现在立泰既经遵章设有专行，嗣后盐斤出入，自

---

① 《清实录》第47册《穆宗实录》（三）卷115同治三年九月辛亥条记载，当时，有人揭发江西督销盐引委员、广西候补道程桓生"把持盐务，藉督销之势，使其父程颖芝在安徽省城开设合和盐行，其弟江西候补知县程朴生，于饶州开设泰和盐行。名为督销盐引，实则利归于己，以官、民并准试办之引地，几为一人独办之引地。……恳请饬查严办"。（中华书局1987年版，第553页）

应一律归盐行交易,他行店不得仍踵前弊,其卖零盐各铺,亦应由行发售,毋得勾买私贩。如此正本清源,则饶地每年每月计共销数若干,一一皆可实核,隐漏之弊亦可自除,于厘务似多裨益。第事属创始,诚恐地方未及周知,理合具禀申明,吁乞宪大老爷俯鉴下忱,恩赏给示晓谕,并恳严禁杂货、鱼、米等行不得仍前侵越,以广招徕而裕厘饷,实为公便,顶感上禀。

同治二年(1863年)以后,曾国藩在江西吴城及南昌设立官局,经理挂号、挨轮、提价、售盐、收课、发课、分利、解饷等事。而未设官局之前,则听商自便①。因此,除了上述两地之外,其他的地方一开始也是听商自便,自由销售。上述的这份文书,就是由"程立泰"上禀,请求官府确认盐店销售淮盐的垄断特权。

此外,这批文书中还有一份"正月廿九日泰和、公顺盐行上禀饶州分局"的抄件:

> 为出卡盐斤恳定章程事。窃行等遵奉宪章,在饶捐帖,开设盐行,首重疏引便民,现奉督盐宪新定淮纲,委员驻省,设局销引,各府水贩领买,即给水程护送,逢卡免厘,验票放行,并无留难片刻,具见督盐宪恤商便民之至意。第西省督盐局给发水程,有每张十引、廿引不等,至少亦有五引。盐舟到饶,水贩与行等叙定价目,即将水程赴局挂号,遵完坐贾二分厘金,然后过秤起盐。每逢买客至卅担者,即给水程票五引一张,赴卡照验放行。若买客仅买数担,则无一引之水程给护,即给行票一张,以别在

---

① 郭嵩焘:《试办西盐章程详》,载庞际云:《淮南盐法纪略》卷3《招商督销》,同治十二年(1873年)正月淮南书局刊,第19页下、第20页下。

行所买,并非私购。似此通融,既便民而又疏引。今有胡姓,在泰和盐行买去淮盐五百九十余斤,开有行票清单,至尧山卡要加完盐厘,每担三百文,是与督盐宪定例未符。若谓盐与票不能相离,则五引之票,不能护一引之盐,其中窒碍实多。且进卡盐与票既经验明,而出卡无私,可知所有由饶出卡盐斤,如何划一章程,伏乞宪大老爷明示,行等以便遵守,并免胡姓在卡滞候,恩公两便。

此一文书未曾标明具体的年份,但从内容上看,应当作于前一文书之后。从中可见,此时,程泰和等盐行已垄断了饶州一带淮盐的销售,一般水贩必须从该盐行购买淮盐。故此,同治三年(1864年)九月,有人向朝廷揭发程家倚仗权势"把持盐务,借督销之势……于饶州开设泰和盐行,名为督销盐引,实则利归于己,以官、民并准试办之引地,几为一人独办之引地"①,虽然后来据称查无实据②,但从新发现的这批民间文书来看,显然并非空穴来风③。

---

① 《清实录》第47册《穆宗实录》(三)卷115,同治三年九月辛亥条,中华书局1987年版,第553页。
② 关于这一点,《清实录》第47册《穆宗实录》(三)卷115同治三年九月辛亥条记载:"寻奏:遵查程桓生被参各款,均无其事。自设局以来,领运踊跃,每月接济饷银七八万两,不无裨益,报闻。"
③ 同治四年(1865年)正月二十日,曾国藩在《复丁松亭侍御》一信中指出:"许主事长怡于敝处亦有世谊,前经委办江西粮台文案,每月薪水四十金,亦不甚薄。乃干预本籍地方事件,妄动文移。渠身在江西,行文原籍徽州府则用照会,行文歙县则用札饬,皆毫不干己之事。弟恶其谬妄,撤去粮台差事。渠颇怨望,扬言到京必请御史参奏,不知在尊处如何措辞,乃迁怒于其乡人程桓生,诬枉多款。"可见,向朝廷揭发程桓生在饶州假公济私情形,应出自与曾国藩交恶的幕僚许长怡之手。许长怡为歙县人,故他对程桓生一家的盐业经营了如指掌。见《曾国藩全集》书信之七,岳麓书社2012年版,第319页。

二、程希辕、程桓生父子与曾国藩的交往

虽然方氏文书透露出的信息颇为有限，但以目前所见的资料来看，程希辕是两淮的徽州盐商，在安徽省城安庆开有合和盐店，其子程朴生则早在同治二年（1863年）二月就在饶州捐有行帖，与方性存等人合作开设程泰和盐行，垄断了当地的淮盐销售。而程氏家族之所以在太平军尚未覆灭之前便能在两淮盐业中先声夺人，与程希辕的家世及官商背景有关。具体说来，这主要与程希辕、程桓生父子与曾国藩的交往密切相关。

1. 作为入幕之宾的程希辕

程希辕与曾国藩有着相当密切的交往。光绪《重修安徽通志》的编纂者何绍基，在其《东洲草堂诗钞》卷26中，有《金陵杂述四十绝句》①，主要是歌颂曾国藩的为人，其中有一首这样写道：

相公怀抱海天宽，节院论文静不寒。

席帽联翩群彦集，一时旧雨接新欢。

诗注曰："涤侯连次招饮，坐客莫子偲、程颖芝、汪梅邨、李申夫、欧阳小岑、李梅生诸君，皆吾旧交也。"曾国藩号涤生，故有"涤侯"之称。莫子偲即莫友芝，汪梅村即汪士铎，李申夫即李榕，欧阳小岑即曾国藩之至交欧阳兆熊，李梅生为李宏轶，而程颖芝也就是程希辕。上述这些人有不少都是曾国藩的幕僚，从中亦可

---

① 同治六年（1867年）刻本。另，网上拍卖品见有《金陵杂述三十二绝句》。

见程希辕与曾氏的关系。

关于程希辕与曾国藩的关系,在曾国藩的日记中也有描述。曾国藩在咸丰十一年十一月初八(1861年12月9日)至同治三年十二月初四(1865年1月1日)的日记中,共有数十处记载了与程颖芝祖孙三代下围棋之事:

……

(同治元年正月初九)与程颖芝围棋一局,又观程与柯竹泉围棋。

(廿九日)午正程颖芝来,与围棋(一)局。

(四月初五日)又与程颖芝围棋一局。

(七月十七日)与程朴生围棋一局。

(十八日)旋与程石洲围棋一局。

(十九日)与程朴生石洲围棋一局。

(八月初七日)与程石洲围棋一局。

(初十日)旋与程石洲围棋一局。

(廿六日)早饭后清理文件。旋与程朴生围棋一局。

(廿八日)早饭后清理文件,写挽幛字二幅,与程朴生围棋一局。

(闰八月初七日)早饭后见客三次,旋与柯竹泉围棋一局,又观渠与程世兄一局。尚斋之子,名锦和也。

(十一月廿九日)夜核批札各稿。旋与程尚斋围棋一局,又观程与柯一局。

(十九日)与程四世兄围棋三局,尚斋之子也。

(廿二日)与程世兄围棋三局。

(同治二年正月十五日)与程尚斋围棋一局,柯竹泉围棋一局。

(四月廿六日)早饭后清理文件,见客一次,写沅弟信一封。与屠晋卿围棋一局、程太翁围棋一局。

(廿九日)早饭后写沅弟信一件,专人送谕旨前去。旋见客十余次,皆因沅弟开府道喜者。与程太翁围棋二局……

(五月初八日)早饭后清理文件。旋见客二次,与程太翁、刘开生各围棋一局,又观渠二人一局,见客二次,温《诗经·六月》篇。

(初九日)又与程石洲围棋二局。

(十七日)程颖芝太翁来,与之围棋三局。

(廿七日)与程颖芝围棋二局,又观程与小岑一局。

([闰]五月初十日)午刻,程颖芝来,围棋二局。

(十七日)与程颖芝围棋三局,又观小岑与程二局。

(十九日)午刻阅东坡题跋,与程希辕围棋二局,又观程与小岑二局。

(六月初四日)与小岑围棋一局、程颖芝围棋一局。

(初十日)与程颖芝围棋一局,又观程与小岑一局。

(廿日)程颖芝来,围棋二局。又观渠与小岑一局。

(廿一日)刘开生来,与之围棋一局,又观刘与程颖芝二局,为时颇久,散时已午初矣。甚矣,棋之废日力荒正务也!

(廿九日)程颖芝来,围棋二局,又观程与小岑一局。……天热不可耐,又围棋一局,小睡片刻。

(七月初五日)与小岑、程颖芝各围棋一局,又观程与刘开生一局,已午刻矣。

(八月廿一日)程颖芝、莫子偲来畅谈。

(九月初十)黄南坡来久谈。观其与程颖芝围棋二局,已午初矣。

(十二月十四日)旋程颖芝来,与之围棋二局,又观刘开生与程二局,已午正矣。

(廿八日)约黄南坡、程颖芝来围棋,因留便饭。余未动手,见黄与程对二局,又刘开生与黄、程各一局,申正散去。

……

日记中的"太翁"即程希辕(颖芝),而程桓生(尚斋)和程朴生(石洲)为程希辕的两个儿子。另外,还有"程世兄"(锦和)则是程桓生之子。他们祖孙三代都是曾国藩的弈棋对手。同治七年(1868年),程希辕逝世,曾国藩书有"挽程封翁颖芝"挽联一副,其中提及:"更无遗憾,看儿孙中外服官,频叩九重芝诰;频触悲怀,忆畴昔晨昏聚处,相对一局楸枰。"上联盛赞程氏家族人才辈出,而下联则是对昔日交往的追忆。因旧时多以楸木制造棋盘,故称棋盘为"楸枰",下联状摹的便是当年二人对局的场景。另外,在曾国藩的书信中,有一封《复程颖芝》的信函,其中写道:

颖芝尊兄大人阁下:顷接惠书,猥以晋位端揆,远劳笺贺,并贻朱墨二种,多而且精,几案增华,感谢曷任!即审动履绥愉,潭祺懋集,引詹吉霭,企颂无涯。

国藩疆圻久领,建树毫无,乃于多难之秋,更窃非常之秩,抚躬内省,惭悚奚如!

> 尚斋器识闳深,婉而不阿,明而能浑,两载蹉纲,大有裨补。适逢瓜代,来晤金陵。鄂省督销需人,仍拟借重一往,虽雅意坚辞,而熟视无以相易也。文孙英年拔萃,今岁闱卷极佳。虽霜蹄之暂蹶,终风翮之高骞。廷试不远,行将定价燕台,扶摇直上。诸孙亦兰玉森森,联翩鹊起,德门余庆,正未有艾。附寄拙书联幅,藉资补壁,聊以当会晤时手谈为欢耳。复问台安,谁惟雅鉴,不具。
>
> 通家弟曾国藩顿首①。

此封写给程希辕的书信作于同治六年(1867年)十一月初四日,其中提及程氏送给曾国藩的朱墨二种。在明清时代,歙县、休宁等地是著名的徽墨产地,制墨名家辈出(如"胡开文""曹素功"等皆蜚声远近),有的徽墨价格不菲,每两与白银一两等值。因此,不少人都在当地定制专款的徽墨,藉以馈送官员、文人,这在当时是一种既贵重而又雅致的礼品。当代著名的徽墨鉴藏家周绍良先生,曾提及自己收藏的一方曾国藩之"求阙斋"朱墨:该墨长方小挺,正面隶书"求阙斋"三字,背面楷书"同治六年八月制",俱阴识填金,一侧则有楷书阳识的"徽州胡开文造"数字。从时间上看,此墨很有可能就是由程希辕所送②。

---

① 《曾国藩全集》书信之九,第262页。
② 周绍良:《蓄墨小言》二一三"曾国藩朱墨",燕山出版社1999年版,第626—627页。按:周氏引南京图书馆藏《清代名人手札录》中曾国藩复程桓生信一件:"尚斋年兄阁下:夏至得惠书,并承雅贶朱墨食物,至以为感。……国藩顿首。五月二十七夜。"对此,他推断该信应作于同治七年(1868年),并认为信中所提到的"朱墨",可能即他手头的"曾国藩朱墨"。按:上述的推断有误。今查《曾国藩全集》书信之二,此函实作于咸丰十年(1850年)(第592页)。故"曾国藩朱墨"究竟为何人所送无从确知。不过,这说明程氏父子都曾向曾国藩馈赠来自家乡的朱墨。

另外，上揭信中仍念念不忘两人见面时的"手谈为欢"。其中提到的"尚斋"，即程希辕之子程桓生。该信不但赞誉了程桓生的"器识闳深"，肯定了他在两淮盐运司任内的贡献，而且也对程桓生之子的学业优异寄予厚望。

综前所述，无论是日记还是书信，皆可见程希辕与曾国藩的密切关系。同治三年（1864年）九月，有人揭发程希辕之子程桓生在江西督销盐引委员任内假公济私时提及，程希辕"在枞阳开栈之日，护勇号褂，私用'钦差大臣'字样，尤属妄诞！"①枞阳地处安庆府城东北，系程希辕"合和"盐行行销淮盐范围内的重要市镇。根据《清实录》的描述，盐栈开张时竟有护勇保驾，其间扯出的"钦差大臣"旗号，显然用的就是曾国藩的招牌。可见，程希辕在其盐业经营中充分利用了他与曾国藩的这层关系。

2. 曾国藩重整淮纲与程桓生之盐务生涯

据黎庶昌所编《曾国藩年谱》，早在同治二年（1863年）三月，曾国藩就开始为两淮盐运布局②：

（三月）郭嵩焘授两淮运司。

（四月十二日）又具折奏江、楚各省本淮盐引地，被邻私侵占日久，非一蹴所能规复，察核现在情形，暂难改办官运。……派委知府杜文澜办官运淮盐，行销于楚岸。

---

① 《清实录》第47册《穆宗实录》（三）卷115，同治三年九月辛亥条，第553页。
② 曾国藩对两淮盐务的关注由来已久，推测作于道光三十年（1850年）的《与刘良驹》信中，他就具列了《盐法节略》的弊病，对其时的票盐改制提出自己的诸多看法。咸丰三年九月初十日《与徐有壬》、九月初十日《与周子俨》二信，亦提及粤盐行楚的问题。（见《曾国藩全集》书信之一，第81—84、203—204、205—206页）

(八月二十七日)自江面梗阻以来,湖南、北借川盐、粤盐,江西借食浙盐,两淮引地皆失。至是江面肃清,公乃咨谋于谙悉盐务之委员杜文澜等,议复旧日引地,先行试办官运淮盐,行销于江西一岸,核定西岸票盐章程,招商领运。

　　(九月十九日)拟将漕运、盐引二人政变通办理。附片奏请将道员黄冕留于苏、皖,经理漕政、盐务。……维时黄冕至安庆见公,禀请于皖省设立米、盐互市一局,招湖南米商运米至皖,由皖设法运至上海,以达于天津;招两淮盐商运盐至皖,与楚中米商交易而退。是为盐、漕二政变通之法,既而不果行。

　　(十月十五日)公核定楚岸皖岸票盐章程,刊发委员,招商办运。①

可见,早在太平军尚未完全覆灭之时,曾国藩就计划招募两淮盐商从事盐、粮贸易。也就在此前后,程希辕之子程朴生即已申领行帖,于饶州府治开张"程泰和"盐行。

另据《曾国藩日记》,同治二年(1863年)八月初一,"杜小舫上淮南盐务十二弊,甚为详晰"②。八月二十七日条附记中记录有:"刊刻试运西盐章程。"此后,他一再核改:

　　(九月初二日)二更三点后又改盐务章程。三更始睡,不能成寐,目又红矣。

　　(初三日)傍夕将盐务章程续核一过。夜围棋一局。旋将盐

---

① 黎庶昌:《曾国藩年谱(附事略、荣哀录)》,"湘军史料丛刊",岳麓书社1986年版,第170、171、176、177、178页。
② 《曾国藩日记》中册,第218页。

章核毕。

（初六日）核批札稿，傍夕至幕府一谈。夜核定盐务新章，三更后核改批札稿，三点后颇疲倦矣。

（廿四日）巳刻，莫子偲来久谈，阅黄南坡所禀米盐互市之议。

（十月初七日）幕中新请一友，专管盐务，名陈方坦，号△△，本日来署，因往一咆谈。

（初十日）核皖、楚盐章。

（十二日）傍夕至幕府一谈。夜核皖岸盐务新章，二更三点毕。

（十五日）傍夕至幕府一谈。夜核中路安徽票盐章程、楚岸章程。二更四点睡，四更始成寐。

（十八日）将皖岸、楚岸盐章核定发刻。

（二十二日）核新刻淮盐运楚章程。

（二十三日）核楚岸章程毕。

（二十五日）将楚岸盐票及税单、水程各刻式细校一过。

（十二月十四日）旋程颖芝来，与之围棋二局，又观刘开生与程二局，巳午正矣。

与程希辕相似，积极参与筹划淮盐运销的杜小舫（文澜）、黄南坡（冕）等人，皆是曾国藩弈棋的对手。而在此前后，程希辕也正在曾国藩幕府之中[①]，其子程桓生更是直接参与了淮盐运销体制的具

[①] 《曾国藩日记》（中册）同治二年九月初十："黄南坡来久谈。观其与程颖芝围棋二局，巳午初矣。"（第232页）九月廿九日："旋请客便饭，黄南坡、程颖芝、杜小舫、刘开生，皆善弈者。观黄南（坡）与程一局、刘与程一局。……又观程与黄围棋一局"（第237页）。

体运作。同治二年（1863年）八月二十三日，曾国藩在《复郭嵩焘》信中指出：

> ……江西督销局已派程尚斋，泰州总局已派张富年，湖北督销局拟派杜文澜。阁下经手各详，均已批发照准，大概规模略定。旬日以内，南坡翁到此，议定收回湖北繁、盛名口岸，或加税邻私，二者商妥，即行具奏。①

此处提及的程桓生与杜文澜、黄冕等人，皆是曾国藩幕府中对于盐务最为熟悉的人才。其中，江西一岸又是曾国藩最先办理也是其时最为重要的盐务引岸。

关于程桓生，民国《歙县志》卷6《人物志·宦绩》记载：

> 程桓生字尚斋，希辕子。道光己酉拔贡，署桂平县，旋去职，从李武愍、曾文正公军，累擢至道员。同治癸亥，文正治淮盐，创立鄂、湘、西、皖岸四督销局，檄桓生总办西岸。桓生于吴城建仓区，分岸以时运之，僻远皆得盐。丙寅，调署两淮运使，修万福桥，□清水潭大工。明年总办鄂岸督销局，凡分局、总卡、子店之属，皆亲往规度，如在西岸时，而于争回五府一州引界之岸，江督左文襄公加引之案，皆排万难定议。光绪甲申，再署两淮运使，丁酉卒于扬州。②

同治癸亥为同治二年（1863年），丙寅为同治五年（1866年）。光绪甲申为光绪十年（1884年），而丁酉则为光绪二十三年（1897年）。

---

① 《曾国藩全集》书信之六，第132页。
② 《中国地方志集成》安徽府县志专辑第51册，江苏古籍出版社、上海书店、巴蜀书社1998年版，第252页。

可见，从曾国藩重建两淮盐政制度伊始，程桓生就负责江西口岸的淮盐督销，并曾于同治五年（1866年）和光绪十年（1884年）先后两度出任两淮盐运使。

有关程桓生的生平事迹，民国《歙县志》的记载显然过于简单。而笔者收藏的《皇清诰授资政大夫、晋封荣禄大夫、例封文林郎、翰林院编修、二品顶戴、前署两淮盐运使、广西补用道加三级、显考尚斋府君行述》刊本（以下简称《行述》刊本）则有更为详细的记载：

府君姓程氏，讳桓生，字尚斋，号蘩周，世居徽州府歙县西乡之槐塘村。自始迁祖元谭公以降，世有隐德，五十六传至府君。曾祖觐光公，讳名炜，以继子贵，诰赠如阶，覃恩晋赠荣禄大夫。妣氏郑，覃恩晋封一品夫人。本生曾祖琪树公，讳名璨，以子贵，诰赠如阶，覃恩晋赠荣禄大夫。妣氏鲍，覃恩晋封一品夫人。祖典书公，讳训寿，国子生，捐职布政司理问加四级，恩旨赏赐貂皮、克食，武陟河工报效，议叙知府，覃恩晋赠荣禄大夫。妣氏鲍，覃恩晋封一品夫人。考颖芝公，讳希辕，国子生，武陟河工报效，议叙州同知，覃恩晋封资政大夫，晋赠荣禄大夫。妣氏郑，覃恩晋封一品夫人。颖芝公天性抗爽，与人交无城府，有时面折人过，而好善不倦。粤寇乱后，邑中义举多由倡率，佥称善人。子二，府君其长也，诞于扬城康山邻之徐姓宅。

此段文字交代了程桓生的家世，从中可见，歙县槐塘程氏祖辈中有数位是以捐输、河工报效得以议叙。槐塘程氏的姻娅之戚鲍氏、郑氏，应是歙县西乡的棠樾鲍氏和郑村郑氏，这些人所属的家族,皆是明清时代两淮盐商中的总商家族,其中的棠樾鲍氏,乾隆中叶前后更产生过权势显赫的"首总"。程桓生出生于扬州南河下的康山一带(这一带在盛清时代为徽商巨子的麇集之地),这显然与程希辕及其先辈的盐务贸易密切相关。抄本《先府君行述》①载:"明清之交,徽人业盐者萃于淮扬,吾邑岑山程氏尤盛,午桥(梦星)、鱼门(晋芳)两先生之族是也。乾隆中,程氏衰而江村江氏、桂林洪氏、棠樾鲍氏相继起。琪树公、尚书公两世婚于鲍氏,故吾家亦世其业,僦居扬州之康山。"琪树公、尚书公为程桓生的曾祖父和祖父。可见,程桓生一家世业淮盐,这与程希辕自称"盐务熟手"亦相吻合。接着,《行述》刊本描述了程桓生的教育背景及其早年经历:

> 幼而凝重,三岁随先大母郑太夫人返歙,六岁能诗,城东七十老人胡先生(长庚)奇之,并和韵以勖其成。自乾嘉以来,歙邑业鹾、业典,素称丰厚,吾家亦资以懋迁,境稍裕。先伯祖雅扶公(奂轮)始习儒,游庠时,里人多目笑之,府君遂益自奋勉,先大父期望尤殷。会安化文毅陶公(澍)淮鹾改章,向之席丰履厚者顿形中落,吾家食指本繁,亦遂苦饘粥难给矣。府君年十有三,负笈从师。时婺邑程先生(烈光)、当涂夏先生(忻)先后为西溪汪氏聘请,设帐于外王父墓地之茆坦村,以外家戚谊,因就学焉。嗣族再叔祖可山公焜由扬返里,复执贽,及门受业,学问日进,文

---

① 民国十年(1921年)8月程庆余撰,抄本。此件为扬州大学黄诚老师提供,特此致谢!

誉播一邑。道光戊戌,督学清苑王公(植)拔入郡庠。当是时也,一编坐对,家无儋石储。先妣汪夫人脱簪珥以佐之,舍砚田无以谋菽水,遂馆于棠樾鲍氏,训迪之暇,摩厉益奋,旋食廪饩。

根据此处的描述,程氏世代业盐,程希辕之兄程夑轮是程家首位弃贾习儒者,后来成为著名的篆刻家,著有《槐滨印存》等。道光年间的陶澍变革,曾使槐塘程氏一度中落。程桓生先后师事婺源程烈光、当涂夏炘、歙县程可山等人,后授馆于歙县棠樾鲍氏。其后,则因学而优则仕,逐渐步入宦途:

道光己酉科,督学顺德文恪罗公(惇衍)许为国士,选拔贡,入成均,庚戌朝考一等三名,钦点知县,签分广西,署理浔州府桂平县事。以拿获广东巨匪何名科、梁十八一案,保奏赏加同知衔,遇缺尽先补用。嗣是身在行间,续以军功,保升直隶州知州,赏戴蓝翎,荐保知府、道员,仍留原省补用,赏给正四品封典。同治三年攻克金陵,赏换花翎,并加按察使衔。在署运司任内,清水潭大工,赏加二品顶戴。晋捐出力,赏给从一品封典。豫赈、皖赈、甘饷叠奉谕旨,交部从优议叙,得加级者三、纪录者五。

程桓生由拔贡经朝考,"受知于湘乡曾文正公国藩,列一等"①,钦点为广西桂平知县,此后逐渐升职。到太平天国战乱结束以后,他已加至按察使衔,此后,主要是负责两淮盐运署的工作,其间,与曾国藩的渊源颇深:

(咸丰)四年,随固始武愍李公(孟群)管带水勇,赴湖广剿办岳、常一带贼匪。湘乡文正曾公(国藩)本朝考受知师,知府君能

---

① 程庆余:《先府君行述》,抄本。

胜艰巨，奏准留营。府君入参帷幄，出佐军旅，共事者罔不推心置腹，互相引重。嗣文正曾公奉讳交卸营务，武愍李公时驻扎桐庐防剿，约往共商军事，因就抚军满洲福公(济)戎幕，甫及年余，皖局糜烂，事不可为。会文正曾公墨绖复出，视师江右，府君与今爵相合肥李公(鸿章)先后由皖至大营，遂复参营务。数年中，回剿武汉，攻克英、霍，击退小池驿援贼，克复太湖县城诸役，府君实左右襄赞，屡邀迁擢。其运策参谋，见诸大师檄牍者，可考而知，不待缕叙也。

关于程桓生的戎马生涯，抄本《先府君行述》还指出："盖自辛亥而后，出入兵间者十二三年，数濒于危。"辛亥也就是咸丰元年(1851年)，其间，他与曾国藩过从甚密，是曾氏幕府中的重要成员。现存的《曾国藩日记》始于道光十九年(1839年)，涉及太平天国史事的部分则始于咸丰八年(1858年)。其中，时常可见曾国藩与程桓生的交往，以咸丰十年(1850年)为例：

(三月)十七日，早出，巡视营墙。饭后清理文件。旋与尚斋围棋二局……

廿日，早出，巡视营墙。饭后清理文件。与尚斋围棋一局……

廿一日，早出，巡视营墙。饭后清理文件。巳正与尚斋围棋一局……

廿三日，早出，巡视营墙。饭后清理文件。与尚斋围棋一局……

廿五日，早出，巡视营墙。饭后清理文件。旋与尚斋围棋一局……

廿七日,早出,巡视营墙。饭后清理文件。旋与尚斋围棋一局……

三十日,早出,巡视营墙。饭后清理文件。旋与尚斋围棋一局……

(闰三月)初五日,黎明,出巡视营墙。饭后清理文件。旋与尚斋围棋一局……

可见,尽管军务倥偬,但曾国藩还是经常与程桓生下围棋。除了下围棋之外,程桓生还作为曾国藩重要的幕僚赞襄军务,经常与之长谈,为后者出谋划策。在《曾国藩全集》中,收录有不少曾国藩与程桓生讨论盐务的书信,兹举数例稍作说明:

尚斋年兄阁下:

接初六日手书,具悉一切。

比维安抵章垣,经始局务,乘此盐未到岸之时赶办就绪,庶几以逸待劳,有条不紊。前请邻盐加厘告示,初以盐未上行,骤禁邻私,市间或难周转,拟俟盐船过皖再发。乃上月二十四业将告示发去,而下游开江之盐犹未知行抵何处,转瞬莱市将过,今年运销未必能多。以来书所计,通年销数不过五六万引,欲其增至十万,亦恐难副所望。新章第五条,给商本息银两多算四分,自应将总数改符散数,此间即令梓人更正。其已发之本,由尊处刻一小戳,用印泥改戳其旁可也。

……再,淮盐未到,而加税邻私之告示业已张贴,各卡员无所适从,纷纷具禀请示。拟即批令加抽,不知无甚窒碍否?

水程执照,应请尊处即行拟式刊刻,一面送皖查核。厘务虽非阁下经理,而一闻商民怨言,即请随时见示。去其太甚,则稍慰舆情矣。顺问尚斋年兄近祺。①

上述这封信作于同治二年(1863年)十月十四日。当时,湘军军事行动颇为顺利,接连收复石、太、旌德、高淳等城隘,皖南似可肃清,淮盐运销逐渐推行。稍后的十月二十四日,曾国藩又有《加程桓生片》:

……楚岸章程、中路安徽章程皆已发刻,即日寄至尊处阅核。西岸章程究尚有不妥之处否?牙厘章程有甚不便民者否?如有所闻,望随时函示。<u>仆于理财一道,实不得要领也</u>。再问尚斋仁弟台安!②

在当时,安徽称为"中路"。前引程希辕致方性存信函中,"本小可办中路",指的便是安徽的淮盐运销。另外,十二月十七日,曾国藩另有《加程桓生片》:

……盐务新章,赞者颇多。<u>然国藩于鹾政究系外行,如有差误</u>,祈详告我。再问尚斋仁弟台安。③

显然,在盐政规章的制订过程中,曾国藩对盐商世家出身的程桓生颇为倚重。关于这方面的情况,在光绪《两淮盐法志》中有更多的例子。

对于程桓生的盐务生涯,刊本《行述》有专门的记载:

---

① 《曾国藩全集》书信之六,第217—218页。
② 同上书,第243页。
③ 同上书,第359页。

同治二年，文正曾公檄办江西督销淮盐局务。时曾公虽履江督任，尚在安徽军次，江路渐通，已有淮盐运贩，沿江设卡抽厘以饷军。府君适当开创之初，虽遵奉曾公章程办理，然颇形掣肘。旋奉公谕云：凡办一事，必有许多艰难波折，如盐务缉私尚未动手，而建昌已有殴毙委员之案，将来棘手之处，恐尚不少，吾辈总以诚心求之，虚心处之，心诚则志专而气足，千磨百折，而不改其常度，终有顺理成章之一日。心虚则不动客气，不挟私见，终为人所共亮。阁下秉质和平，自可虚心，徐入委蛇，以求其有，当更望于诚心二字，加之磨练，则室无不通矣。

上述提及的"公谕"，亦见于曾国藩书信。同治二年（1863年），中法混合之常捷军及中英混合之常安军自宁波攻占绍兴，湘军占领兰溪等地。英弁戈登接统常胜军，同李鸿章部淮军攻占常熟福山、太仓、昆山等。曾国荃部攻下雨花台等处，天京围急，洪秀全急召李秀成回援。石达开自云南入川西，为清军所俘，五月被杀。戈登同淮军占吴江，逼苏州。李鸿章部、左宗棠部先后占江阴、富阳、无锡等地。太平军已显全面颓势，淮盐销售开始复苏。据抄本《先府君行述》：

同治癸亥，文正公益治淮盐，仰其入以佐军兴，创立鄂、湘、西、皖岸四督销局，而檄府君之江西。嗣是二十余年，专治盐事，凡署两淮盐运使者再，总西岸者四年，总鄂岸者十八年。

癸亥也就是同治二年（1863年），可见，也正是在此时，程希辕兴高采烈地写信给方性存，希望后者与他一起前来办理淮盐的生意。太平天国以后，曾国藩改定票章，聚散为整，规定凡行鄂、湘、赣三岸者，必须以五百引起票；行盐皖岸的，须以一百二十引起票。并在各岸设立督销局，制定了"保价""整轮"等方针，亦即盐价不准随意涨落，也不准争先销卖。于是承办票运者，尽属大贾；小本商贩，无力领运，票法精神逐渐消失。新章开办以来，淮南运商、场商"获利较厚"。同治五年（1866年），李鸿章因筹备军糈，又将票法参以纲法，勒令原有票商报效、捐款，以此作为票本，方准其继续递运。作为世业，不再另招新商，称为"循环转运"，从此，票商专利，同于引商；票捐增重，倍于窝本。稍后，马新贻又将此一政策在淮北推广，从此，先前的票盐良法遂被根本推翻。两淮盐运"虽名为票盐，实与引商无异，一经认运，世世得擅其利"①。光绪六年（1880年），当时户部奏称，鄂、湘各岸每淮票一张转相售卖，初始价值仅银五六千两，"迄今每票售银至万余两，即仅租运一年，亦值租价千金……且据为子孙之世业，获利奚啻倍蓰"②。由此，纲法实际上以新的形式死灰复燃，盐商藉此起家而囊丰箧盈者亦不乏其人。

正是在这样的背景下，盐商世家出身的程桓生两次出任两淮盐运使，"总西岸者四年，总鄂岸者十八年"③，先后担任盐务官员长达二十余年。据抄本《先府君行述》记载：

> 大抵道光以前两淮盐法更咸丰乱，半多不可用，行盐诸省，

---

①② 光绪《两淮盐法志》卷149《捐输门·捐收票本》。
③ 抄本《先府君行述》（民国十年八月程庆余）："丙寅江督合肥李文忠公（鸿章）、甲申江督湘乡曾忠襄公（国荃），两次檄署运使，皆破格奏荐，时论以为宜，称虽不得者无异词也。……丁亥八月，自运使退休，侨居扬州，不复出。"丙寅为同治五年（1866年），甲申为光绪十年（1884年），丁亥为光绪十三年（1887年）。

江西毗闽、粤，多闽、粤盐，川盐之借销者，且及鄂省之半，而通、泰诸盐场不被兵，不患不产，患不销。主者持就亭发贩之策，顾反散走，供私贩且资贼。上游则苦道梗，或淡食。比淮、扬下私贩稍稍戢，而镇江以上犹交兵，商人惮险不敢运，于是场商苦壅滞，亭户苦无所偿，交困，课益绌。文正公既创制四岸，期以促销者利运，以多运者纾场灶，交相灌输，首尾并举，迄于清末垂四十年，从事者惟谨，而与时弛张，相为终始，惟府君最久且独多。

这段话说的是同治二年（1863年）后曾国藩对两淮盐政的重新整顿，从中可见，程桓生在此过程中曾起到极大的作用①。

另外，程桓生担任两淮盐运使伊始，他的父兄和亲朋好友就与淮盐运销有着千丝万缕的联系，这不仅见诸前揭的书信，而且在其他的文献中亦可得到印证，因此，官商勾结的嫌疑也为他人所诟病。对此，刊本《行述》指出：

> 复以同邑某姓有饶郡开设盐行之事，言者以风闻入告，府君

---

① 抄本《先府君行述》亦对程桓生的淮盐官员生涯作了进一步的描述："府君之始至江西也，淮盐亦甫行运，然不时至，至亦濒江越湖，至吴城而止矣。吴城有盐行六家，皆不自运盐，第居间上下其直以为利，甚至百金而取二，内地水贩尤病之。府君则立总局于南昌、分局于吴城，使商盐经过，得留其三，而其七必输之省，就定价发贩，一主于局，盐行不得预，限其取于水贩者，毋得过三百分之一，销以大畅，虽僻远皆得盐价无踊，商民翕悦。在鄂岸则引地益广，治益密，分局、总卡、子店之属，多亲往相度建聚，其劳若创焉。……又以先世尝业盐，知其利病，故治盐事尤务恤场灶，使厚其力，多制良盐。在鄂岸时，常致书淮运使，亟讲求重淋提尖之法，欲以敌邻盐，畅岸销，减缉私，而于争回五府一州引界之案，江督湘阴左文襄公（宗棠）加引之案，虽排万难得定议，犹以为非本计也。自曾文正公后，江、鄂督抚更十数人，类尝共艰难，志事雅相得，遂以从容进退，得行其志。在曾公幕久，所交皆当世材，其后多显达至大官，书问论事不绝。"这一段文字提及，因程桓生出自盐商世家，故而对于淮盐运输有着切身的体会，所提出的各种方案往往多能切中问题的要害。

求引退,又奉曾公谕云:阁下持躬整饬,无人不知,而办理局务,缕析条分,丝丝入扣,鄙人实深倚赖,无妄之灾,不久当可昭雪。此间固无接替之人,且亦未可遽动,转涉可疑,仍祈照常办事,静候公论,勿稍介意。旋经抚军侯官文肃沈公(葆桢)委干员密查,明晰复奏,与程无涉,事始解。

揆诸实际,所谓同邑某姓,可能指的也就是前揭程希辕信函中的收信人方性存①。由于"程泰和"盐行之行帖系由程桓生之弟程朴生所捐,故而当时有人弹劾程桓生是官商一体,不适合担任两淮盐运使。不过,曾国藩却极力担保他过关。后来,朝廷决定由沈葆桢派人督查此事,但事情最终却不了了之。结果,程桓生官照做,在此后一年,他虽然离开了江西督销局,却又被任命为两淮盐运使,官是越做越大,而家里人的盐业也照样经营。根据1921年程氏后人撰著的《先府君行述》记载:"先大父素营商,乱后业复,晚犹四出,躬治其事以为乐。殁时,里中惟田数十亩。府君奔丧归,推商业以与三叔父,曰:若优为之,吾取瘠田焉可矣。"②《先府君行

---

① 由前揭程希辕的书信来看,其时方性存为"程泰和"盐行的开设者,但从《清实录》的记载来看,及至同治三年(1864年),泰和行系由程希辕之子程朴生所开。今按:方性存与程朴生在泰和行中的角色并不完全清楚,推测两人或系合伙人,或前后在行中的股权有所变化。

② 这里需要指出的是,今查程氏后人编写的"谱系表",槐塘程氏58世程希辕名下,仅见有桓生、朴生二子,那么,《先府君行述》中何以有"推商业以与三叔父"的记载?今据刊本《行述》:"待三叔父孔怀谊笃,而语诫不少宽,老年手足友爱,若孩提。堂兄锦文,三叔父出,为府君胞侄,现知广东德庆州事……先二叔父伯岐公(梁生)、先四叔父义仲公(集生),与府君为共祖兄弟……"今查程氏"谱系表",程梁生、程集生为程奂轮(雅扶)之子,而程奂轮则为程希辕的兄弟。据此可知,在"共祖兄弟"的排行惯例中,所谓三叔父,应为程桓生之弟程朴生。

述》出自程桓生第六子程庆余之手,故行述中的"先大父",指的就是程希辕,而"府君"则是指程桓生。从中可见,程希辕在太平天国之前即从事两淮盐业,其人老死后,程桓生让其弟程朴生①继承父业,一官一商,相得益彰。

其实,类似于此的现象,在太平天国之后并不少见。另一位祖籍徽州的两淮盐运使方浚颐,也与歙县北乡许村的商人世代合作经营扬州盐业,所获不赀②。

三、余论

明代以来,徽州盐商在中国东南各地极为活跃。对此,绩溪人胡适先生在自叙家世时曾指出:

> 近几百年来的食盐贸易差不多都是徽州人垄断了。食盐是每一个人不可缺少的日食必需品,贸易量是很大的。徽州商人既然垄断了食盐的贸易,所以徽州盐商一直是不讨人喜欢的,甚至是一般人憎恶的对象。你一定听过许多讽刺"徽州盐

---

① 据光绪《抚州府志》卷38《职官志》、民国《歙县志》卷5《选举志》等方志的记载,程朴生曾在江西吉水、龙泉、乐安、分宜等县为官。对此,《清德宗景皇帝实录》卷135曾载:"江西吉水县知县程朴生才具尚可,声名平常。"另外,民国《续纂泰州志》卷28《人物·流寓》:"程朴生字石洲,歙两淮运使桓生弟,官江西州县,解组后寓泰。"太平军兴之后,泰州成为两淮盐运的重要枢纽。同治二年(1863年)八月,曾在泰州设立招商公所。程朴生辞官后寓居泰州,与当地文人诗酒唱和,显然与他的淮盐经营有关。

② 参见王振忠:《历史学导言》,见许骥:《徽州传统村落社会——许村》,[法]劳格文(John Lagerwey)、王振忠主编"徽州传统社会丛书",复旦大学出版社2013年版,第3—4页。

商"的故事罢！所以我特地举出盐商来说明徽州人在商界所扮演的角色……

在东南一带，徽州盐商在两淮和两浙的活动最为引人瞩目，尤其是清代扬州等地的盐商，更为世人所津津乐道。

在明清盐政制度的数度变化过程中，徽商的实力呈日益增长之势。在明初的开中制度下，虽然以秦、晋商人居多，但也有徽商从事开中制度下的粮、盐贸易①。及至运司纳银制度确立，与扬州地理上更为近便的徽州盐商更是崭露头角，其实力不仅与秦、晋商贾骈肩称雄，而且还逐渐超过了山西和陕西盐商，成为两淮盐商之中坚力量。此后，随着纲盐制度的确立，徽商的实力更是大为增强。及至清代乾隆盐务全盛时期，在扬州的徽州和山西盐商大约有一百数十家，"蓄资以七八千万计"②。其中，尤其是徽商的财力更是如日中天。对此，徽州乡土史家许承尧在民国《歙县志》中指出：

> 邑中商业，以盐、典、茶、木为最著。在昔盐业尤兴盛焉，两淮八总商，邑人恒占其四，各姓代兴。如江村之江，丰溪、澄塘之吴，潭渡之黄，岑山之程，稠墅、潜口之汪，傅溪之徐，郑村之郑，唐模之许，雄村之曹，上丰之宋，棠樾之鲍，蓝田之叶皆是也。彼时盐业集中淮扬，全国金融几可操纵，致富较易，故多以此起家，

---

① 民国《歙县志》主编、歙县唐模人许承尧的《江南乡试硃卷》（徽城黄古香堂殿一写刊）中提到：其"七世祖奇泰，明初输粟佐边赈济，钦赐冠带，建坊旌门。尚义，载郡邑志"；"九世祖昂，纳粟义官"。这说明早在明初就有部分徽商从事开中制度下的粮、盐交易。

② 汪喜孙：《从政录》卷2《姚司马德政图叙》，见《江都汪氏丛书》。

席丰履厚,间里相望。①

另据新近发现的徽州文书抄本《杂辑》记载:

吾徽六邑山多田少,人民大半皆出外经商。吾歙邑有清两淮盐商为我独揽,棠樾鲍氏家资多至三千余万,外此八大商皆拥厚资,不下千万。②

这里的"八大商",也就是指两淮八大盐务总商。清代前期,在两淮的八大盐务总商中,徽州府歙县人通常总占到四名左右,各姓前仆后继。根据《杂辑》之披露,歙县棠樾鲍氏家族的资本规模高达三千余万,其他的盐务总商,资本也多达千万。由此看来,棠樾鲍氏应当是乾嘉时代中国最为富有的商人。程桓生出身于盐商世家,其家族经营两淮盐业可以上溯至16世纪中叶的明代。及至清代前期,曾祖程名璨、祖父程训寿,两世皆娶棠樾鲍氏为妻,是扬州盐务"首总"鲍志道、鲍漱芳父子的内兄弟③。另外,八大盐务总商中的岑山渡程氏,始迁自歙县槐塘,而槐塘也正是程希辕、程桓生的桑梓故里。这些都说明程桓生家族与盛清时代的盐务总商有着千丝万缕的联系。

事实上,盛清时代的两淮八大盐务总商,也并不是所有的家族都在太平天国之后完全衰落。例如,其中的歙县上丰宋氏盐商,从其迄今保留下来的大批文书来看,在晚清时期仍然相当活跃。与槐

---

① 民国《歙县志》卷1《舆地志·风土》。
② 《杂辑》是有关歙县茶商方氏家族的珍稀文献,此条见"新安大好山水"。
③ 参见唐海宏:《南社成员程善之家世、生平考述》,《皖西学院学报》2012年第3期。

塘程氏家族相似，虽然在嘉庆、道光年间该家族一度中衰，但他们同样是在太平天国战事尚未结束时就已开始重操旧业，从而在战后的两淮盐业中占据重要的一席之地①。

盐、典、木号称"闭关时代三大商"，从现有的资料来看，咸同兵燹之后，至少盐业和木业规章制度的重新确立，与徽商的影响密切相关。关于曾国藩与太平天国以后木业规章制度之确立，笔者在此前的研究中已有涉及——从新发现的《西河木业纂要》抄本可见，徽州木商有着重要的影响②。同样，迄至今日，徽州当地仍留存不少盐商家族的珍贵文书③。这些资料对于清代盐政史的研究具有重要的学术价值，对于晚清盐政史的诸多环节则更有填补空白的意义。从程希辕与曾国藩的交往，以及他在咸同兵燹后期从事盐业经营的活动，再从程桓生在同光年间长期主持两淮盐政，这些，

---

① 关于这批文书的概况，参见拙文《徽州文书的再发现：民间文献与传统中国研究》的简要介绍，载《千山夕阳：王振忠论明清社会与文化》，桂林：广西师范大学出版社2009年版，第35—70页。该家族文书中有一册《便登》抄本，为同治五年（1866年）宋氏盐商的运盐日记，其中缕述了自己在江西的活动，提及："闻程尚斋于前月二十后，自西省动身往扬附［赴］运司任。"该段史料指的便是程桓生由江西督销局转任两淮盐运司一事。看来，上丰宋氏盐商对于盐务官僚程桓生的动向极为关注。至于宋氏盐商与槐塘程氏的关系（这涉及同治初年类似于程希辕与方性存那样的歙县盐商呼朋引类外出经营的现象），则有待于进一步的考察。

② 徽州文书抄本《西河木业纂要》一书收录有同治三年（1864年）五月婺源木商李坦向两江总督曾国藩递交的数份禀文。对此，曾国藩曾两度批示，并正式公布了《江苏木厘新章四则》。由此可见，婺源木商对于太平天国以后木业规章的重新修订与确立，有着重要的影响。关于这一点，请参见王振忠：《太平天国前后徽商在江西的木业经营——新发现的〈西河木业纂要〉抄本研究》，《历史地理》第28辑，上海人民出版社2013年版。

③ 由笔者主编的《徽州民间珍稀文献集成》（三十册，复旦大学出版社2018年版）中，亦收录有多种珍贵的徽州盐商家族文书。

在在皆可看出徽商对于晚清两淮盐务的直接或间接影响。

揆情度理,面对 19 世纪中叶的重大变局,曾国藩为了筹措稳定而充足的军饷,需要尽快恢复淮盐市场,在这种背景下,重建淮盐管理体制以及招商认运,对于徽州盐商的倚赖亦在所难免,这也正是晚清盐政制度中"寓纲于票"核心思想形成的原因所在。

最后应当强调的一点是,对明清时代制度史的研究,除了详究细探各类规章制度之外,对于活跃其间的各色人物之关注更不可或缺。唯有如此,方能较为全面地考察制度的变迁与社会关系之嬗变。从程希辕、程朴生以及与之相关的一些徽州盐商(如方性存)之生平事迹来看,这些人都具有一定的文化素养,甚至颇有"儒商"风范。从中可见,晚清时期,徽商对两淮盐政的影响仍然相当重要,这一点,与太平天国之后徽商基本上退出两淮盐务的通常认识大相径庭。不过,清代前期与后期的情况仍然有着重要的区别——与晚清相比,盛清时代的盐商一方面督促子弟经由科举考试步入宦途,从而自立为官商,另一方面则更是通过各种方式与官员交结,通过捐输、报效等效忠皇室,从而获得垄断特权。及至太平天国之后,具有商人家世背景者直接出任鹾务官员似成常态,权力与资本勾肩搭背的现象更为肆无忌惮。此一事实从一个侧面反映了明代以来中国政商关系的新变化。

(原载《安徽大学学报》2016 年第 4 期)

8

两地书：从敦煌到徽州

混沌初辟，上帝害怕亚当孤单，趁其熟睡，抽取他身上的一根肋骨，造就了一个女人。此后，女人遂成了男人的"骨中骨""肉中肉"，而男人则要离开自己的父母去依恋妻子，与她结为一体……一旦分离，难免就有相思的烦恼，以及拉呱絮聒之必要。大概从那时开始，驿寄梅花，鱼传尺素，夫妻之间的两地书便已出现。

在中国，无论是《诗经》中的"君子于役，不知其期"，还是古诗乐府之"青青河畔草，绵绵思远道""千里远婚姻，悠悠隔山陂"，或许都昭示了夫妻之间的两地书由来已久。及至唐代，现存的敦煌文书中更出现了《夫与妻书》和《妻与夫书》之类的书仪，供人摹仿套用。唐人张敖编撰的《新集诸家九族尊卑书仪》中，就有一往一复的天涯芳信：

自从面别，已隔累旬；人信劳通，音书断绝。冬中甚寒，伏惟几娘子动止康和，儿女佳健。此某推免，今从官役，且得平安，唯忧家内如何存济。努力侍奉尊亲，男女切须教训。今因使往，略附两行，不具一一。（《与妻书》）

拜别之后，道路遥长，贱妾忧心，形容憔悴。当去之日，云不多时，一别已来，早经晦朔。翁婆年老，且得平安，家内大小，并

得寻常。时候,伏惟某郎动止万福,事了早归,深所望也。(《妻答书》)

据敦煌学者的研究,《新集诸家九族尊卑书仪》是现存敦煌本《吉凶书仪》类中最为简要的一种。而类似的夫妻对答,在其他的残篇遗简中亦颇有所见,这说明经过魏晋南北朝以来的发展,两地书的形式已相当成熟。信中的"几娘子"和"某郎",在有的两地书中或作"次娘子"和"次郎","几"或"次"相当于后世尺牍活套中的"某"或"△",是一种泛指,供写信人套用。

敦煌书仪之大量出现,反映了上层礼仪向一般民众的扩散过程。随着时代的变迁,这种传播更加深入和广泛。元末明初陶宗仪《说郛》卷34上有一个段子说:

绍兴辛巳,女真犯顺。米忠信夜于淮南劫寨,得一箱箧,乃自燕山来者,有所附书十余封,多是敌营妻寄军中之夫。建康教授唐仲友,于枢密行府僚属方圆仲处亲见一纸,别无他语,止诗一篇,云:"垂杨传语山丹,你到江南艰难;你那里讨个南婆,我这里嫁个契丹。"

辛巳亦即南宋绍兴三十一年(1161年)。当时,金人进攻南宋,米忠信乘着夜色前往劫寨,结果缴得女真人的一个箱子,里面都是妻子写给丈夫的书信。其中有一张纸上只有一首打油诗,内容是一个名叫垂杨的妻子捎给丈夫山丹的几句话:你到江南打仗很辛苦,天长日久,看来一时半会也回不来,干脆咱俩就散伙吧,你到那里讨个南蛮婆子算了,我在北方就嫁个这里的契丹人吧——这是笑话女真男人出外打仗,侵略南宋,没想到后院起火,老婆难耐雌守之苦，很快就有了契丹相好，坚决要求与前线的女真士兵分手。揆情度理，"唐乌龟宋鼻涕清邋遢"，积弱如清水鼻涕的赵宋政权打不过剽悍的女真人，奇思妙想的文人才子便只能收集（甚或是编造）因第三者插足、对手"军婚"遭破坏的故事偷着乐——这是南宋士大夫从汉文化的三纲五常出发，取笑北方民族的夫妻关系。在他们看来，垂杨山丹的两地书简单干脆，几乎可以说是白纸乱涂数点墨，自然不需同时代汉地书仪繁文缛节的客套和委婉。

及至明清，教人撰写书信的尺牍活套层出叠现。这些活套，有的反映了某个区域颇为普遍的社会实态，具有特别的研究价值。譬如，清代婺源人汪文芳所辑的《增补书柬活套》流传极广，在徽州，几乎各个县份都有该书的刊本和抄本。其中的活套，就反映了徽州人日常生活及商业活动中的诸多应酬。此类活套，主要分为问候、思慕、庆贺、慰唁、馈送、邀约、借贷、荐托、箴规、索取和延聘等，各类都有套语——这是根据事由的分类。还有的则根据信函的书写者，分为各种情形。以家书类为例，就分作"祖在家（示孙）""孙在外（禀祖）""孙在家（禀祖）""父在家（示子）""子在外（禀父）""父在外（示子）""子在家（禀父）""伯叔在家寄侄""侄外奉伯叔""伯叔在外寄侄""在家奉伯叔""兄在外寄弟""弟在家奉兄""兄在家寄弟""弟在外奉兄""母示子书""子在外禀母""夫寄妻"和"妻寄夫"等。这些活套，有的也叫"写信不求人"，意思是应用者不需要找人帮忙，只要填入相关人等的名讳即可。

有的活套甚至被编成启蒙读物，将写信时的遣词用字都一一编入。如刊本《汪大盛新刻详正汇采书信要言》（简称《书信要言》）

全书为四言，中间部分分门别类地列举了写信的套语。譬如，妻子写给丈夫的内容就有相当不少：

> 女儿起嫁，我难作主，接他不多，你回议处，无人啇量，实难应许，盆桶有限，奁仪使女，首饰衣服，箱笼橱椅，衣架须毯，门幔帐坠，器皿铺陈……备办不周，受他言语，儿女分上，再三难阻，你躲不归，尽是我举，讨尽咭哓，受尽苦楚。

> 时下作田，节临谷雨，浸谷撒秧，当先预备，灰粪牛租，临期难具，割麦莳田，无人相助，早起夜眠，十分忧虑……

> 媳妇儿孙，不受训诲，生事冤家，惹人恼燥，柱［拄］废［费］心机，全无所靠，四处嬉游，家赀荡废……汝我命低，终难过世，不得他力，反加着忤，玷辱祖宗，带累亲戚……

> 你在途中，务宜将息，晏些起程，早些歇息，且自宽心，不可恼怗，忍耐回家，啇量算计，只此报知，收拾仔细。

该书发现于徽州，印刷颇为粗糙，文字亦多错讹。从"汪大盛"的名字来看，这应是徽州人编辑或出版的一册启蒙读物。信中有不少方言土语，"咭哓"的意思大概是被人说了闲话。从中可见，徽州妇人家长里短絮絮叨叨，备述女儿出嫁、置办妆奁的破费及难处。接着说雇人做农活，遭磨洋工，丈夫寄钱无多，不够应付。此外，还涉及婆媳之间的尖锐矛盾，提出的解决方案是分家另过。最后是嘱咐丈夫在外保重，不可气恼……

此类夫妻间的两地书，在明清时代所见颇多。譬如，徽州文书抄本中就收录了一份相当有趣的信函。从中，我们仿佛看到，寒夜孤灯之下，一位商人妇正拈管展笺，书写心事恨词：

> 信奉良人知之：常言俗语无文，且喜二大人康泰，儿女安宁。前接来银十两，猪油拾斤，欠账零零碎碎，算来不够还人。

"良人"是对丈夫的称呼。老夫老妻虽然未必完全是爱弛情衰，但整日价忙于柴米油盐生意琐事，通常情况下，没有什么风花雪月卿卿我我需要表白，除非发生大的变故才需相互通报。妻子先是照例寒暄，叙说公公婆婆及儿女一切都好，接着说收到寄来的银钱十两和猪油十斤，临了还抱怨寄下的银钱不够开销……

这一段话具有浓厚的徽州乡土背景。明清以来，徽商外出，经常要往家中寄送猪油。据说，在江南各地，有一种人拿着竹节，每天到肉摊上收购猪油，收到后就装入桶内销往徽州。有一首《收猪油》的竹枝词这样写道："两只竹节收猪油，每日派人肉铺兜。猪油收来作何用，装入桶内销徽州。徽州地方少猪肉，猪油炖酱夸口福。更把猪油冲碗汤，吃得肚肠滑漉漉。"江浙一带滩簧编出的笑话，说的是"徽州朝奉，富而啬，好绷场面，日进青菜豆腐，而悬猪油少许于墙角，餐后，揩油于唇，立大门前告人曰：我家今天吃猪油炖酱。"虽然说"猪油炖酱夸口福"，典出江南一带讥讽徽州人为揩油之祖师的笑话，但嗜好猪油为徽州的风俗，这一点并无疑义。徽州绩溪人胡适在其口述自传中就曾说过："……我们徽州人一般都靠在城市里经商的家人按时接济。接济的项目并不限于金钱；有时也兼及食物。例如咸猪油（腊油），有时也从老远的地方被送回家乡。"可见，这封书信的乡土色彩极为浓厚。

> 正月元宵灯节，红烛点了八斤，清明标挂在迩，冤孽又要用银。社屋呼唱[猖]做戏，班名便是奇音，公众用银十两，派到我

家二星。驼背叔公点戏,做了《舍郎》《古城》。

元宵、清明等岁时节日有不少开销,如红烛就点了八斤(徽州的蜡烛是论斤计算)。"标挂"也叫"挂钱"或"挂纸",清初《新安竹枝词》有"鼓吹喧阗拥不开,牲拴列架走舆儓,问渠底事忙如许,唐宋坟头挂纸来。"就是指清明扫墓时,将白纸条挂在坟墓上,以祭奠亡灵。在徽州,"社则有屋,宗则有祠",如果说宗祠反映了一姓的血缘脉络,那么社屋则凸显了人们的地缘关系。在社祭时有的需要祭祀五猖神,祭祀的仪式称为"呼猖"。鲁迅《朝花夕拾》中有一篇《五猖会》的短文,说儿时到绍兴东关去看五猖会,神像是五个男人。其实,五猖神源出皖南。民间祭祀时,需谨备长江鲜鱼、三牲福事、干净斋饭和水花豆腐等,拜请五方诸位众神——风猖神王、狂猖神王、毛猖神王、野猖神王和伤猖神王。而祭神时例须做戏酬神,此处做戏的戏班名叫"奇音班",由大家凑份子聘请。从这封信来看,当时,全村共花了十两银子,写信的妇人家出了"二星"。"星"是秤杆上标记斤、两、钱的小点,这里的"二星"可能指的是二钱。戏是由驼背叔公点的,做了两出戏,一出叫《舍郎》,一出叫《古城》。

喜儿台前闯祸,三害打骂上门,"半世死"骂过不了,"少年亡"骂过不宁,气得我心里跌丁丁,骇得我手脚如冰,馒头、肉包倍[赔]礼,百般小心出门。

这是说儿子(喜儿)在看戏的台前闯祸,一个绰号"三害"的人打上门来,自己和喜儿遭人辱骂,被骂得非常难听,什么"半世死",什么"少年亡",什么难听的就骂什么。自己虽然气得不得了,但也只好忍气吞声,拿出一些食物来低三下四地赔礼道歉。商人妇讲这些话,意思是说家里没有男人支撑门户,所以备受他人欺凌,也以此衬托出自己咽苦吞涩,既当爹又当妈管束子弟之不易。

  荷花偷吃冷粽,重阳肚痛至今,请医服药不效,求神问挂[卦]不灵,菜园无人料理,挑粪也要倩人。

  荷花可能是个丫环,因重阳日偷吃了冷粽而一直肚子疼痛,无论是请医生还是求神保佑都不奏效,所以无人浇菜挑粪,家务可谓千头万绪。说这些话,又在表示自己早起晚息,杂事萦心,世态人情经历多多,持家相当辛苦。

  今年新娶侄息[媳],讲话又不听人,题[提]起女中针指,全然莫莫[默默]无闻,况且好吃懒做,兼之又不成人,日日人家去坐,时时多嘴多唇,得在邻居啕气,人人看家面情,不但人品丑陋,而且塔鞋拖裙。

  俗话说:三个女人一台戏。但从这封信来看,其实,两个女人就足够上演数台戏了。年纪大的总归看不惯年轻人的做派,而在晚辈眼里,倚老卖老恐怕也同样讨嫌。从上述的这段描述中可以看出:在商人妇眼里,刚过门的侄媳妇人长得丑陋不堪,穿着疲疲沓沓,不仅描鸾刺绣各色女工一样不晓,而且为人好吃懒做,四处游荡,多嘴多舌,经常与人啕气("啕气"亦即淘气,也就是生气的意思)。

  瘌痢叔公酒后,无得[缘]无故出言骂人,与他理论几句,反彼[被]强阄欧[殴]凶,意欲下府告状,幸看庞伯讲请[情]。

  瘌痢叔公酒后撒疯,无缘无故骂了我,妇人家与之理论几句,反而被他结结实实地揍了一顿,我气不过,很想到徽州府告状去,但被中人庞伯劝阻。平居乡里门前朝暮,磕磕碰碰在所难免,只是自己屡屡受人欺侮——这也是在诉说家中因无男人主持,为妻的极为辛苦!

黑娘日前分娩,生下一位千金,送我鸭子十个,外有喜酒一壶,回去银锁一把,肚肺一副三斤。玉招姑娘生日,又要送盒人情,崐原喜烛一对,洪坑索面三斤,百般家用浩大,人情四季纷纷。家中无去[处]想法,千万多寄些银。

妇人饱谙家务应酬,一家一计,肠肚萦牵——邻人或亲戚黑娘生了女儿,送来十个鸭蛋,外加一壶喜酒,礼尚往来,只得将一把银锁和三斤肚肺作为回礼。玉招姑娘生日,又要送上喜烛、索面等人情,开销实在不少。"崐原喜烛"和"洪坑索面"均为清代徽州的送礼佳品。乾隆时人吴梅颠的《徽城竹枝词》有曰:"通行送礼祝年高,尖嘴蒸成大寿桃。泼剌盆鱼金字烛,洪坑挂面上丰糕。"稍后佚名所著的《歙西竹枝词》中亦称:"方物驰名各善长,洪坑索面匣儿装。"可见,"洪坑挂面"亦即"洪坑索面",显为"通行送礼"之必备。"徽城"指的是徽州府城,亦即歙县县城(歙县为徽州府附郭首县,府、县同城)。"歙西"则指歙县西乡,在明清时期,该处为徽州盐、典巨商麇居之地,风俗极其奢华。《歙西竹枝词》曰:"谋生远客不忘家,女掌男权费用骄。寅借卯粮拖店帐,人情人面做虚花。"这是指责妇人主持家政,仗着丈夫在外经商大手大脚地讲排场。而从商人妇的立场着眼,家里虽然还不到短褐穿结、箪瓢屡空的地步,但巧妇确实难为,故而切望丈夫多寄些银钱回家接济。此处的

"处"写作"去",并非一般的笔误,似有方言的背景存焉。

> 大女儿年岁不少[小],二女儿长大成人,麻瘩姑娘作代[伐],亲家也在本村,大女婿苏州生意,二女婿亦在阊门,闻闻(按:疑衍一"闻"字)得小官伶俐,家私却有千金,偏嘴姨夫会过,说来亲上加亲。

此处所话家常,讲到两位女儿之出阁亲事——找的女婿都在苏州做生意,为人均聪明伶俐,而且家里也很有钱。当时的阊门(苏州)是世人心目中打工赚钱的好地方。根据明代中叶的标准,徽州人家以财富多寡分为"上饶""中饶"和"稍饶"之家。到清代,有千金家私的大概仍属于"中饶之家",也就是比小康更为富裕的家庭。找了这么好的婆家,岂非表明自己非常能干?

> 大孩儿在店生意,早晚叫他用心,银水教他看看,戥(等)秤要学称称,将来年纪不小,家中已曾说亲,姑娘年有十二,人品也还精伶,好过亲家太太,聘礼不接多少,只接好银一斤。

这是嘱咐丈夫要让大儿子认真习学生意,学好生意场上的各种基本功——如看秤、识别真假银钱等。并说自己已为长子找好媳妇,不仅为人比较聪明,而且还不需要费太多的花红彩礼,可以说是拣了个大便宜。这也同样是在评功摆好,自矜能将家务擘画得井井有条。

> 细儿二月上学,送从富贵先生,只好描红把笔,教法看来中平,吃饭几碗不饱,菜蔬一扫尽空,好酒壹壶不醉,还说供饭不精。从前托他写信,他推肚痛不能,一连过了几日,并无一字回音,此信竟无人写……亏细心叔公,但略一笔挥成。

这是抱怨请来的私塾先生教书非常平庸,但却食量逾人,吃饭不仅要吃好几碗,而且风卷残云般地将蔬菜一扫而空。又喜欢衔杯漱醪,恣其饕餮,酒量相当之大,一壶老酒都见底了居然还不会醉。尽管吃得这么多,他还在抱怨说东家供应的饭菜不够精好。平常连信都不肯代笔,只是推托自己肚子痛,所以交代他写的信好几天都没有写出。幸亏那位细心叔公帮我写了那封信。如此等等,真是烦心倦目,怨结愁肠……

根据文献记载,不少徽州人对于私塾先生相当刻薄,近世胡梦龄的《黟俗小纪》指出:"我邑风俗,于蒙师非但不知所择,而且待之甚薄,束脩极菲,子弟相从,还讲情面。而山村小族更不加意,只贪便宜,虽市夫匠艺可充馆师,鲁鱼亥豕之诮,往往皆是,此真莫大之忧也。"这虽然指的是黟县一地的情况,但在徽州的许多地方均较普遍。清代、民国时期流行于徽州的《蒙馆经》抄本,大致反映了蒙师的处馆生活,"一入门来百事牵,戏联排[牌]匾并堂联,精神尽抖周旋遍,辛苦何尝见着钱"。塾师待遇既薄,教书自然平庸。

在上揭的长吁短叹、嗟嗟怨怨中,妇人从各个方面明说暗示自己持家极为辛苦,也相当能干,言外之意无非是——"为儿女使尽些拖刀计,为家私费尽些担山力",像我这样出色当行的女人,你能娶到手做老婆,真是你前辈子修来的福分,还有什么不满意的?进而提醒对方家有贤妻,不可辜恩负德,更切莫"弃了甜桃绕山寻醋梨"!

在摆了自己的一大堆功劳之后,这封信笔锋一转,以骤雨打新荷之势兴师问罪：

> 所闻你在外娶妾，如何大胆糊[胡]行？年纪有了四十，也须灭了火性，思前我待你恩情，如果有了此事，星夜赶到店中，骂一声"狐狸精贱人"，看你如何做人？且问你为何停妻再娶，吵闹不得安宁。

霎时间怨雾凄迷、悲风乱吼，实际上直到此处，妇人才真正切入正题：我听说你在外面找了小老婆，怎么这么大胆？你年纪也已四十岁，已经不是火力生猛的青春小伙了，欲火煽动，津液易枯，本来不应该如此花心，在外蝶意偷香、贪欢嫩蕊。你该想想我以前对你的恩情吧，倘若确曾恋酒迷歌、意马心猿，我会昼夜兼程赶到你的店里，骂一声"狐狸精贱人"，看你如何做人？再问你为什么折柳攀花，吵闹得天翻地覆。歙县有一首民谣叫《一纸书，到南京》，状摹的便是类似的情境：

> 一纸书，到南京，丈夫出门无良心。
>
> 家中娶个蒂蒂荷花女，外头讨个大大狐狸精。
>
> 搽粉搽三斤，胭脂涂半斤；
>
> 红头绳，扎四两，绿头绳，扎一斤；
>
> 一梳梳个长辫头，一拖拖到背脊心；
>
> 红背褡，绿背心，一双拖跟鞋，着到外婆家去看灯。
>
> 哪个灯消火灭鬼，踩着卬只脚眼睛；
>
> 痛呀痛伤心，气呀气恼人。
>
> 卬要去搭外婆讲，眼泪鼻涕流塌三四两。

"卬"是徽州妇人的自称，歌谣中的妇人，提起负心的丈夫以及南京的那位狐狸精，既是伤心又是恼人。而对于这样的后果，当事的另一方大概不难逆料。俗话说："宁食三寸葱，不逢醋一盅；宁食五斗蒜，不逢醋一罐"——醋海生波的能量，着实不容小觑。《型世言》第二十六回写寓居杭州箭桥大街的徽州盐商吴燸，吃不成羊肉反惹一身膻，在外被亲友耻笑，在家遭妪人痛骂："没廉耻入娘贼，瞒我去讨甚小老婆，天有眼，银子没了，又吃恶官司！"而新发现的徽商小说《我之小史》也曾提及，作者詹鸣铎之父詹蕃桢在杭州纳宠，柔情似水、佳期如梦，不料为其祖母所知，后者赶到杭州"勃然大怒，拍案一声，惊得行内诸人备聚，祖母大骂，伙老观喜，进茶于几，一掌打去，茶几都翻。众人一齐来劝，扶入内进，我的母亲、父亲，霎时同到，对之跪下。我与礼先、庆林、江氏、春莺及翠季二妹，亦皆一齐跪下，涕泣哀求。半晌之后，方始略为霁威，但怒气仍不息。是日大骂，闹及夜半"。詹氏母亲较为懦弱，而祖母则极强悍。试想，老孺人尚非应该吃醋的当事人，但即便如此，她的吵闹也已让意惹情牵的詹蕃桢难以招架，最后只得任好梦痴逐流水……

为了摆脱"狐狸精贱人"似有若无的阴影，妇人的策略是"有枣没枣，打一竿瞧瞧"，接着，她下了最后通牒，薄批细切，提出了具体的"整改措施"：

> 倘若无有此事，限你四月回程，家计现在逼迫，为何又娶妖精？我今旧病发作，险遭一命归阴，幸门[蒙]祖宗保佑，又许一个愿心：来家杭州经过，多带几把金银，头脚鞋面多要，头油也要几斤，大女儿胭脂花粉，二女儿要丝带头绳，细儿无有暖帽，衣裳

多不合身,有庆裤袜旧破,荷花亦无单裙,我也不要别物,只是虚亏,要吃人参。

此处让丈夫限期返归故里,有则改之,无则加勉,并指明要他在回家时应捎带各种各样的礼物,送给家里的荆妻、儿女以及奴仆、丫环。倘若我们将这份礼单与上揭的《一纸书,到南京》相互比对便可看出,其中的不少礼物实际上是比照"狐狸精"所用而提出的。这里软硬兼施,以柔克刚,说自己是"旧病发作",险些丧了性命,表现出弱不禁风的样子,以博得男人的怜悯和疼爱。这就像两军对垒,临阵厮杀得难解难分的一方突然掉头拨马便逃,其实是卖个破绽,后方则早已准备好一根结结实实的绊马索……果不其然,工愁善病的女人声言不要别的东西,"只是虚亏,要吃人参"。徽州人素以俭啬著称于世,明人谢肇淛曾经感慨:徽人"衣食亦甚菲啬,薄糜盐齑,欣然一饱。……至其菲衣恶食,纤啬委琐,四方之人,皆传以为口实,不虚也!"平素节俭持家的老婆,看来这番是动了狠念,不惜狠狠斩上一刀,让男人出点血,以便长些记性——要他多带盘缠,从销金窝、锦绣窟买来人参给自己补补,谁让他有在外寻花问柳的嫌疑呢? 想来,虚亏的恐怕不是妇人的身子,而是忿忿不平的内心吧!

当然,一味的强悍要挟笼络不了异地夫君那摇摆不定的心,峰回路转,家主婆柔肠脉脉,接着对丈夫赶回徽州的旅程做了细致的安排,水一程,山一程,风一更,雨一更,处处可见其人的细心周到和办事果断:

> 叫船须当赶快,不可沿途搭人,富阳、桐芦[庐]经过,七里龙

[泷]也要小心,到了严州加纤,水路更要赶行,船上出恭仔细,夜间火烛小心,路上冷物少吃,尤恐吃了坏人,平安到了梁下,千万不可步行,雇轿抬到家里,铺盖交与足人。

路迢遥烟水千叠,透过文字,妇人的心绪似已飞到了云际归帆。在这里,她仔细叮嘱在返乡途中的夜静云帆月影风烛之种种注意事项。丈夫应当是在江浙一带务工经商,所以是从钱塘江、富春江和新安江逆流而上回到徽州。信中提及的富阳、桐庐一带,是钱塘江流域最美的一段水路,南朝吴均写信给友人朱元思,有"风烟俱净,天山共色"之喻。他"从流飘荡,任意东西",眼前的景色美不胜收:

自富阳至桐庐,一百许里,奇山异水,天下独绝。水皆缥碧,千丈见底;游鱼细石,直视无碍。急湍甚箭,猛浪若奔。夹嶂高山,皆生寒树,负势竞上,互相轩邈,争高直指,千百成峰。泉水激石,泠泠作响;好鸟相鸣,嘤嘤成韵。蝉则千转不穷,猿则百叫无绝。鸢飞戾天者,望峰息心;经纶世务者,窥谷忘反。横柯上蔽,在昼犹昏;疏条交映,有时见日……

收入《古文观止》的这封文言短札清新隽永,水声山色,竞来相娱。从富阳到桐庐一百多里的水路,水秀山奇,冠绝天下。文中提及,即使是热衷功名的人,望一眼如此美丽的峰峦也会欲心顿减,挣破名缰利锁,参透荣华富贵。而这段水路更是无数徽州朝奉返归桑梓的必经之地,"鸢飞戾天者,望峰息心",恰可与前述的不惑之年"也须灭了火性"比照而观。

从桐庐溯流而上,便是新安江。新安江水路素有"一滩复一滩,一滩高十丈,三百六十滩,新安在天上"的说法,逆流上滩的艰难于此可见。"七里泷"也叫七里滩,与严陵濑相接。元曲有《严子陵垂钓七里滩》,说的便是此处。严子陵为东汉会稽余姚人,天性旷达,少有高名,与刘秀同学。及至汉光武即位,他改名换姓隐居,不受朝廷征辟,后寄情山水,归耕于富春江上。七里泷及严陵濑一带,即有严子陵的诸多遗迹。而就地理形势而言,七里泷两山夹峙,水驶如箭,当地谚云"有风七里,无风七十里",就是指该处舟行艰于牵挽,完全根据风速的大小决定行船速度之快慢。据说,船到此处,舟人饱张风帆,乘客尽启篷窗,但见澄江似练,翠峰如簇,画眉竹鸡,啼声清越。值此良辰佳景,舟人常携鞭炮燃放,四山相应,震天动地……此时回望来程,严子陵钓台渺在云际,令人心旷神怡……不过,人在归途,想来倚篷窗自叹漂泊命的朝奉,大概无心欣赏窗外的美景吧……

由于上滩艰难,沿途需要一些纤夫拉纤。如在严州府下,"舟楫上水,在此叫纤"——这是明清商编路程图记上的提示,所以信中也说"严州加纤",亦即在严州上滩时找人拉纤。此后,逆新安江干流由浙江省进入徽州歙县,历经艰辛,由浦口一路溯练江好不容易到了"梁下"。所谓梁下,是指歙县县城东南的渔梁坝,此处为徽州人进出皖南的重要水运码头,那里有一些转运过塘行(其功能兼具现代的旅栈、邮局和货物托运处),与新安江—钱塘江沿岸的转运过塘行一起,形成了沟通浙皖各地的运输网络。到达渔梁后,旅人的行李便可由过塘行所雇之足人(信客)直送到家。

信中款语温言,反复叮嘱良人节食顺时,"荒村雨雪宜眠早,野店风霜要起迟"。其中,还特别告诫说"船上出恭仔细"——这是出门人的经验之谈,因为船上没有厕所,要想大便当然只能直接排入江中,但这样做有时会有危险。徽州商业书抄本《便蒙习论》中就有"登舟"条提到:

> 凡登舟,不论大小,不可立在蓬[篷]后,恐风转有失。不可对船头出恭,踏两脚船,挂窗坐,手不可放在船傍之外,不宜顿脚,不立桅下。

这段话告诫乘客不要在船头大便,以免船头摇晃或船只骤然掉头时,一不小心掉入江中——这显然可以作为信中"船上出恭仔细"的注脚。从这一细节来看,妇人句句传情,衷肠牵挂,对丈夫的顾觑呵护可谓无微不至。

不过,一番秋水回波般的关切之后,又转回正题,急管繁弦,胡枷乱棒,再次加大打击力度:

> 你要恋新弃旧,吵闹你不得安宁,此信须当紧记,四月即要回程,寒暑自宜保重,此信寄与夫君,管城难尽,余容面陈。

最后仍是软硬兼施,叮嘱丈夫休辞那遥水远路,即速归去来兮,以争取"罪疑便求从轻恕"。在这里,她一方面对丈夫眠花卧柳加以谴责和威胁,另一方面又对良人风寒暑湿饥饱劳役关怀备至,一手硬一手软,刚柔相济,相得益彰。在起承转合之间,妇人似唱阳光三叠,动之以情,晓之以理,胁之以威,藏露隐显,张弛有致,节奏掌握得相当之好。因书阙有间,我们不清楚她的丈夫是否一响贪欢,真的娶了小妖精,但我想在如此步步为营、手段老辣的攻势下,狮子数吼,拄杖定然落地,徽州朝奉当如五雷轰顶,顿觉地惨天愁，遍体寒毛抖擞，乖乖缴械投降……

当然，这些只是我的想象。新安江是徽人外出、经商的一条水上通道，徽州素有早婚的习俗，男子到十二三岁就要成家，成家之后即外出经商，所谓"前世不修，生在徽州，十二三岁，往外一丢"。此去经年，断梗飘萍，在外营商的丈夫，长年与妻子分居两地，只能几年或十几年回家一次，所以，徽州从前有"一世夫妻三年半"的说法，是说做了一辈子的夫妻，真正呆在一起的时间，加起来也不过只有三年半。因此，独倚高楼、残灯孤枕的出门人难免在外眠花宿柳、暮宴朝欢；或则另娶一房好天良夜追欢取乐，过起"两头大"的生活。所谓"两头大"，是指在家乡和侨寓地都有女人，两边均为妻子，也不分正妻和小妾。而在另一方面，早在明代，谢肇淛就说徽州是"妒妇比户可封"，而王世贞亦一再指陈"徽俗妇工妒"，"徽俗奇妒，妒至不可闻"，这些都反映出徽州妇女之强悍，实为当时人的共识。及至清代，有人曾戏仿《滕王阁序》为文以赠惧内者：

新安故郡，临河旧里。星传陨石，地接沣溪。襟丛睦而带芝黄，控天罗而引天马。雌强雄弱，威光射斗牛之墟。阴盛阳衰，夫主下床前之榻。闺中刑具，面杖青藜。拳头打不硬之腰，指甲抓多毛之脸。元帅程公之畏法，手足摇铃。夫人郑氏之怒容，妖魔现世。皮鞭休暇，巴掌逢迎，青红满面。流浓[脓]滴血，漂乞丐之刑[形]容。肉碎皮伤，败魁星之相貌。……时维九月，节届重阳。西风起而菊花飞，枫叶飘而螃蟹出。负秋光而莫惜，置美味于空谈。俭口腹之何由，为贤荆而奉泰。暗呜叱咤，恶相难撄。暴戾恣睢，置身无地。膝行匍匐，求娘子之开恩。稽颡叩头,恳夫人之息怒。倾脚水,顶灯台,丫环笑其无用,伴侪羞其倒蹋[塌]。纲常扫地,鸡鸣扎索之家。冠履混淆,地覆天翻之势。狮声未吼,鼠胆先惊。魂灵如落叶齐飞,皮肉共葵花一色。献臀请打,响奢联墅之滨。叫苦求饶,声达茆田之铺。低头落泪,抓耳揉腮。胡须扯而血泪流,栗暴丁而额头肿。……更长漏永,觉乐事之无穷。兴尽悲来,虑明朝之有厄。图果[苟]安于一刻,冀清闲于片时。戒方重而棒槌粗,屁股疼而颊腮痛。河东难越,谁悲惧内之人。亲戚交游,总是怕内之容。……呜呼!时运不济,命途多舛。韶光易过,苦楚难抛。屈两膝于房中,非无道理。横一躯于庭下,岂乏夫纲?所为本事平常,生来懦弱。老当益怕,宁知战栗之心。穷且益坚,不坠奉承之志。涤尿盆而觉爽,剪鸡眼以犹欢。……仆七尺男子,一介书生。无力降魔,借韦驮之宝杵。有心救世,洒大士之杨枝。传号令于内人,倒旌旗于帅府。叹愚人之狼狈,受悍妇之钳锥。……①

《滕王阁序》为"初唐四杰"之一王勃所作,据文学史家的考证,唐高宗上元二年(675年)九月,作者远道前往交趾(今越南)探父,途经洪州(今江西南昌),参与官员阎都督之宴会,即席作《滕王阁序》。这是一篇千古传诵的优美骈文,作者以生花妙笔,将秋日景致状摹得神采灵动。"豫章故郡,洪都新府。星分翼轸,地接衡庐。襟三江而带五湖,控蛮荆而引瓯越"——这是描述滕王阁之所在。而仿序的前数句,也同样是状摹惧内者之地望。文中的"沣溪""丛睦""芝黄""天罗""天马""联墅"和"茆田铺"等,均为歙

---

① 徽州文书抄本《(瑞廷)杂录》。

县地名或山名。透过地名的置换，作者巧妙地将主人公及相关的故事场景，置诸皖南的歙休盆地一带。"新安"为徽州之别名，临河则位于歙县西乡的丰乐河（亦即仿序中的"沣[丰]溪"）南岸，距离徽州著名的岩镇（今岩寺）大约三里许。对此，盛清乾隆时代侨寓扬州的歙县人方西畴，在其所撰的《新安竹枝词》中这样写诮："临河亭子郁崔嵬，拾级凭高亦快哉。满目云山排画稿，鹅溪绢好剪刀裁。"诗注曰："程氏临河亭，遥对剪刀峰。"这表明，此处显系程姓的族居之地。而文中的惧内者也正是一名程姓男子。关于临河一带的民风，18世纪的一位贡生程襄龙（古雪）在他的《潊潭山房古文存稿》中揭露，"时俗闺中妇人笞女婢，毒苦不堪"，综合其他文献来看，当时徽州妇人之虐婢，的确是无所不用其极。由此想来，仿序中描述的惧内者所遭之痛楚，容或有所夸张，但从残忍虐婢的旁证来看，悍妇下得了如此重手，却也并不令人诧异。

《滕王阁序》末原附王勃的滕王阁诗："滕王高阁临江渚，佩玉鸣鸾罢歌舞。画栋朝飞南浦云，珠帘幕卷西山雨。闲云潭影日悠悠，物换星移几度秋。阁中帝子今何在？ 槛外长江空自流。"诗人登高临远，寄慨遥深。虽仅四韵，但全诗于富丽中见冷落，于平常中见代谢。歌舞既罢，帘栋萧条，欢笑地景物萧疏，回首处江水空流，令人顿兴盛衰无常之感。而仿作则曰：

> 临河山下人如虎，敢向河东狮子舞。
> 面颊朝飞万叠云，胸膛暮捣千捶雨。
> 银台金盏影悠悠，夕打晨敲几度秋。
> 手中指甲今何在，脸上长年血白流。

《滕王阁序》末有"勃三尺微命,一介书生",而仿序则曰"仆七尺男子,一介书生"。同是"一介书生",但"七尺"显较"三尺"为长,而"男子"比起"微命"似更孔武;同是感怀时事,慨叹身世,但王勃借登高之会直举胸臆,俯瞰前古,而饱受面杖青藜的临河程氏,则摆出一副躲在床底下嚷嚷"大丈夫说不出来就不出来"的架势……典雅和俚俗,正版与恶搞,两相一一对照,令人捧腹! 这当然是极端的例子,不过,也难怪直到晚清时期,黟县《桃源俗语劝世词》的作者——乡村学究程煦还在摇旗呐喊,为徽州男人鼓劲助威:"为夫的,宜正派。对着老婆要胆大,上床下地要威风,泼妇见吾也怕吓。"不过,空喊口号大概于事无补,能否乾纲独断,不仅取决于男人的生理、心理等各方面的素质,其前提则是为人"要正派",没有把柄落在"泼妇"手上才是。

晚明以来,孽海茫茫,爱河漫漫,中国社会人欲横流,而男人惧内之佚事亦铺天盖地。谢肇淛曾慨叹:"世有勇足以驭三军而威不行于房闼,智足以周六合而术不运于红粉,俯首低眉,甘为之下,或含愤茹叹,莫可谁何,此非人生之一大不幸哉?"谢氏此言,是有感于当朝的文臣武将之夫道不张——阳明先生王守仁"内谈性命,外树勋猷",戚继光大将军"南平北讨,威震夷夏",而与王世贞合称"两司马"的兵部侍郎、徽州歙西人汪道昆更是"锦心绣口,旗鼓中原"……这些人在政界文坛呼风唤雨,叱咤风云,但在私生活中却莫不雌伏于妒妇裙前,甘心以百炼之刚化为绕指之柔。对于惧内的成因,谢肇淛多所分析:

惧内者有三:贫贱相守,艰难备尝,一见天日,不复相制,一也；

　　枕席恩深，山河盟重，转爱成畏，积溺成迷，二也；

　　齐大非偶，阿堵生威，太阿倒持，令非己出，三也。

上述这段文字是从夫妻双方的关系立论。这位见多识广的福州人，分境遇、情感和经济三种因素概括分析了惧内的成因——糟糠夫妻相濡以沫，共同打拼，一旦变泰翻身，苦尽甘来，念及先前的功劳苦劳，惧内便成必然；深宵款洽，快谐鱼水之欢，伉俪如胶似漆，其间滋味深长，转爱成畏，自不必细述；婚姻并非门当户对，妻家带来可观的妆奁，以致丈夫与之势位悬殊，难以建立平等的关系。接着，他又以贤不肖等进一步深入分析：

　　愚不肖之畏妇，怵于威也；贤智之畏妇，溺于爱也；贫贱之畏妇，仰余沫以自给也；富贵之畏妇，惮勃谿而苟安也；丑妇之见畏，操家秉也；少妇之见畏，惑床笫也；有子而畏，势之所挟也；无子而畏，威之所劫也。

不清楚上述那封信中的妇人究竟是贤抑或不肖，亦不知其人究系丑妇还是少妻。但从妇人喋喋不休让丈夫"闲将往事思量过"的细节来看，似乎是贫贱相守的夫妻。且以一般常理推之，不少徽人外出经商，多以小本起家，而妇人的首饰妆奁往往是他们最初的重要资金来源，这可能是此一两地书产生的地域背景。

上述的这封信中，虽然出现过驼背叔公、癞痢叔公、细心叔公和偏嘴姨夫，出现喜儿、细儿、三害、荷花、有庆，出现过庞伯、黑娘、玉招姑娘、麻瘩姑娘、富贵先生，道姓题名的登场者多达十数位，但从其被列入徽州民间日用类书来看，实际上仍是一种尺牍活套,它以游戏笔墨的方式呈现,非常生动地反映了皖南地区的夫妻关系以及妇女的社会生活。其中谈及的徽人日常生活之应酬开销、徽州妇女持家之不易等,嬉笑怒骂,无态不作,与其他的徽商信函原件所反映出的事实颇相类似,应是从丰富多彩的社会生活中提炼出的一种信札范式。

从敦煌到徽州,书仪一脉不绝如缕,反映了上层礼仪的庶民化过程。较之带着中古簪缨世族气息的敦煌书仪,细笺八行的徽州尺牍活套更显世俗化。在这里,我们听得到晨鸡初叫、昏鸦争噪,见得到老瓦旧盆、田家翁媪,看得到红日西晡、牧童归去……种种世俗情态跃然纸上,无不洋溢着浓厚的日常生活气息。而这种暮涤晨炊、歌哭悲欢的浮生急景,尽管时光流转,在现实生活高楼林立的背景下,依然隐耀闪现……

(原载《读书》2007年第2期、第3期,后收入学术随笔集《日出而作》,生活·读书·新知三联书店2010年版。收入本书时,略有删节)

瞻彼淇奥

一

徽杭高速公路穿越安徽歙县南乡，绵延的干道，昭示着古老的徽州与长江三角洲之联系更趋紧密……

这条高速公路通行的路线，与传统时代徽州人外出经商的陆路程颇相接近。明清以来，除了新安江水路外，从徽州府沿着现在的徽杭公路沿线，陆路可以一直走到杭州。当时，从徽城（即歙县县城）走上二十里路，便可走到一个叫"章祁"的地方。"章祁"这个地名唐宋时代就已出现，而在明代徽商编纂的路程图记中，亦写作"章祁铺"，这说明此处位居交通要冲，原本是个官方设置的急递铺。

在徽州，章祁的"祁"字亦写作"祈""岐"或"圻"，均为界限的意思，而它前面所冠的"章"字，则是当地先住民的姓氏。章祁，原本与中国其他地方的"王家村""李家庄"之类的普通村落一样，并没有什么引人瞩目的地方。

不过，在唐代，这里发生的一件事却使章祁及其周遭在史书上留下了浓重的一笔。据《新唐书》记载："歙州野媪将为虎所噬，幼女呼号搏虎，俱免。"唐代的歙州，也就是北宋以后的徽州之前身。

逐麋鹿、搏虎豹，通常都被视作力士所为，非有绝大勇气不可。故此，歙州幼女搏虎险胜的事迹，便显得格外引人瞩目。

稍后，这个故事的细节逐渐变得更为具体、丰满——歙县人章顶（一作章预）有两个女儿，与母亲程氏一起登山采桑。当年的自然生态想必远较现在为好，但未开发地带的周遭环境也随时隐藏着危险。忽然闯出的一只吊睛白额虎当头扑来，母亲程氏被虎一口衔住，情急之下，章家二女奋力扑打，结果竟赶走了庞然大物，将母亲救下。此事被歙州刺史刘赞得知，后者对她们褒奖有加，不仅蠲免了户税，而且还将章氏所居的合阳乡改名为"孝女乡"，以表彰其人的事迹。后来，观察使韩滉因刘赞治下出现了义民异行，也上奏皇帝，皇帝遂下诏褒奖，并升了刘赞的官……

章氏二女的事迹，给后世的歙南地域社会带来了一定的影响。最显著的一点是"孝女乡"之名一直沿袭了下来，直到明清，不仅是县以下的基层行政，而且在民间的宗教科仪中，"孝女乡"的名称也仍然频繁出现。

在提倡孝道的传统时代，忠臣义士、孝妇烈女名在地志祀典，而章氏二女巾帼有胜须眉的事迹，无疑是个极佳的典型。遗存迄今、徽州历史上的第一部方志——南宋罗愿《淳熙新安志》中就列有"章氏二女"之传记。及至元代，著名学者郑玉撰有长篇的《章氏二孝女庙记》，指出：徽州府城南二十里，"若桥，若村，若里，皆以孝女得名，即孝女之故居也"。孝女村南五里有山，曰二姑岭（亦称义姑岭），上有孝女之庙，但到郑玉的时代，该庙已颓然就废。为了兴废继绝，南里洪节夫在村旁的青山庵之前轩四楹，塑造了孝女的肖像，购置了田产，作为提供香灯的费用，并让住庵的章氏之孙觉旺全权掌管。为此，郑玉还呈请官府，请求按照国家的礼仪岁时致祭。郑玉此举，是鉴于章氏二女搏虎救母，其义行足以化民成俗。当年，郑玉曾走访孝女村，当地的父老犹能历历如绘地讲述孝女的事迹，对此，郑玉"为之徘徊太息，不能去者久之"，他赋诗三章：

> 嗟弱质兮訚訚，发至勇兮至仁，
> 鬼神兮感动，猛兽兮服驯，
> 山高高兮崔嵬，水深深兮湫且洄，
> 山高水深兮天宇开，双鹤交飞兮孝女来，
> 生人兮林林，习俗兮日以沉，
> 仰遗风兮如在，慨千载兮良心。

"訚訚"系指和悦而能直言之貌，这里是说章氏二女以孱弱和顺之质，在亲人陡然遭遇不测的一刹那，凭借至仁的天性，迸发出天底下最为刚猛的勇气，这真是惊天地、泣鬼神之举，难怪连百兽之王、至灵之物也不得不俯首帖耳。

我曾数度徘徊于章祁、孝女村山后，看着眼前低矮的山坡，绝想不到此处当年竟会是藏龙卧虎之地……

歙南地处低山丘陵地区，现代的徽杭高速公路让此处成为一片坦途，极目望去，田畴桑柘，阡陌纵横。不过，遥想郑玉生活的年代，森森树木掩映之下，义姑岭显得山高崔嵬，附近如今缓缓流淌的大坑水，当年可能也显得极为深邃。这种山高水深的意象，亦不排除郑氏刻意营造出的对孝女敬仰的氛围。郑玉似乎在描摹孝女庙

中对章氏二女形象之塑造——山高水深的背景下,天花飞舞,云气缤纷。云端中隐隐飘出一阵仙乐,两只仙鹤翱翔天宇,翼护着兰心蕙性的孝女从天而降……或许,当年的孝女庙金窗玉槛,幢幡宝盖,法鼓金铙,香烟氤氲。郑玉鉴于元季的礼崩乐坏、习俗颓靡,颇以人心世道为忧,亟思有以维持补救,于是便想到孝女的事迹,不禁感慨系之……

不过,元代的树碑立传,并未能长久维持。从方志的记载来看,明朝万历年间,歙县县令刘伸曾捐廉重修青山庵孝女庙,自此可以从一个侧面了解——可能是由于历代重建的孝女庙基本上是倚赖官府的提倡与资助,一旦人亡自然政息,香烟冷落,殿庭荒凉,也就成了无可避免的结局。

二

在唐代,章氏二女被视作孝女。而在南宋《淳熙新安志》中,章氏二女则被列为"义民",所谓义民,根据作者罗愿的诠释,也就是"笃行之民"。及至元代,理学家更将她们塑造成犹如天仙般的人物。到了明清时期,章氏二女又被列入"列女"。对此,乾隆《歙县志》称:"歙称闺门邹鲁,盖山川清淑之气所独钟,抑亦程朱之教泽至今犹未泯也。"在素称"程朱阙里"的徽州,人们于章氏二女的事迹中,愈益强调她们的终身不嫁,奉事母亲。由此看来,在漫长的历史进程中,章氏孝女成了一个不断被形塑的象征符号,而其重塑过程则与唐宋以后中国社会文化的变迁密切相关。章氏孝女愈益成为矜式闾里、劝化桑梓的圣女,这引发了其他家族的艳羡和竞相效仿,于是,在徽州的一些家族中,也产生出各式各样的孝行。其中最为著名的莫过于歙县棠樾的鲍氏——宋末,歙西一带萑苻啸聚,时肇祸衅。鲍氏九世祖寿孙当寇乱之际,以父宗岩为贼所执,缚于附近的龙山,行将处死。危急关头,他挺身而出,请求让自己代替父亲去死。而鲍宗岩则以"子奉先祀,岂可杀之"为由,竭力劝阻。结果,父子二人争相受刃……或许是父慈子孝感天动地,据说,霎时间,"山风怒号,骇震林谷",乱贼相顾惊愕,最后只能将他们俩平安释放。为此,棠樾一带于明朝永乐年间被改称为"慈孝里",鲍氏族人更在村中建起了慈孝里坊(这就是迄今尚存的棠樾牌坊群中的七座牌坊之一)。及至清代,乾隆亦曾御书一联"慈孝天下无双里,衮绣江南第一乡",予以表彰。其实,这一故事框架与章氏二孝女的事迹极相类似,只不过两个故事中的施虐者,一是自然界的庞然大物,一是人间的乱臣贼子罢了。

关于鲍宗岩父子,明代中后期一位叫鲍泰的文人撰写了一篇《龙山庙记》,他追述往迹,怃然长叹:

> 邑孝女乡双庙祀唐章预二女史,书其搏虎救母,旌而祀之,曰孝女庙。先子常以其事追念先世未有知求孝女例为孝子庙,而徒为龙山庙也!(清乾隆二十五年一木堂刻本《棠樾鲍氏三族宗谱》卷191)

显然,对于鲍宗岩父慈子孝事迹之宣扬,鲍氏后人似乎仍感意犹未尽。龙山位于棠樾村畔,乡人认为,危急关头风号贼散,冥冥之中显有神灵佑护,于是就在龙山之巅设坛建庙,每年春秋两次致祭。在他看来，祖先的事迹不仅令后昆引领怀想仰止心向，而且还明载史册举世观瞻，但如果当年能模仿章氏孝女之成例而在龙山上兴建孝子庙，引入国家祀典加以祭祀，从而得到官方的认同，那样，对于家族之生存和发展，无疑具有更为重要的意义。

其实，孝女庙的渊源很早，或许可以上溯至唐代。唐代是徽州社会一体化进程中最为重要的时期，徽州府的前身歙州虽形成于稍早的隋代，但后世一州（府）六县的格局却基本上奠定于此时。徽州府最为重要的地方神"汪公大帝"之原型汪华，也是隋末唐初时人。及至明清时代，徽州的一些强宗巨族，纷纷将祖先中的名人（或虚构的名人）之专祠转化为宗祠、统宗祠，完成了宗族的统合，一定程度上实现了国家与民间社会在传统文化资源上的共享，从而增强了宗族自身的竞争能力，进而加强了对于地域社会的控制。而歙南的章氏却未能利用先声夺人的传统文化资源，从而坐失了这样的良机。

章氏是徽州最早的一批居民，在歙南一带的分布不仅很早，而且在地域上也有较广的分布，以章姓命名的地名相当之多，如章坑、章湍、章村湾等，原本都是章氏祖先在地域开发、生息繁衍过程中留下的足迹。及至清代前期，在歙南，章祁、孝女村、狮川、程村降和刘村一带均有章氏分布，章氏孝女的事迹为他们耳熟能详：

> 缘身姓唐纪章顶公生二女，与母程氏登山采桑，母为虎所攫，二女号呼传[搏]虎，母获免，终身奉母不嫁，以孝行上闻。二女生前每岁赐给布帛，殁后赐银建祠，赐地安葬，蠲其户税，载在志书，诚千古不磨之盛事。历代以来，身姓支分派衍，散迁不一，

即非聚族而居,亦莫不咸称二孝女为祖姑。但祠宇、坟墓皆在治南卅五都二图地方,每岁清明标祀,凡属子姓,近者各派司年与祭,远者听其自便。

这其实是歙南一带章姓的共同记忆。三十五都二图亦即与章祁村毗邻的孝女村,在清代,当地是章氏一个主要支派聚族而居之处,其他的支派则分居于章祁、狮川、程村降和刘村等地。当时,章氏各派以孝女村为中心,以孝女祀会为组织,形成了章氏松散的宗族同盟。不过,章姓内部矛盾重重,纠纷不断,或许正是因为这一点,他们即使是在外强环伺的生存环境中,也始终无法完成真正意义上的宗族统合,这使得章氏的整体实力急骤下降。

在徽州境内,迄至清代,章氏人物的势力已无足轻重。以民国《歙县志》的记载为例,章姓人物仅见有寥寥四人。其中的宋人章如愚,字俊卿,官至史馆编校,著《山堂考索》一书,博览穷搜,累百万言,"几与马端临、郑渔仲鼎立"。据清人考证,"山堂"即章祁村后的山塘岭,章如愚以谐声自署,其人当系章祁村人。不过,对于这样一位著名人物,明人程敏政的《新安文献志》先贤事略竟将之列在外郡。可见,到明代中叶,名臣章如愚之为章祁村人,已不为博学之士所知。而与人物衰微相一致,在记载徽州一府六县望族分布的《新安名族志》(明戴廷明、程尚宽等撰)中,章姓被排在后卷的倒数第三位,而且作为"名族"出现者,仅见有歙西南的棠坞一支,根本没有唐宋时代名噪一时的章祁章氏。由此可见,及至明代中后期,原本家世望重的歙南章氏之势力已日趋式微。

三

晚明"博物君子"李日华曾两度前往徽州礼谒白岳（齐云山），第一次是在万历三十八年（1610年）九月，他走的路线便是徽州商编路程图上所说的"杭州府至休宁县齐云山路"，亦即经浙江昌化前往徽州的陆路。根据著名的《味水轩日记》所载，当月十四日，李日华至章祁铺，"见有越汪公祠，诘土人，不知公为何人"。有鉴于此，他随即作了考证，最后不太肯定地指出：此汪公也就是隋末唐初的汪华或其子孙。其实，"越汪公祠"正式的提法应当是"越国汪公祠"，亦称"汪越国公庙"或"忠烈祖庙"。无论如何，这一记载均说明，在17世纪初叶，杭州至徽州的陆路是穿过章祁村内，而就在这一重要通道一侧，则巍然矗立着汪姓的祠堂。这让人颇感好奇——原本以章姓命名的章祁铺，村内的族姓格局此时究竟发生了怎样的变化？

因文献不足征，明代的情况我们不太清楚，但偶然收集到的一册诉讼案卷，却披露了清代前期村内族姓激烈冲突的历史事实。

这册题作"□□古讼"的抄本（因封皮蠹蚀严重，未见书名中的前二字，故以"□□"暂名），明显是站在汪氏立场上编纂的。一开头的投状有二，投状人是章祁汪氏一族，投诉的对象则是他们眼中的"逆仆"章氏，罪状是"逆仆叛主，歃血建祠，持刀凶弑，跳梁异变"——意思是汪姓的世仆章氏，不甘继续受主家奴役，企图摆脱控制，歃血建立祠堂，并持械与汪氏对抗。根据汪氏的说法，章姓数十人持械将汪氏敦睦堂门扇、板壁等打毁一空，汪氏喊鸣地保，将章氏人刀两获。作为见证，抄本另附有保长、卅五都四图族众十排的呈文。当时，歙县三十五都四图的保长和族众十排都由汪氏担当，他们的倾向性显而易见。族众十排的呈文指出：章氏共有男妇百余人，均为汪氏祖遗的仆人，每年均受主家犒赏，主家有事，则需受驱役。而且，章氏之婚配对象大半也是婢女。只是由于仆人章氏中因有多人致富，故而企图摆脱主家控制，他们建立祠堂和社庙，与汪氏发生了激烈的冲突。

在明清时期，徽州人打官司，深谙"知彼知己，方能百战不殆"的道理，故而通常所见的诉讼案卷往往会将对手的控辩文字也悉数抄誊。对于汪氏的说辞，《□□古讼》中抄录了另一方事主的反驳，亦即书中的"逆奴第三词"，在这一禀词中，章明光自叙了家族的来历，以及定居章祁的过程。其中叙及章氏原系簪缨望族，后因身丁式微，汪姓蕃衍，以致村内强弱异势，备受欺凌。现在由于编造门牌而引发纠纷，章氏希望自立五甲四牌，单独编立，以免汪氏掣肘……

控辩双方哓哓不休，唇枪舌剑。随后的汪△△呈文中，反复强调章氏系汪族的世仆，指称他们"生居主屋、死埋主山、婚配主婢"，是不折不扣的世仆。并说："逆仆△△兄弟等恃主优容，越至富阳大开货铺，自藉温饱，妄思脱壳，胆敢倡聚，歃血结盟，建造祠屋，希图与主并衡，抗不附主门牌，是以生等蒿目伤□（心？），以卧榻之侧，岂容他人酣睡？ 以名门大族，岂甘群小跳梁？"此处的"脱壳"或"跳梁"，都是清代徽州人指斥世仆摆脱贱民身份的习惯性用语。为此，汪氏竭力阻止章氏建造祠屋，认为他们根本没有资格建祠立社：

> 徽属六邑，主仆之分最严，凡有祖遗世仆，现在服役者，从无建祠之例，盖一建祠，则尊卑各分蔑尽背灭，本主亲族冠履倒置，莫此为甚！

对于汪氏的说法，在"逆仆第五祠［词］稿"中，章氏反驳前者是在诬良作贱，他们认为章祁一名起于章氏，章氏迁居在先，汪氏徙居于后。章氏在唐代有孝女二人，宋朝则有人官居相位，根本不存在由汪族犒赏、受其驱役之事，也没有住屋、葬山情事，声称自己所居所葬均系祖业，现有输粮税册可作凭证……

针对章氏声称自己出自簪缨望族，贡生汪忠嵩呈文指出：章祁章氏是冒认孝女村章氏为同族，但却遭到孝女村章氏的否认。

官司至此，双方的冲突还在继续，接着的汪氏另外一呈指出：章氏"日昨下午扛抬旗杆砾路"，遭到汪氏阻拦，结果后者受到章氏数十人的围攻毒打，汪氏某人"周身上下，寸无完肤"，生命垂危。对此，"逆奴第六词稿"也从反面证实了双方的冲突。有关此次纠纷，《□□古讼》中收入的最后一份档案是"汪△△等呈"，从中可见，章祁章氏四处联宗，先是认族长于孝女村，继又认族长于呈村东村。而且，他们仍在修建社屋、祠堂。这些都引发双方关系的极度紧张……

诉讼案卷反映的年代是在雍正年间，当时，正值雍正皇帝下达开豁贱民的诏旨之后。雍正五年（1727年），皇帝诏曰：

> 江南徽州府则有伴偤，宁国府则有世仆，本地呼为细民，几

与乐户、堕民相同。又有甚者，如二姓丁户、村庄相等，而此姓乃系彼姓伴僧、世仆。凡彼姓有婚丧之事，此姓即往服役。稍有不合，加以棰楚。及讯其仆役起自何时，则皆茫然无考。非有上下之分，不过相沿恶习耳。

雍正之诏旨出自其人的一念恻隐，但对于世仆、伴僧究竟如何具体界定，各级官府却只能"摸着石头过河"。从18世纪前期迄至19世纪初叶，这一政策的探索过程竟长达近百年之久。而在政策隐晦不明的背景下，地方上如何执行便显得颇为微妙，于是，在徽州，一方面，一些见多识广的徽州世仆奋起反抗，借此机会拼死一搏；而在另一方面，大姓出于维护既得利益，产生了严重的焦虑和危机感，他们不仅采取各种措施加紧了对世仆的控制，而且还急不可耐地界定那些实际上并没有明确主仆关系的族姓身份，这也激化了徽州大小姓、主仆之间的纷争，引发了诸多的诉讼案件。

揆情度理，章祁村中章氏的部分成员，因经济贫困而为同村汪族服役者容或有之，但他们定居在先，有自己的祠堂和社庙，并非汪族之世仆显而易见。在章祁村内，因族姓势力之盛衰递嬗引发的碰撞由来已久。及至雍正年间，徽州各地世仆的反抗风起云涌，在这样的大背景下，双方终于借着编立门牌、建祠立社之机，爆发了激烈的冲突。这一纷争投射到地名上，就表现为"瞻淇"地名的出现。

四

随着清代前期徽商的如日中天，徽州地名之雅化也进入了高峰时期。而将"章祁"易名为"瞻淇",正式的记载最早便出现于乾隆《歙县志》,这是族姓冲突结果在官修文献上的反映。

徽州俗有"四门三面水,十姓九汪家"之说,早在南宋,《淳熙新安志》就指出:"今黟、歙之人,十姓九汪,皆华之后也。"地方神越国公汪华成为徽州汪氏共同的祖先。据1928年《越国汪公祠墓志续刊》记载,章祁汪氏是"六十八世时浚公由凤凰迁"。对此,乾隆元年(1736年)开始编纂的《汪氏族谱》抄本记载:

  六十八世 浚公(迁歙南岐山始祖也。旧鄣祁,再名曰瞻淇,因遂家焉,诰赠承务郎)。

  公讳浚,字仲深,又字惟深,别号岐山……于宋理宗时迁鄣,是为鄣祁始祖。生淳熙甲午,殁宝祐甲寅……

耐人寻味的是,笔者手头的这册《汪氏族谱》抄本,其主要抄录者正是前引《□□古讼》中那位与章氏兴讼的贡生汪忠冕。而根据公开刊行的《新安歙西沙溪汪氏族谱》,其中虽也明确记载汪浚为"章岐始祖",但章祁并无"岐山"或"鄣祁"的写法,而他本人也根本没有别号"岐山"之记载。因此,有理由相信,该册正在编造的《汪氏族谱》之始祖别号及始迁地名,具有明确且功利的针对性。

在对祖先事迹的追溯中,饱读诗书的汪忠冕刻意将"章祁"改作"鄣祁"(简称作"鄣"),以掩饰"瞻淇"源自"章祁"的痕迹。他还将章祁取名为"岐山"(又称始迁祖汪浚别号"岐山"),这显然不是偶然的巧合。歙南民间日用类书中,有《瞻淇重塑神像捐书》:"溯丰亨之有自,发祥当在岐山;念灵感之皆通,呵护更关淇水。"

可见，除了"瞻淇"外，汪氏还故意将章祁别称"岐山""淇水"，以《诗经》地名解构章祁，这当然是刻意以《诗经·大雅·绵》为典：

> 绵绵瓜瓞，民之初生。
> 自土沮漆，古公亶父。
> 陶复陶穴，未有家室。
> 古公亶父，来朝走马，
> 率西水浒，至于岐下。
> ……

古公亶父迁岐，是继公刘举族迁豳之后的又一次迁徙。此次迁徙之后，这一支"西土之人"便正式命名为"周"。岐山在今陕西岐山县东北，其南即著名的周原。汪忠冔将章祁改名"岐山"，这与他的始迁祖——六十八世汪浚别号"岐山"恰好吻合，企图借此确立汪氏对章祁土地的先占权，从而使得本族有关章氏"种主田，葬主山"的主张成立，陷章氏于世仆之境。（因为根据乾隆年间的政策，"种主田，葬主山"系判断是否世仆的重要标准之一）

揆诸史实，章祁汪氏始迁祖——汪浚生于淳熙甲午（1174 年），他于南宋理宗年间（1225—1264 年）始迁章祁，是时，章氏已在当地至少定居、生活繁衍了数百年。在南宋时期，汪、章二姓势力至少不相上下，甚至在明代，章祁汪氏的实力也并非明显占到上风。明代编纂的《新安名族志》中，歙县大族汪氏支派中尚未见有章祁一支。

及至清代，章祁汪氏的实力大增。在章祁村中，汪氏占有绝对优势，村内虽然仍有章姓居住，但却处于非主流的边缘地带，原本在歙南广泛分布的章姓，其中一支则聚居于毗邻的孝女村。而且，在歙南地域社会中，章祁汪氏也逐渐占据了支配性的地位。汪氏原本是后起者，但由于徽州十姓九汪，汪公信仰又极为严密，在徽州具有盘根错节、异常庞大的宗族联盟，故而能后来居上。

五

近年来，民间文献的大量发现，为历史地理的研究开启了一扇新的窗口。以地名研究为例，地名折射出一种历史记忆，它不仅具有地理方面的指标意义，而且还蕴含着人群、商业、宗族社会、族姓冲突、民间信仰以及国家政策等方面的诸多内涵。通过对历史地名变迁轨迹的追溯，可以揭示各地社会地理的背景，从中看出各色人群对历史记忆的创造和选择。

地名变迁中有一种重要现象称作雅化，也就是由鄙野的地名转化成文雅的表达。明清以来，在徽州地名的雅化中，出现了许多以诗文（如《诗经》、唐诗等）为依据的雅化地名，这与徽州社会文化水准的提高密切相关。从"章祁"到"瞻淇"是宗族社会背景下地名变迁的一种类型，这是在族姓双方势力悬殊的背景下产生的，势力煊赫的一方完全压倒了另一方，弱者的历史记忆几乎被完全抹去，雅化地名得以确立。

就上述的分析可见，瞻淇是徽州歙县南乡的一个村落，在历史上，"先有孝女，后有瞻淇"（歙南俗谚），这一带最早是叫"章祁"，先住民为章氏。后来汪氏迁入，挟着徽州首屈一指的强宗地位，逐渐喧宾夺主，将章氏朝边缘排斥，并最终将之易名为"瞻淇"——该地名典出《诗经·卫风》"瞻彼淇奥，绿竹猗猗"句。从"章祁"到"瞻淇"这一地名的嬗变，表面上是一种诗意的雅化，但在实际上，同音义字巧妙置换的背后，却隐藏着激烈的族姓纷争。从"章祁"到"瞻淇"，不仅反映了国家政策推行于地方并逐渐展开过程中的复杂性与多样性，而且，地名的诗意升华，掩盖了地域社会中宗族激烈纷争的痕迹。透过对雅化地名的探析，或许可以从一个侧面把握区域社会发展的脉络。

（原载《读书》2007年第6期，后收入学术随笔集《日出而作》，北京：生活·读书·新知三联书店2010年版）

10

传统时代徽州村落的
朝夕日暮

一

"天下汪,四角方,南吴北许,东叶西郑",这句俗谚形象地状摹了明清以来歙县境内大姓的分布格局。在传统时代,徽州十姓九汪,汪姓与另一大姓程氏一样,不仅在当地首屈一指,而且,他们的后裔也纷纷迁往全国各地,故有"天下汪"之称。而方姓则随处可见,在歙县,无论是地处要冲的繁华市镇,还是僻野山陬的角角落落,到处皆有方姓的足迹。另外,在广袤的南乡,吴姓是分布较广的大姓之一。与此同时,东乡的叶氏、西乡的郑氏亦相当著名;而在北乡,许姓则是一个最为重要的大族。

许姓聚居的主要村落,便是歙县北乡的许村。在当代的徽州,许村或许并不起眼,不过在传统时代,她却因族人的活动而颇受世人关注。

许村位于歙县西北部,有东西两河在高阳桥下汇合,形成富资水的上游。富资水南流,在县城西关附近汇入扬之水,此后,因江水明净如练,始称练江。练江由浦口汇入新安江,辗转奔流,经皖浙交界处的街口一带流入浙江省,几经周折,最终由钱塘江流至杭州附近汇入东海。

在传统时代，水运是最为便捷的运输方式。虽然徽州府城至许村之间的水路直到 20 世纪仍然只能通行小船，而且，其间水浅滩多，需随处筑堰贮水以利舟楫往来，但许村的确位于新安江—钱塘江水系中实实在在的一个节点上，故而她很早便与长江三角洲乃至更为广阔的外部世界存在着密切的联系。

早在 12 世纪前期，南宋偏安政权定都于钱塘江滨的临安（今浙江杭州），这对于徽州之发展具有重要的影响。当时，皖南低山丘陵地区林木资源极为丰富。南宋时期，徽州的一些地方便形成了这样的习俗——女孩一生下来，家里就开始植杉，待到女儿长大成人，便将杉木砍倒卖掉，以供婚嫁之开销。这些杉木，除了部分供给本地消费之外，其他的则大批输至外地销售。其中，主要就是通过新安江运往下游的长江三角洲等地。此类以木材为中心的交易，可能是形成徽州原始积累的最初资金来源之一。南宋以后，徽州人除了砍伐天然林，也开始成规模地种植人工林。从明初开始，不少人还参与了在中国西南一带采办皇木的活动。例如，在贵州清水江流域从事木业经营的商人中，徽商与陕西商人以及江西的临清帮木商骈肩称雄。可以说，由木业经营积累的巨额财富，成了明代以还徽州人投资盐业、典当等其他商业的重要资金来源。

与徽州商业发展的总体趋势颇相吻合，许村人大概也是从木业经营开始，逐渐涉足盐业运销等诸多行当。大致说来，自明代中叶开始，徽州本土便已形成了商业可持续发展的经济环境——因民间资金来源充裕，一般人均可较为便利地获得低息的借贷，并通过个人信用"打会"融资，筹集规模不等的资金来源，借此投资于各类生意，外出务工经商。其中，盐业和典当是需要大笔资金挹注的重要行业。特别是盐业，因专卖制度的长期推行，这是一个特别需要大批资金的行业，亦很适合具有一定原始积累的商人家族投资其间。因此，南宋以来与新安江贸易最为密切的歙县和休宁，分别成了盐业和典当业经营最为专业的县份。关于歙县的情况，徽州乡土史家许承尧在其编纂的民国《歙县志》中指出：本县的商业，以盐业、典当、茶叶、木业最为著名。在清代，盐业特别兴盛：在扬州和淮安的两淮八大盐务总商中，歙县人总是占有其中的四名，各姓此起彼伏，如江村之江，丰溪、澄塘之吴，潭渡之黄，岑山之程，稠墅、潜口之汪，傅溪之徐，郑村之郑，唐模之许，雄村之曹，上丰之宋，棠樾之鲍，蓝田之叶，都曾有人担任过盐务总商。这些商人家族的事迹，倘若我们读过乾隆时代著名的《扬州画舫录》，一定都不会陌生。当时，盐业集中在淮安和扬州一带，盐商势力煊赫，几乎可以操纵全国的金融，这些商人很容易致富，所以大多以此起家。他们"席丰履厚，间里相望"，那些素质较高的盐商，"在扬则盛馆舍，招宾客，修饰文采；在歙则扩祠宇，置义田，敬宗睦族，收恤贫乏"。至于那些素质比较差的，"则但侈服御，居处声色玩好之奉，穷奢极靡，以相矜炫已耳"。在这里，许承尧列举了歙县境内的各个盐商家族，这些家族术恃钱神，家藏金穴，有的曾是当年中国最为富有的商人家族（如棠樾鲍氏）。而关于许姓，虽然只提到歙县唐模的许氏，但其实，北乡许村的许氏在扬州活动的时间也相当之长。具体说来，历经嘉道鹾务日渐萧条，特别是太平天国兵燹战乱之后，八大盐务总商中的绝大多数家族均已衰落不堪，甚至于退出了盐业的经营，但许氏与毗邻许村的上丰宋氏却能异军突起，在战后的扬州盐务经营中仍然占据了重要的一席。

关于许氏盐商在太平天国之后的崛起，《歙县许村敦本堂神主谱》中有一篇1928年的《清故中宪大夫中书科中书候选训导许静夫府君行述》：

> 府君姓许氏，讳炳勋，字静夫……以诸生隐于市……道咸之季，先王父中宪公贾于皖北定远县北炉桥镇，府君随侍，附读王氏塾。年十七，宋恭人来归，还歙，从乡先达许善征先生游，种学绩文，刻苦无倦志。……咸丰五年，先王父家居困甚，府君不得已赴江苏海州为商，以什一供甘旨……在海时，贩布为业，幸数年获赢，积赀数千缗，乃设大有布肆于州城内。……游广陵，定远方子箴都转一见赏，延入幕，付巨赀令营鹾业……府君在扬，经营鹾务垂四十年，善货殖，不苟取，声誉藉甚。

此一《行述》相当重要，许氏父子都是晚清民国时期扬州著名的大盐商，其中提及的几个关键地点和人物颇值得推敲。例如，皖北定远县的北炉桥镇，相传是三国时曹操铸造兵器的北炉所在，因炉旁河上有桥，遂连称为"北炉桥"。在明清时期，北炉桥镇上的徽商颇为活跃。除了许氏之外，休宁方氏一族迁居定远者计有两支，后来所称的炉桥方氏极为繁盛，曾先后出过进士八名，仕宦人数亦颇为可观，其中仅文职官员就多达一百三十二人。特别是方濬师、方濬益和方濬颐三人在晚清时期煊赫一时。其中，方濬颐字子箴，号梦园，道光二十四年（1844年）进士，由翰林外任广东督粮道、盐运使，后出任两淮盐运使。据文献记载，方氏乡土观念浓厚，多延聘故戚亲朋，置于鹾务闲局。从上揭行述可见，许炳勋便是他延聘的故戚亲朋之一。因此，与许多歙县的扬州盐商家族一样，太平天国之后许氏之发迹，亦与其官商的背景密切相关。当时，精于商贾权算的许炳勋，正是凭借着双重的地缘关系，夤缘际会，与两淮盐运使方氏家族连续四代形成共同的经营关系，官商互动，而得以在晚清的扬州盐务中如鱼得水。同样的，太平天国之后扬州盐商的发展，对于徽州战后的复苏，尤其是歙县村落之发育以及社会变迁等，均有极为重要的影响。这一点，与许承尧前揭的记载并无二致。而从许骥的描述来看，许村在太平天国以后的诸多发展，显然也与扬州盐商的活动密切相关。

二

除了徽州的母亲河——新安江之外，歙县还有一些陆路与徽州之外的地区沟通。据说，当地俗有"九龙出海"之说，也就是有九条道路由歙县县城通往四面八方。对于许村而言，它位于这九条道路中的一条边上。早在明代，徽州商编路程中就有"徽州府由青阳县至池州府陆路"，这一路程起自徽州府所在的歙县县城，经过当地著名的万年桥，再由许村前往池州府，到达长江北岸的安庆府。及至晚清，由这一条路线还可前往咸丰以后新兴的盐务口岸——和悦洲（一作"荷叶洲"，在安徽省铜陵市西南大通镇夹江口）。

这一条重要的交通要道,对于徽州具有多方面的意义。早在唐宋时期,不仅有一批外来移民由此进入徽州,而且随着皖南人地关系的变化,徽州民众亦有不少经由此道迁往长江边上的池州等地。及至明代以后,江北安庆等地的棚民,也沿着此一通道纷至沓来。而在清朝、民国时期,该陆路更是许村对外交通的生命线。近日,笔者收集到一批与许村相关的档案,其中有一份抗战初期的信函:

> 民国二十六年七月七日及八月十三日,日本倭寇开始大规模在河北省宛平县芦[卢]沟桥及江苏省上海县两地侵略我国。予适贸易于本省江北之巢县,因事返里,甫毕,不幸芜湖县于十二月间(旧历十一月初四日)竟告失陷,由歙至巢路途中断,因之裹足不能前往,对于巢县与芜湖手续多搁置,未能料理。继闻巢县被敌飞机轰炸,五衷忧急,几至寝食诸[俱?——引者按:此当系方音之讹]废。缘芜湖之陷,损失惨重,一家生计,恐有冻馁之虞,痛心疾首,诚非笔墨可能言宣!奈何?在里度过残年,不料战事仍激烈未已,多方探听,才知由大通过江,能转道往巢县,是以冒险嘀诸东翁仲修宗长,承派祝三宗台(前曾任军务)伴予仝去,以辅相机避险,而免沿途孤寂,心感莫名……

这是一位许村的徽商在1937年留存的书信,笔迹流丽,其中提及的"东翁仲修",也就是抗战前后许村的首富许仲修,此人在许骥所著《徽州传统村落社会——许村》(上海:复旦大学出版社2013年版)中就有不少描述。从行文上看,此一许姓徽商应受东家许仲修之委任,在巢县一带经理店业。他因日军侵华而蒙受了重大损失,故对日寇之肆虐切齿痛恨。稍早于该信函原件的一册"信底"(来往书柬汇编),亦记录了颇为重要的信息,此册文书相当珍贵,其特别之处在于——信底中誊抄的每一封信,均注明邮寄的目的地。其中,除了少数几封寄往江西吴城、浙江龙游、江苏南京和湖南的信函之外,绝大多数都是寄往芜湖、运漕和宣城。从中可以相当清晰地看出其人在长江中下游的商业网络。

除了商业上的来往之外,尤其重要的是,"徽州府由青阳县至池州府陆路"还是徽州人前往九华山的重要通道。九华山是地藏菩萨应化的道场,早在明代,钱塘江—新安江流域各地就已形成了"朝九华"的习俗:新安江下游的民众或沿着陆路,经由现在的徽杭高速公路一线进入徽州;或由钱塘江—新安江一路溯流而上前来徽州。他们中的许多人,也与徽州本地的善男信女一样,经由许村出箬岭,前往九华山朝山进香。及至清代,"朝九华"还与"上齐云"的习俗相互融合,形成了合二为一的"华云进香"——根据徽州人的说法,一个人只要身体健康,经济条件许可,一生中至少要前往九华山、天台山(此山为九华山上的天台峰)和齐云山朝山进香一次。如果从歙县县城出发,那就是先经过许村,到九华山,再到九华山上的天台山,接着下山后,再前往齐云山朝山进香。在传统时代,朝山进香既是一般民众较长时间内的一种共同宗教体验,同时也是信息沟通的重要方式之一。不难想象,每年有无数的香客经过许村一地,再加上其他的商客往来,人流熙攘,信息的交流显然相当频繁,这也是促成许村经商风气浓郁的原因之一。

三

关于许村，此前虽有一些零星的论著，但许骥《徽州传统村落社会——许村》一书，网罗散佚，博采旧闻，收集了更为全面的丰富资料，并通过口述调查等，从许村概况、村落发展、姓氏宗族、传统教育、生产与生活、商业贸易、丧葬习俗、祭祀习俗和传统建筑等诸多侧面，对此一歙北名村作了颇为细致的展示。其中，特别是有关许村民俗方面的描述和分析，尤其值得重视。

明代以来，徽州形成了极具特色的宗族社会。在《徽州传统村落社会——许村》中，许骥通过对宗族相关问题的描述，颇为具体地揭示了歙县北乡复杂的社会关系。在徽州，族姓之间的关系呈现出错综复杂的样貌。一般情况下，因大、小姓势力悬殊，明清时期（尤其是雍正五年以后），大姓常以佃仆制度去规范自己与小姓之间原本未必存在的主仆关系。而在一个较为限定的空间范围内，为了争夺有限的资源，各姓相互之间的竞争乃至冲突在所难免。许村至箬岭古道的茅舍一带，就有所谓"花（方）开叶落"之谚。这一脍炙人口的俗谚说的是——叶姓原住山下，后因方姓迁入，不得不移居生存条件更为恶劣的山里。类似于此的例子，在歙县各地所见颇多，这些都反映了族姓竞争乃至纷争的残酷。通常情况下，势均力敌的族姓之间，逞其智能，矜其伎俩，彼此还以各种风水的手法相互算计，想方设法地挤垮对方，从而确立本族在小区域范围内的主导权。譬如，许村至今还有"三片半石磨，压死客姓人"的说法。

根据民间传说，明代汪氏在外经营盐务，实力颇为雄厚，他们世居村西环泉，而环泉通向高阳素有三条通道，但许姓说什么也不让汪姓在路上铺砌石板。为什么呢？因为当时有风水先生观察过环泉的地形，说环泉属蛇形，而汪姓的聚居地形似燕窝。倘若黄蛇（小龙）借河入海的话，那就是"蛟龙入海"，将来必定族运昌盛，势不可挡。相反，如果不能借河入海，其结果则是"黄蛇入燕窝"，将燕子悉数吃光。在这种背景下，汪家殚思竭虑地想铺出一条石板路，欲将此条"黄蛇"引入新安江进而导入大海，以期趋吉避凶、福至祸消。而许家则想方设法地加以阻止，他们请来风水先生帮助破法。因为河在高阳，汪家的路要想修到河边，必须通过许家的地盘。于是，风水先生就建议，一旦汪家石路修到许家的地界，就在其下埋上一块大石磨，这样，就能将这条石路镇住，让"黄蛇"不能借河入海。就算汪家发现，将石磨给撬了，也是自断"龙脉"。于是，许家就在三条必经的路口各埋下一片大石磨，阻断汪家"龙脉"，逼着"黄蛇"蹿入"燕窝"，从此，汪家便一蹶不振——这就是"三片半石磨，压死客姓人"的传说。此一说法形象地反映出风水做法的用意与后果。根据徽州地经的说法，阴阳二宅之理，"在天成象，在地成形"，人们通过仰观俯察，领悟五行生克制化之理。这些原本颇具哲学意味的营造智慧，在民间社会复杂的生存环境中，往往沦为形而下的实用性工具，于是，来龙穴法，收砂纳水，分房截路，移门换向，在在皆充溢着族姓纷争的色彩。类似的故事，我们在近年的田野调查中听到过很多，足见这在传统徽州具有相当普遍的意义。

在书中，许骥还讲述了不少有趣的民间故事，有助于我们从一些侧面理解徽州的乡土传统。例如，康熙《徽州府志》的主纂赵吉士曾不无自豪地炫耀："新安节烈最多，一邑当他省之半。"在明清时代，节妇、贞女的记载，成了不绝于史的主题。对此，许承尧亦指出：

> 邑俗重商，商必远出，出恒数载一归，亦时有久客不归者，新婚之别，习为故常，然妇女类能崇尚廉贞，保持清白，盖礼俗渐摩，为时久矣。

其实，在安徽，民间素有"穷不过凤阳，富不过歙县"的俗谚，徽州的"节烈"与其说是一种风气，毋宁说更与巨额的财富密切相关。在传统时代，只有衣食无忧者方有守节的条件。关于这一点，许村"墙里门"的故事，便提供了一个生动的例证——女主人年复一年地隐居深闺，重门高峻，安心静守。在传统的伦理脉络中，其人凛若冰霜，途歌巷诵、传说一时的事迹，可谓为名教增光、令纲常生色。当时，人们为了证明今天看来颇为残酷的"节烈"之正当，创造出了种种的神话。譬如，许村世德桥南侧有一贞节坊，据说，坊主尚未过门时，未婚夫便已去世，她是一个人抱着牌位拜天地的。此后，久荷礼教熏陶的女子寂寞寒窗，空闺梦杳，终其一生清清白白地过日子。及至晚年族人为其树坊，不料最后的坊顶却怎么也安装不上。于是，族人便怀疑她是否曾有犯嫌渎礼、有辱闺范的隐情曲折。最后，在族长的再三追问下，事涉嫌疑的徽州女人搜肠刮肚，终于回忆起早年的一桩事，她说自己曾见公鸡和母鸡交尾时笑了一下……这一自我坦白甫一落音，坊顶就顺利地装了上去。看来，荣辱生死皆有定数，传统的"节烈"事迹，容不得哪怕是瞬间的欲念潜滋、春心荡漾！ 此类的故事历久弥新，极为传神、生动——红尘凡世的民间规范，正是经由人们编织出的各种神话加以支撑的。也因此，在以"牌坊城"著称的歙县，时常可见的"两竖一横"之框架结构，便荷载着成千上万个沉重的生命。

许骥通过采访江西木匠的传人，对徽州的竖屋程式作了颇为细致的描述，"开基造屋，选择日期，画墨结笋，竖柱上梁，剪鸡制煞，喝彩披红……"这些纷繁复杂的建筑程序，每一道都凝聚着手工匠人的智慧。书中引证的《踏梁经》《排列经》《敬磉经》《架梁经》《提鸡经》和《撒五谷经》，与徽州其他各县所记录的大同小异，不过，其中的一个细节亦颇为有趣。据说，木匠师傅所唱的《踏梁经》开首有："伏以鲁班先师踏梁头，鲁班先师叫了伏以踏梁头，左脚踏起右脚高，脚踏梁头步步高，手拿金盘踏仙桃，仙桃仙果落在金盘里，脱掉蓝彩换紫袍……"在这里，文中的第二个"伏以"显然是作为人名出现。这让我联想到历史上毗邻江西的婺源，根据毕新丁的调查，当地上梁时的祝福语中，口口声声皆以"伏以（呀）"开头。据匠人传说，"伏以"原是木匠祖师爷鲁班一个徒弟的名字，为人聪明，大有青出于蓝而胜于蓝之势。这一点，深受鲁班的嫉妒，后者为了保住自己祖师爷的地位而设法暗害了"伏以"。所以，每当踏梁时，均要以"伏以"开头，一来是表示鲁班自觉对不住徒弟，二是怕徒弟"伏以"前来现场捣乱。因此，但凡重要场合都要先喊徒弟"伏以"的名字，以示对他的敬畏。其实，稍有古汉语常识的人都知道，"伏以"原是一种敬词，意思是作为凡人在神明之前俯伏下拜以陈述相关事情。但如此文绉绉的词汇,在一般民众听来,怎么听都觉得像是个人名。而在竖屋仪式中,"伏以"一词的一再出现,便很自然地令人浮想联翩,旁观者遂以"小人之心度君子之腹",于是,也就有了鲁班师徒的精彩故事……显然,这是另一个杜拾遗变身而为"杜十姨"的故事,这在口耳相传的叙事传统中颇为常见。普通民众总是赋予文本以新的内涵,从而使得民间文化更具生动的多样性。

四

徽州是传统中国研究中最具典型意义的区域社会之一,而徽商与桑梓故里以及侨寓地城乡社会发展的关系,囿于史料,以往的研究主要集中在清代前期,尤其是18世纪以前的盛清时代。其实,在太平天国之后,无远弗届的徽商对于东南一带的社会变迁仍然有着重要的影响。以盐商为例,以往一般认为,徽州盐商于清代后期已退出了两淮鹾务之运作,但在实际上,当时仍有不少徽商在扬州等地活动频繁(尽管此时的盐商在财力上已与畴昔迥异)。此类的证据近年来不断涌现:在扬州老城区广陵路小流芳巷内4号,此前发现有"徽国文公祠"的门楼,这是晚清徽州会馆及其附属慈善组织"恭善堂"的旧址,其中还有一块光绪十一年(1885年)四月树立的"奉宪勒石",详细叙述了"恭善堂"之由来及其管理制度:"徽国文公"亦即南宋著名的理学家朱熹(别称紫阳),因其祖籍婺源,故后世被徽商尊称为徽国文公,并成为"贾而好儒"的徽商高自标置、藉以区别于其他商帮的重要象征。"徽国文公祠"或"紫阳书院"等，遂成了明清时代徽州会馆的另一种正式名称。当时，歙县同乡集资在扬州缺口门城内流芳巷地方，契买民地一区，"公建徽州恭善堂"，"以为同乡养病之区，旅榇停厝之所"。这一碑刻以及所反映的内涵完全未见于文献记载，但它的发现却有着重要的学术意义。碑文提及："全徽六县外游，半事经营，计在邗江为客不知凡几，或因仕宦而寄居，或以贸迁而至止。"这突出反映了太平天国以后徽商在扬州的势力——他们仍在绿杨城中聚财守业，广施功德。证之以许骥调查所提供的诸多线索，有关晚清扬州与徽州的城乡互动，显然可以进一步深入探讨。

从这个意义上来看，许骥围绕着许村所收集到的遗献佚文，以及通过实地调查所作的详搜博考，绝非无关要节的一隅见闻，它对于研究太平天国以后歙北村落社会以及徽商与东南地区的城乡互动，均提供了不少重要的线索。此类来自民间抢救性的调查报告，随着现代化对中国农村社会的冲击以及乡土文化的日渐瓦解，其学术价值将日益凸显。

（原文题作《许村》，载《读书》2013年第7期）

图书在版编目(CIP)数据

徽学研究十讲/王振忠著. —上海:复旦大学出版社,2019.7
(名家专题精讲)
ISBN 978-7-309-14418-5

Ⅰ.①徽… Ⅱ.①王… Ⅲ.①文化史-徽州地区 Ⅳ.①K295.42

中国版本图书馆 CIP 数据核字(2019)第 155354 号

徽学研究十讲
王振忠　著
责任编辑/史立丽

复旦大学出版社有限公司出版发行
上海市国权路 579 号　邮编:200433
网址:fupnet@fudanpress.com　http://www.fudanpress.com
门市零售:86-21-65642857　团体订购:86-21-65118853
外埠邮购:86-21-65109143
江阴金马印刷有限公司

开本 890×1240　1/32　印张 9.25　字数 187 千
2019 年 7 月第 1 版第 1 次印刷

ISBN 978-7-309-14418-5/K·701
定价:65.00 元

如有印装质量问题,请向复旦大学出版社有限公司发行部调换。
版权所有　侵权必究